AT.PALIMPSESTE 1991

PANTHÉON DE LA LIBRAIRIE
1 FRANC LE VOLUME

EUGÈNE SÜE

— ŒUVRES —

MISS MARY

OU

L'INSTITUTRICE

PREMIÈRE ÉDITION

PARIS
PANTHÉON DE LA LIBRAIRIE
26, rue de la Reynie, et rue Saint-Denis, 90

1858

MISS MARY

ou

L'INSTITUTRICE

PARIS. — TYPOGRAPHIE DE H. S. DONDEY-DUPRÉ, 46, RUE SAINT-LOUIS

EUGÈNE SÜE

— ŒUVRES —

MISS MARY

OU

L'INSTITUTRICE

PREMIÈRE ÉDITION

PARIS

PANTHÉON DE LA LIBRAIRIE

26, rue dé la Reynie, et rue Saint-Denis, 90

1858

A

MONSIEUR GEORDY M***

A Mac-Ferlay-Cottage, près Limerick (Irlande)

Mon cher Geordy,

Il y a deux ans, peu de temps après avoir passé quelques jours avec vous et votre excellente femme, j'ai écrit ce récit : permettez-moi de vous le dédier aujourd'hui ; acceptez cette dédicace comme un souvenir de ma sincère amitié.

EUGÈNE SÜE.

Paris, 20 avril 1851.

MISS MARY

ou

L'INSTITUTRICE

I

En 1840, vers la fin de l'automne, plusieurs voyageurs réunis dans une des salles de l'établissement des diligences de Calais, attendaient le départ de cette voiture pour Paris.

Une jeune fille de dix-huit à vingt ans, d'une figure charmante, remplie de distinction, d'une expression à la fois douce, timide et mélancolique, était assise dans un coin de la salle, un sac de nuit sur ses genoux, une petite malle de cuir à ses pieds. Elle portait un chapeau de paille doublé de rose, à passe étroite, d'où s'échappaient de longues boucles de cheveux châtain clair, et était enveloppée d'un ample tartan écossais.

Deux très jeunes gens, d'une figure agréable, élégamment vêtus, coiffés de casquettes et tenant à la main leur nécessaire de voyage, causaient debout, tout bas, à quelques pas de la voyageuse, la regardant parfois avec une admiration trop évidente pour être respectueuse; ils semblaient étourdis, moqueurs, et échangeaient sans doute quelques plaisanteries dont la jeune fille devait être l'objet, car ils riaient souvent assez haut en l'examinant à la dérobée. Auprès d'eux se trouvait un homme de cinquante ans environ, attendant à l'un des bureaux que l'on eût sans doute fait droit à quelque réclamation. Sa figure, soigneusement rasée, sauf deux petits favoris roux mélangés de gris, sa cravate blanche nouée d'un large nœud croisé sous son long gilet chamois, sa redingote noire carrée, ses culottes noisette, ses guêtres de même couleur, le *stick* qu'il avait à la main, la minutieuse propreté de ses vêtements, lui donnaient tous les dehors d'un cocher anglais de bonne maison ayant quitté la livrée. Il comprenait le français, car à l'une des plaisanteries échangées entre les deux jeunes gens, plaisanterie probablement un peu vive, il se retourna, rougit et jeta les yeux sur la voyageuse, que les deux étourdis venaient sans doute de désigner. Mais à ce moment ils sortirent du bureau de la diligence, et l'un d'eux dit à l'autre en riant :

— Ta certitude de triompher n'est pas sans fatuité.

— Bah! une petite miss charmante, il est vrai, mais qui m'a tout l'air d'une femme de chambre allant chercher fortune en France.

— Enfin, je tiens le pari.

— Un bracelet de vingt-cinq louis.

— Si tu perds, le bracelet ornera les beaux bras de Juliette.

— Si je gagne, il sera le premier bijou de l'écrin de cette délicieuse créature.

— Accepté.

Et ils s'éloignèrent.

La jeune fille, triste et pensive, n'avait fait aucune attention aux deux jeunes gens; elle fut tirée de sa rêverie par cette exclamation de l'homme à la redingote noire et aux guêtres noisette, qui, s'approchant rapidement d'elle comme s'il ne pouvait croire à ce qu'il voyait, s'écria en anglais :

— Dieu me sauve! miss Mary!

Et il se découvrit respectueusement avec l'air de la plus profonde déférence.

— William ! — dit la jeune fille non moins surprise. — Vous ici, mon bon William ? Je vous croyais à Paris.

— J'en arrive, miss Mary. Mais vous voici donc en France avec votre famille ?

— Non, William ; mon père, ma mère et mes sœurs sont restés à Dublin. Je me rends seule à Paris.

— Vous partez pour Paris, seule... vous, miss Mary ?

Et William regardait la jeune miss avec une stupeur et une inquiétude croissantes.

Un triste sourire effleura ses lèvres, et elle reprit :

— Mon bon William, je peux vous parler en toute confiance. Vous avez été l'un des plus vieux et des plus fidèles serviteurs de notre famille, vous m'avez vue toute petite...

— Oui, miss Mary ; car, lorsque vous aviez cinq ans, je conduisais par la longe *Old-Scamper*, le bon vieux poney du Shetland, pendant que sir Lawson, monsieur votre père, vous maintenant assise sur la selle...

— Eh bien, William, mon père a été complétement ruiné par la banqueroute d'un ami pour lequel il avait répondu ; *Lawson-Cottage* et ses terres ont été vendus. Il ne reste rien à mon père, rien qu'une modeste place de greffier à Dublin. Cet office, obtenu par une faveur inespérée, lui donne à peine de quoi vivre, lui, ma mère et mes sœurs. Je viens dans ce pays pour être institutrice. Un hasard inespéré m'a fait trouver cette condition par l'entremise de M. le consul de France à Dublin, que mon père a intimement connu dans des temps plus heureux.

— Sir Lawson ruiné, le cottage vendu, tout vendu ! — reprit William en joignant les mains avec douleur. — Comment, miss Mary ! sir Lawson n'a pas même conservé *Glen-Artley*, son fameux cheval de chasse ? Il s'est défait de *Black-*

Fly, votre jolie jument noire de pur sang, que j'avais dressée moi-même pour vous? Et les chevaux de voiture? aussi vendus! Et les magnifiques chevaux de la ferme, et les vaches de Durham, et les troupeaux d'Ashley, et la meute pour le renard? aussi vendu, tout vendu! Dieu me sauve! miss Mary, que m'apprenez-vous là? Non, c'est à n'y pas croire! Sir Lawson ruiné, lui un des plus riches gentilshommes cultivateurs du comté! Non, c'est à n'y pas croire!

— Ainsi qu'à vous, William, ce changement de fortune m'a semblé d'abord incroyable; puis la résignation, le courage, me sont venus.

— Et vous voyagez ainsi seule, miss Mary? Est-il possible, toute seule, sans une pauvre femme de chambre!

— Ma mère et mes sœurs se servent elles-mêmes; je ferai comme elles. Mais je vous croyais établi à Paris, William?

— Hélas! miss Mary, j'ai été puni de n'avoir pas suivi les bons avis de sir Lawson, et d'avoir quitté son service lorsque ce petit héritage m'est tombé des nues. Maudite soit ma folie de m'être associé avec mon cousin Toby pour aller faire à Paris, avec lui, le commerce de chevaux irlandais! La chance a tourné contre nous : j'ai tout perdu. Et savez-vous, miss Mary, où j'allais maintenant? Ignorant le malheur de votre famille, j'allais à Lawson-Cottage, confiant dans la bonté de monsieur votre père, qui m'avait dit : « William, vous êtes trop honnête homme pour le métier de maquignon. Rappelez-vous bien ceci : vous serez dupe, et vous mangerez votre petit héritage; mais comme vous m'avez fidèlement servi pendant vingt ans et que vous êtes un excellent homme, il y aura toujours pour vous une place à Lawson-Cottage, si, comme je le crains, vous perdez le peu que vous possédez. »

— Pauvre William! heureusement il vous sera facile d'entrer dans une bonne maison, honnête et intelligent comme vous l'êtes.

Ah! miss Mary, ce n'est pas à cela que je pense, c'est à ce long voyage que vous allez entreprendre toute seule, dans une voiture publique, vous qui n'avez jamais quitté vos chers parents.

— Je vous l'ai dit, William, le courage m'est venu avec la ruine de ma famille.

— Ah! miss Mary, s'il me restait seulement de quoi payer mon voyage jusqu'à Paris, je vous demanderais la permission de vous suivre jusqu'à votre destination, quand je devrais me mettre groom, garçon d'écurie, en arrivant, pour gagner de quoi revenir en Irlande.

— Vous êtes un bon et digne homme, William; je suis touchée, bien touchée de votre dévouement; je vous en remercie de tout cœur.

— Ah, mon Dieu! et j'y pense, — dit le vieux serviteur avec un redoublement de douloureux intérêt; — tous les malheurs viennent donc à la fois! et votre cousin! miss Mary, votre cousin, le capitaine Douglas?

La jeune fille rougit, étouffa un soupir; son doux et charmant visage exprima une peine amère, et elle répondit d'une voix altérée :

— Mon cousin doit revenir de l'Inde dans deux ans; nous avons dernièrement reçu des nouvelles de lui.

— Oui, et dans deux ans vous deviez vous marier, car le capitaine vous était fiancé, miss Mary; ces fiançailles avaient été la joie de la maison de votre père, qui, pour les célébrer, avait donné une petite fête à tous les gens de la maison et de la ferme. Voilà donc que ce mariage, si désiré par votre famille, peut être aussi manqué, miss Mary! et cependant, non... pourquoi n'aurait-il plus lieu?

— Mon cousin Douglas est maintenant trop riche, et nous trop pauvres et trop fiers, pour que cette union soit possible, William.

Puis, ce sujet d'entretien lui étant sans doute pénible, car les larmes lui vinrent aux yeux, la jeune fille détourna la tête, garda un moment le silence, et reprit d'une voix plus calme :

— Je suis heureuse de vous avoir rencontré, William; si vous allez à Dublin, vous pourrez donner de mes nouvelles à ma famille, et lui dire que vous m'avez vue en bonne santé au moment de mon départ de Calais.

— Ah! miss Mary, partir ainsi toute seule, c'est là ce qui m'effraye.

— Pourquoi? il n'y a rien d'effrayant dans ce voyage. Je suis seule, il est vrai, mais de Dublin ici, je n'ai eu qu'à me louer de mes compagnons de route.

— Oh! en Angleterre, oui, on est habitué à voir de jeunes demoiselles voyager seules.

— Sans doute, mais j'ai toujours entendu dire qu'en France, rien n'était plus respecté qu'une femme seule et sans protection.

— Ah! miss Mary, — s'écria William en soupirant et se rappelant les plaisanteries et le pari des deux jeunes gens, — si vous saviez... Je n'entends pas très bien le français, cependant je l'entends assez pour comprendre certaines choses.

— Que voulez-vous dire, William?

A ce moment, et pendant que miss Mary et le vieux serviteur continuaient leur entretien à voix basse à l'extrémité de la salle, un nouveau voyageur entra bruyamment, essoufflé, affairé, suivi d'un commissionnaire qu'il gourmandait aigrement sur sa lenteur, quoique le portefaix ployât sous le poids d'une malle, de deux sacs de nuit et de plusieurs paniers, caisses et paquets. Ce voyageur était un gros homme de soixante ans environ, d'une physionomie hargneuse, revêche et ridicule; sur ses pas entrèrent quatre jeunes gens, beaucoup moins élégamment vêtus que les deux parieurs dont les plaisanteries avaient fait rougir l'honnête William. Ces nouveaux venus sortaient de déjeuner copieusement. L'animation de leur teint, leurs éclats de voix, leurs fréquents accès d'hilarité, ainsi que quelques velléités dansantes suffisamment indiquées par certains balancements de corps, témoignaient de leur peu de sobriété.

— Quel dommage, ô chaloupeurs finis, — dit l'un d'eux, — que nous soyons séparés d'ici à Paris, deux dans l'intérieur, deux dans la rotonde de la diligence!

— Mes *moilliens* ne me permettant pas les voluptés de l'intérieur, — reprit un autre, — j'ouvre une souscription nationale pour percer une communication de la rotonde à l'intérieur, afin de pouvoir blaguer à notre aise pendant toute la route.

— Souscrit pour le défoncement de l'intérieur! — crièrent ses compagnons, — souscrit!

— Ohé! les chaloupeurs! — reprit soudain à voix basse un de ces trop joyeux garçons en montrant le gros homme qui venait d'entrer tout essoufflé et s'était approché du bureau où se tenait un employé; — voyez donc ce vieux bibard! a-t-il l'air cocasse avec son bonnet de soie noire, sa casquette à visière, sa houppelande et ses bottes fourrées!

— Quel bonheur pour Tournaquin et pour moi, si c'était notre *sixième* de l'intérieur!

— Quelle face à farce!

— J'ouvre une souscription nationale pour l'embêter énormément aux tables d'hôte tout le long de la route, car il a l'air rageur.

— Rageur! quelles délices! O vieux, viens avec nous, si tu es rageur... nous te donnerons les *moilliens* de faire tes exercices.

Le vieillard s'était approché du buraliste, et avait avec lui, à voix haute, l'entretien suivant, auquel les quatre gais compères semblèrent prendre un intérêt croissant.

1.

— On est venu de mon hôtel retenir une place pour moi, il y a une heure, — disait le gros homme.

— Pour quelle destination, monsieur ?

— Parbleu... pour la *Botardière !*

— Je ne sais pas, monsieur, où est la Botardière.

— Comment ! — reprit le quinteux vieillard, courroucé de l'ignorance géographique du buraliste, — voici une plaisante question ! La Botardière... est à la Botardière, monsieur, comme Paris est à Paris ; je vous répète qu'il y a une heure on est venu de mon hôtel retenir pour moi une place d'intérieur dans la voiture qui va partir pour Paris, d'où je prendrai la diligence de Tours, pour de là me rendre à la Botardière.

A ce mot souvent réitéré de la Botardière, des hum ! hum ! des grognements, des éclats de rire étouffés partirent si bruyamment du groupe des quatre joyeux garçons, que le vieillard se retourna vers eux en fronçant les sourcils. Alors tous quatre lui firent spontanément le salut militaire, en lui souriant avec grâce ; il se retourna en grommelant vers le buraliste, qui, ayant consulté sa feuille, reprit :

— En effet, monsieur, on est venu donner des arrhes et arrêter la sixième place, la seule qui reste dans l'intérieur.

— Comment ! je n'aurai pas un coin, le coin de droite, dans le fond ? Je déclare que je ne prends que cette place-là.

— Impossible, monsieur ; je vous répète qu'il ne reste que la sixième place.

— Hein ! une place de milieu, sur le devant, à reculons, vous vous moquez du monde !

— Alors, monsieur, ne partez pas, vous en serez quitte pour perdre vos arrhes.

— Mais c'est exorbitant ! c'est une véritable spoliation ! abuser à ce point des voyageurs ! Un moment ! Y a-t-il des femmes dans la voiture ?

— Il y a une dame seule.

— De mieux en mieux... il ne manquait plus que cela ! Aux tables d'hôte, les meilleurs morceaux pour madame. Si elle a chaud, baissez les glaces ; si elle a froid, levez-les. La prévision de pareils caprices vous révolte ! Eh bien, ne partez pas, vous dit-on, perdez vos arrhes ! c'est obligeant ! Dans quel guêpier me suis-je fourré ! Joli voyage ! il commence bien ! Aimable perspective ! délectable avenir ! sans compter l'agrément de se trouver avec le premier venu, et Dieu sait, — ajouta l'irascible vieillard en jetant un regard oblique sur les quatre compagnons qui le couvaient des yeux, — Dieu sait l'exécrable compagnie que l'on est exposé à rencontrer dans une voiture publique !

— Monsieur, prenez-vous, oui ou non, la place ?

— Je la prends, monsieur ; ne faut-il pas que j'arrive à la Botardière ! Je la prends, cette place, puisque j'y suis contraint, le couteau sur la gorge, sous peine de perdre mes arrhes ; mais je proteste, espérant d'ailleurs qu'il y aura parmi mes compagnons de route des gens assez bien élevés, assez respectueux envers un homme de mon âge, pour ne pas souffrir qu'avec mes cheveux blancs, j'aille à reculons sur le devant en sixième.

— Vous vous arrangerez, monsieur, comme vous le voudrez avec les autres voyageurs. Votre nom, s'il vous plaît ?

— Odoard-Joséphin de la Botardière, résidant au château de la Botardière, commune de la Botardière.

A peine l'irascible vieillard eut-il ainsi décliné ses noms et prénoms, que les quatre joyeux garçons, qui, grâce à l'élévation de sa voix courroucée, n'avaient pas perdu un mot de son entretien avec le buraliste, poussèrent des éclats de rire formidables ; le châtelain de la Botardière se retourna vers eux d'un air imposant, et sortit brusquement après avoir acquitté le prix de sa place.

— Joséphin est superbe, — dit l'un des jeunes gens. — Je demande à m'attacher aux pas de Joséphin pour jouir plus longtemps de son point de vue !

— J'ouvre une souscription nationale pour mettre une queue de papier à Odoard !

— Je souscris, à condition que la queue sera troussée à la Botardière !

Et tous quatre de sortir sur les pas du vieillard, en glissant sur la pointe du pied, balançant les hanches et fredonnant en chœur :

> Bon, bon, de la Botardière !
> Bon, bon, de la Botardière !

Les enragés venaient de s'éloigner, lorsque les deux parieurs rentrèrent dans le bureau.

Pendant que les scènes précédentes se passaient, miss Mary, voyant avec quels compagnons de voyage elle devait se trouver jusqu'à Paris, s'était longtemps entretenue à voix basse avec William; elle semblait de plus en plus inquiète, attristée; soudain elle parut prendre une résolution qui lui coûtait beaucoup, et s'approcha lentement de l'un des deux parieurs que William lui avait signalés.

Sauf son étourderie, témoignée par la légèreté de ses propos à l'égard de l'étrangère, ce jeune homme, ainsi que son ami, semblait de très bonne compagnie; sa figure était agréable, sa tournure des plus distinguées. S'adressant alors à lui en excellent français, miss Mary lui dit, avec un mélange d'embarras, de douceur et de dignité, qui donnait une expression plus touchante encore à sa ravissante figure :

— Monsieur, veuillez me faire la grâce de m'accorder un moment d'entretien.

Le jeune homme, fort surpris et encore plus enchanté de

l'occurrence, jeta sur son ami un regard qui voulait dire :
Mon pari est gagné d'avance; puis il s'inclina devant la jeune
fille et la suivit à quelques pas de là, près d'une fenêtre où
se tenait William.

Le jeune homme fut d'abord assez déconcerté en voyant un
tiers dans son entretien avec la jolie étrangère, et surtout un
tiers portant des guêtres de cocher. Mais comme il supposait
que la jeune Anglaise était une femme de chambre cherchant
fortune, il s'étonna moins de la voir pour ainsi dire sous la
protection de l'homme aux guêtres. Cependant, s'inclinant de
nouveau devant miss Mary, il lui dit :

— Madame, je suis trop heureux de me rendre à vos ordres.

— Monsieur, je n'ai pas l'honneur d'être connue de vous...
mais, confiante dans la générosité française, je viens vous demander un service, monsieur, un grand service.

— Madame, disposez de moi, — répondit le jeune homme
qui commençait à s'apercevoir que pour une femme de chambre la jeune miss s'exprimait à merveille en français, et avec
une convenance remarquable.

— Monsieur, — reprit miss Mary, — je suis Irlandaise ;
des revers de fortune arrivés à ma famille, que ce digne et
excellent serviteur,—et elle montra William,—n'a pas quittée
pendant vingt ans, m'ont mise dans la nécessité d'accepter en
France les fonctions d'institutrice; je me rends à Paris, seule,
dans une voiture publique. Ce long voyage ne m'inquiéterait
pas, si toutes les personnes avec qui je suis destinée à faire
cette route étaient aussi parfaitement bien élevées que vous
l'êtes, monsieur, je n'en doute pas ; mais, malheureusement,
il se rencontre parfois des gens qui ne soupçonnent pas tout
ce qu'il y a de pénible, et par conséquent de respectable dans
la position d'une jeune fille quittant pour la première fois
la maison paternelle, et obligée de voyager seule en pays
étranger.

— Mademoiselle, — répondit l'étourdi de plus en plus surpris et confus, — je ne suppose pas qu'il se trouve un homme assez misérable pour oser vous manquer de respect.

— Je sais, monsieur, qu'une femme envers qui l'on manque d'égards finit toujours par se faire respecter ; mais cette extrémité est si humiliante, si cruelle pour un cœur bien placé, qu'il me serait douloureux de m'y voir réduite ; aussi, monsieur, je me permets de m'adresser à vous, si singulier que vous semblera sans doute le service que j'oserais attendre de votre bon cœur, de votre loyauté.

— De grâce, parlez, mademoiselle, — répondit le jeune homme subjugué par la touchante dignité de ces paroles, — je serais mille fois heureux de pouvoir vous rendre un service, quel qu'il soit.

— Nous devons être six dans la voiture où nous allons partir ; il ne s'y trouve pas d'autre femme que moi ; permettez, monsieur, que je passe pour votre sœur jusqu'à Paris ; je parle suffisamment français pour rendre vraisemblable cette feinte parenté. Consentez à cela, monsieur, soyez généreux, et je vous le dis avec notre vieille franchise irlandaise, je vous serai pour toujours reconnaissante. Ce fidèle serviteur, devant qui je vous adresse cette demande, pourra du moins dire à mon père et à ma mère que mon voyage a commencé heureusement.

Il y avait dans ce langage, dans son doux accent un peu étranger qui lui donnait un nouveau charme, quelque chose de si ingénu, de si loyal, que le jeune voyageur, ému, attendri par cet appel fait à son cœur, se reprochant sincèrement ses premières velléités peu honorables, répondit à miss Mary d'un ton respectueux et pénétré :

— Je suis trop flatté, mademoiselle, de la confiance dont vous daignez m'honorer pour ne pas tâcher de m'en rendre digne ; je remplirai de mon mieux mon rôle de frère jusqu'à Paris.

A l'émotion qui se peignit sur les traits du jeune homme, miss Mary ne pouvait manquer de le croire sincère. Elle reprit avec l'expression d'une touchante reconnaissance :

— Monsieur, si vous avez encore votre mère, si vous avez une sœur, dites-leur à votre retour ce que vous avez fait aujourd'hui pour une étrangère; elles vous en aimeront davantage encore. — Et miss Mary, avec cette cordiale franchise, trait distinctif du caractère irlandais, tendit au jeune homme sa petite main gantée, en lui disant : — Merci, monsieur, merci; miss Lawson croit à votre parole.

— Et miss Lawson, — reprit le jeune homme en effleurant la main de l'étrangère, — peut être assurée que jamais Théodore de Favrolle n'a manqué à sa promesse.

— Oh! merci, monsieur le gentleman, oh! merci! — s'écria dans son jargon le bon William, qui avait assisté à cette scène silencieux et attendri.

— Messieurs et dames, préparez-vous à monter en voiture, — dit un des employés du bureau.

— Mon bon William, — dit miss Mary au vieux serviteur, pendant que M. de Favrolle, s'éloignant par discrétion, rejoignait son ami, — vous allez sans doute retourner à Dublin?

— Oui, miss Mary, — répondit le digne homme dont les yeux devenaient humides; — j'ai quelques connaissances, j'espère pouvoir me placer.

— Dès votre arrivée, allez voir mon père, je vous prie, William; il était si inquiet, si désolé à cette pensée de me laisser partir seule, qu'il m'eût accompagnée si la dépense de ce voyage n'eût pas pour ainsi dire ôté à ma mère et à mes sœurs leur pain de tout un mois.

— Dieu me sauve! miss Mary, c'est vous que j'entends parler du pain de votre mère et de vos sœurs!

Et il essuya ses larmes.

— Il faut savoir regarder en face la position que le sort

nous fait, William ; vous direz à mon père le parti que j'ai pris envers l'un de mes compagnons de voyage ; c'était, il me semble, ce que je pouvais faire de mieux, si j'en crois ce que vous m'avez révélé, mon bon William, bien que votre inexpérience de la langue française vous ait peut-être, je l'espère, un peu trompé sur la portée des paroles de ce jeune homme.

— Oh ! je ne pense pas m'être trompé, miss Mary ; mais ce gentleman se sera repenti, en reconnaissant à vos paroles que vous étiez une *lady*. Puisse-t-il tenir sa promesse... et vous protéger, car les autres qui viennent de monter en chantant et en dansant sur les pas de ce vieux homme me font peur pour vous, miss Mary. Pourquoi ne pas retarder ce voyage ?

— Me voyant seule femme dans la voiture, j'y avais pensé ; mais les places de demain et d'après-demain sont prises ; il me faudrait rester ici trois jours de plus. Et la dépense d'auberge est chère pour ma petite bourse, — dit miss Mary en souriant doucement ; — il me reste tout juste de quoi arriver à ma destination, en ménageant beaucoup. Mais rassurez-vous, William, ces jeunes gens qui chantaient et qui dansaient me semblent plus fous que méchants, et en tous cas, la protection que veut bien m'accorder M. de Favrolle leur imposera... Ma demande a été hardie peut-être... Mon père et ma mère la jugeront. Vous leur direz, William, que vous m'avez vue à Calais en bonne santé. Assurez-les que je suis remplie de résignation et de courage... Dites-leur aussi que je leur écrirai de nouveau, lors de notre premier séjour dans une ville ; dites encore à Rosa, à Éveline, à Nancy, que leur sœur Mary pense tendrement à elles... et à la petite Arabelle, — ajouta la jeune fille en souriant avec des larmes dans les yeux, — que si elle est bien sage, la grande sœur Mary lui enverra une jolie poupée de France pour la Noël... ce jour de fête des enfants dans notre cher pays !

— Ah ! miss Mary ! je les vois encore, ces pauvres arbres

verts de la Noël chargés de bougies, de fleurs et de cadeaux, dans le grand salon de Lawson-Cottage ! Quelle joie ! quelle fête dans la maison chaque année !

— Ces beaux temps ne sont plus, William... Dites bien enfin à tous ceux que j'aime, que malgré leur absence, ils sont toujours avec Mary...

— Dieu me sauve !!! miss Mary, vous allez en condition chez des étrangers ! — s'écria le digne homme, ne pouvant retenir ses larmes ; — non, non, je ne peux, je ne pourrai jamais m'habituer à cette idée ! Quand je pense que la dernière fois que je vous ai vue au cottage vous étiez à cheval entre sir Lawson et le capitaine Douglas, et si gaie, si heureuse, tandis que votre mère et vos sœurs étaient dans la jolie calèche verte attelée des deux beaux chevaux gris *Turner* et *Smogler*, que le petit Jhony conduisait en postillon... Vous alliez faire une partie de campagne par une belle matinée de juin.

— Je ne regretterai pas ces temps d'autrefois, si un jour je peux revenir auprès de mon père et de ma mère et les voir moins malheureux. Tenez, mon bon William, après le chagrin de m'éloigner de ma famille, savez-vous ce qui me coûte le plus ? C'est de quitter notre verte Érin, notre Irlande ! Je n'ai jamais mieux senti qu'aujourd'hui que je l'abandonne ; combien nous est cher le pays natal !

— Messieurs et dames, en voiture ! — dit un des employés, — en voiture, dépêchons-nous !

Et voyant la petite malle de cuir de miss Mary encore à ses pieds, cet homme ajouta brusquement : — Mais, madame, vos bagages devraient être depuis longtemps sur l'impériale. A quoi pensez-vous ?

— Pardon, monsieur, — dit miss Mary un peu confuse, — je l'ignorais.

A la brusque interpellation de l'employé, William était devenu aussi rouge de colère que la crête d'un coq de combat, et il serrait ses deux poings comme s'il se fût préparé à boxer; mais un regard de miss Mary calma le courroux du digne homme, il prit d'une main le sac de nuit et chargea la malle sur son épaule.

A ce moment M. de Favrolle, s'approchant de la jeune fille avec un redoublement de courtoisie et de respect, lui dit :

— Je serais désolé d'abuser des priviléges de mon rôle, mademoiselle, mais je crois qu'il serait bon que vous me fissiez l'honneur d'accepter mon bras pour la vraisemblance.

— Certainement, monsieur, — répondit miss Mary en souriant, — j'accepte avec plaisir.

Puis le jeune homme, montrant son ami, reprit :

— J'ai été obligé, mademoiselle, de mettre mon compagnon de voyage dans notre confidence; permettez-moi de vous le présenter : M. Georges de Montfort.

Le compagnon du jeune homme s'inclina respectueusement devant miss Mary, qui lui rendit son salut, et tous trois, suivis de William, se rendirent dans la cour où était attelée la diligence.

M. de Favrolle offrit la main à miss Mary pour l'aider à monter en voiture, après que la jeune fille eut adressé un dernier adieu à William. Alors celui-ci, dont les joues étaient baignées de larmes, dit au jeune homme dans son mauvais français et d'une voix altérée :

— Monsieur le gentleman, veillez bien, je vous en supplie, sur miss Mary. Son père, sir Lawson, esquire, était un des plus riches gentlemen cultivateurs de son comté ; il avait huit magnifiques chevaux dans son écurie, tous du plus pur sang irlandais, monsieur le gentleman, et une meute de vingt-cinq *fox-hounds* pour le renard, monsieur le gentleman. Vous voyez que miss Mary est une jeune lady et qu'elle mérite que l'on s'intéresse à elle.

Si naïve que fût la recommandation du brave William, qui

exprimait ses regrets et son intérêt à sa façon et à son point de vue de cocher amateur de chevaux et de chiens, cette recommandation pouvait avoir une heureuse influence ; beaucoup de gens sont ainsi faits, qu'ils s'intéressent d'autant plus à l'infortune qu'elle a été précédée d'une plus grande opulence.

M. de Favrolle répondit à William :

— Soyez tranquille, mon digne homme, j'accomplirai envers miss Mary tous mes devoirs de frère, et du frère le plus dévoué, le plus respectueux.

Le jeune homme ne croyait pas avoir sitôt à protéger *sa sœur*, car il la vit reparaître à la portière et dire au conducteur en souriant :

— Monsieur, vous m'aviez dit, je crois, que ma place était au fond à droite ?

— Oui, madame.

— Mais, monsieur, cette place est occupée par un voyageur qui dort déjà profondément ; toute place m'est indifférente, seulement je crains à mon tour de prendre celle d'une autre personne.

Et elle redescendit de la voiture pendant que le conducteur y montait, et l'on entendit le dialogue suivant :

— Monsieur, — dit le conducteur, — monsieur le voyageur, ce n'est pas votre place, c'est celle d'une dame. Hé ! là-bas, répondez donc !

— Prenez garde, conducteur, Joséphin de la Botardière repose !

— J'ouvre une souscription nationale pour le baiser au front pendant son sommeil.

— Ah çà ! mais il est donc sourd ! — reprit le conducteur.

— Réveillez-le donc, messieurs, je vous en prie : il faut que nous partions.

— Conducteur, vous nous autorisez à éveiller Odoard au nom du salut public ?

— Eh! oui, messieurs, éveillez-le, et que ça finisse.

Alors ces fous de s'écrier de tous leurs poumons avec un vacarme horrible :

— Au feu! le feu est à la Botardière!

— Joséphin, entends mes cris affreux!

— Odoard, réponds à mes hurlements!

— Joséphin, ouvre tes yeux chéris!

— Odoard, mire dans mes yeux tes yeux!

— Monsieur, de grâce, — dit miss Mary à son prétendu frère, car celui-ci, fort contrarié de ces préludes qui semblaient annoncer un voyage orageux, commençait à froncer le sourcil, — je vous le répète, toute place m'est indifférente. Je serais désolée d'être la cause de la moindre discussion.

Mais M. de Favrolle s'élança dans la voiture, et vit le châtelain de la Botardière retranché dans son coin derrière une forteresse de manteaux, de sacs de nuit et de paquets, ne laissant apercevoir que le haut de sa tête coiffée d'un bonnet de soie noire enfoncé jusqu'aux yeux et surmonté de sa casquette; malgré le vacarme épouvantable qui régnait autour de lui, et les cris inhumains qu'on lui poussait aux oreilles, un ronflement sonore s'échappait des larges narines du vieillard. M. de Favrolle, pour mettre fin à cette scène burlesque, secoua d'abord doucement M. de la Botardière, puis enfin avec assez d'impatience pour que le dormeur supposé ne pût davantage prolonger sa feinte, il s'écria courroucé comme quelqu'un qui s'éveille en sursaut :

— Je trouve inconcevable que l'on ose me réveiller ainsi! Qui se permet de troubler mon repos?

Et s'adressant à M. de Favrolle :

— Que voulez-vous, monsieur? Je ne vous connais pas.

Et il tira plus avant encore son bonnet sur ses yeux et se rencogna de nouveau en disant :

— C'est vraiment intolérable.

— Monsieur, — répondit M. de Favrolle en commençant avec le plus grand sang-froid le déménagement des bagages de ce fâcheux, et les plaçant sur la banquette de devant, opération qui força l'usurpateur opiniâtre à ouvrir les yeux, — j'aurai l'honneur de vous faire observer que vous occupez la place de ma sœur, et je ne doute pas de votre empressement à la lui céder.

L'apparition de M. de Favrolle dans la voiture, la fermeté polie de son langage en parlant de sa sœur, calmèrent un peu la joyeuse effervescence des rieurs, et M. de la Botardière s'écria en s'adressant au protecteur de miss Mary :

— Monsieur, de quel droit portez-vous les mains sur mes effets? Je suis le premier occupant de cette place, tant pis pour les retardataires; je garde mon coin, mes cheveux blancs m'y autorisent.

— Personne plus que moi, monsieur, ne respecte les cheveux blancs, — reprit M. de Favrolle, — mais j'ai l'honneur de vous répéter que cette place appartient à ma sœur ; vous allez donc, je l'espère, avoir la bonté de quitter ce coin, sinon je vous déclare, avec tous les ménagements dus à votre âge, monsieur, que si vous refusez de vous rendre à la justice de ma réclamation, je serai, à mon grand regret, contraint de vous y forcer.

— Exécrable voyage ! — s'écria le hargneux vieillard en se levant furieux. —Ah ! quand donc serai-je arrivé à la Botardière !

— Ma foi ! monsieur, — ne put s'empêcher de dire M. de Favrolle, — je fais sincèrement le même vœu que vous pour votre prompte arrivée. — Puis, se retournant vers les persécuteurs du vieillard, il leur dit du ton le plus cordial :

— Messieurs, j'accompagne ma jeune sœur, permettez-moi d'espérer de votre courtoisie un peu de modération de langage pendant cette longue route. Je vous en serai profondément reconnaissant.

— Comment donc, monsieur, — répondit un des rieurs, — c'est de toute justice. Respect aux dames.

— Nous demanderions la même chose, — reprit l'autre, — si nous avions notre sœur avec nous. Soyez tranquille, monsieur, nous aimons à rire, mais nous savons ce qu'on doit à une jeune personne.

— Merci, messieurs, merci, — répondit M. de Favrolle, — je n'attendais pas moins de vous.

Et, redescendant de la voiture, il y fit monter miss Mary, qui, regrettant fort ce petit incident, prit sa place au fond, à droite de la voiture. Son prétendu frère se plaça à ses côtés, et son ami devant elle. Au moment où la jeune fille venait d'adresser un dernier signe d'adieu à William, qui, debout, s'essuyait les yeux, la diligence partit rapidement, tandis qu'un des rieurs de la rotonde criait d'une voix de fausset, en passant la tête par la portière :

— Mais, allons donc, postillon, allons donc! nous n'arriverons jamais à la Botardière !

II

M. et madame de Morville, propriétaires d'une belle terre en Touraine, y résidaient depuis quelques années. M. de Morville, ancien officier supérieur de cavalerie, avait quarante-cinq ans, une figure noble, douce et encore agréable, quoique sa pâleur annonçât qu'il ne jouissait pas d'une bonne santé. En effet, une de ses anciennes blessures s'étant rouverte, amenait parfois des accidents fâcheux qu'il cachait autant que possible à sa femme. Celle-ci, un peu moins âgée que M. de Morville, n'était pas jolie, mais la vivacité, l'agrément de sa physionomie expressive, suppléaient à la beauté qui lui manquait.

Un matin (huit jours environ après que miss Mary eut quitté Calais), M. de Morville entra dans le salon de sa femme ; il lui dit, en montrant une lettre ouverte qu'il tenait à la main :

— Ma chère Louise, ainsi que nous en sommes convenus hier soir, je viens d'écrire à mon frère. Je t'apporte la lettre, nous la relirons ensemble, et je l'expédierai, si toutefois, après réflexion, tu n'as pas changé d'avis.

— Non, mon ami, loin de là, car depuis que nous avons pris cette résolution, il me semble que j'ai un poids de moins sur le cœur.

— Voici donc ce que j'écris à mon frère.

— Pourvu, mon Dieu ! que la lettre n'arrive pas trop tard à Dublin !

— J'espère qu'elle arrivera du moins tout juste à temps. Je vais l'adresser par le courrier de tantôt au ministère des affaires étrangères ; elle sera dans la nuit d'après-demain à Paris, et dans quatre à cinq jours, elle doit être au consulat de Dublin, à moins que la traversée d'Angleterre en Irlande ne soit retardée par les mauvais temps, chose possible. Voici donc ce que j'écris à mon frère.

Et M. de Morville lut la lettre suivante :

« Mon cher Auguste, cette lettre va beaucoup te surprendre ; elle conclut d'une manière complétement opposée à ma lettre du 19 ; mais, après de longues et sérieuses réflexions, Louise et moi nous revenons sur la décision que nous t'avions donnée comme définitive au sujet de miss Mary. A tout autre que toi, mon ami, je sentirais le besoin d'expliquer que ce revirement, si brusque qu'il doive te paraître, ne peut être attribué ni à la légèreté, ni à une fâcheuse habitude d'irrésolution dans les choses importantes de la vie. Tu me connais, tu sais la solidité du caractère de Louise, tu sais que son affection pour notre chère Alphonsine est aussi tendre qu'éclairée : tu comprendras donc qu'il nous faut de graves motifs pour ne vouloir plus aujourd'hui ce que nous acceptions avec reconnaissance il y a huit jours; en un mot, nous renonçons formellement à prendre mademoiselle Mary Lawson pour institutrice; nous y renonçons à regret, à grand regret; tout ce que tu nous avais écrit de cette jeune personne nous donnait d'avance pour elle autant de sympathie que de considération, car ma femme et moi nous avons une confiance absolue, aveugle, ou plutôt très intelligente dans ton excellent jugement, dans ton tact parfait. Miss Mary était, d'après toi, une institutrice comme on en trouve rarement. Ce qui surtout nous convenait particulièrement, c'est que mademoiselle Lawson, n'ayant jusqu'ici fait d'autre éducation que celle de ses jeunes sœurs, devait être ainsi sans parti pris, sans habitudes pédagogiques.

» Nous avions donc accepté les services de miss Mary parce qu'elle nous agréait de tous points : habituée à la vie calme et pure de la campagne, où elle a passé sa vie, élevée par un père du caractère le plus honorable, par une mère d'un esprit supérieur, d'un cœur excellent; parfaite musicienne, dessinant à ravir, d'une instruction solide, variée ; parlant aussi correctement le français et l'italien que l'anglais; d'un caractère à la fois doux, égal et ferme; d'un esprit plein de charme et d'enjouement (avant que de grands malheurs eussent frappé sa famille), encore une fois, mon ami, tu nous avais découvert un TRÉSOR et nous l'avions accepté avec joie. Si j'insiste autant sur les rares qualités de mademoiselle Lawson, c'est pour te bien convaincre que nous les apprécions ainsi qu'elles doivent l'être; et que si nous renonçons à ce trésor, c'est que nous nous sommes dernièrement décidés, ma femme et moi, après longue et mûre discussion, *à ne plus prendre désormais d'institutrice pour Alphonsine.*

» Te dire, mon ami, la cause de cette détermination m'entraînerait trop loin. Nous pensons que tu pourras, si tu le juges à propos, communiquer la partie précédente de cette lettre à la famille de miss Mary; nous exprimons ici, en toute sincérité, nos vifs regrets et notre juste considération pour cette jeune personne. Dis bien à M. et à madame Lawson que nous étions profondément touchés de la confiance qu'ils nous témoignaient en nous accordant miss Mary, qui eût trouvé chez nous une véritable famille. Tu nous annonçais dans ta dernière lettre, en réponse à celle où nous acceptions définitivement ton offre au sujet de mademoiselle Lawson, qu'elle partirait dans une quinzaine de jours de Dublin. Cette lettre doit t'arriver assez à temps pour que la famille de miss Mary soit opportunément prévenue de notre décision. J'aurais désiré t'écrire plus tôt à ce sujet, mais c'est hier soir seulement, je te le répète, qu'après de longues discussions, Louise et moi nous sommes tombés d'accord.

» Ma femme et ma fille t'embrassent. Gérard vient d'entrer en rhétorique. A la fin de l'année scolaire, il viendra près de nous, et dans deux ans seulement je l'enverrai à Paris faire son droit. Il n'a pas encore dix-huit ans, et je ne suis pas fâché qu'il mûrisse un peu sous mes yeux avant de l'exposer aux orages du quartier latin; tu juges de la joie de sa mère... car tu sais si nous aimons et si nous avons des raisons d'aimer ce brave enfant.

» Mon oncle la Botardière était allé à Dunkerque pour quelque affaire; malgré nos instances, il a voulu, par économie, voyager seul et en diligence. Il va bientôt revenir à sa terre, et nous l'aurons, comme d'habitude, souvent ici, en voisin ; je te vois froncer le sourcil, car tu aimes peu, comme tu dis, à *Botardiariser*... mais vraiment tu es injuste : malgré son caractère un peu quinteux, un peu égoïste, notre oncle a du bon.

» Je ne dis pas comme toi, méchant esprit, que notre cher oncle *doit avoir du bon soigneusement caché on ne sait où, vu que le bon Dieu n'invente pas de si insupportables créatures sans une compensation quelconque*. Je te répondrai, moi, monsieur le sceptique, que cette compensation est toute trouvée : Cet oncle Grognon est le frère de notre excellente et regrettée mère, cela suffit à nos yeux et aux tiens, quoi que tu en dises, pour qu'il soit absous de tous ses quinteux péchés, même de celui que tu lui pardonnes le moins : *d'abuser de ses cheveux blancs*. C'est un peu vrai. Cela me rappelle que lorsque j'étais au régiment, il avait la rage de m'emmener toujours au spectacle avec lui. Il se montrait souvent pour ses voisins très incommode et très provoquant, mais à la moindre observation, il s'écriait : — Monsieur, vous insultez mes cheveux blancs ! Mon neveu que voici, officier de dragons, va vous remettre à votre place ! — C'est ainsi que ce cher oncle m'a fait donner ou recevoir deux ou trois coups d'épée, à mon corps défendant. Quoi qu'il en soit, pour qui sait le prendre, il a vraiment du bon, et puis enfin, sans avoir l'âme vénale, je ne peux pas empêcher notre oncle d'être fort riche, garçon, et de nous dire, dans ses bons moments, qu'il se fait une joie de penser que sa fortune, toujours grossissant *par son économie* (je te vois rire, ingrat), sera le partage de tes enfants et des miens.

» Certes, la cupidité n'est pour rien dans les égards que nous avons pour lui; demain, il serait pauvre comme Job, que nous accueillerions avec un redoublement de prévenance et de respect le frère de notre bien-aimée mère.

» Adieu, mon cher Auguste; notre retraite nous devient de plus en plus chère, et nous nous réjouissons en songeant que, dans deux ans, nos économies accumulées auront formé pour Alphonsine une belle et bonne dot. Le moment approche où il faudra songer à établir cette chère enfant, et à ce propos,

te souviens-tu de l'un de mes anciens amis, camarade de régiment, *M. de Favrolle?* Je l'ai dernièrement rencontré à Paris, où j'étais allé passer quelques jours ; nous avons parlé *famille,* car il a un fils de vingt-deux à vingt-trois ans, qui a été au même collége que Gérard. Celui-ci était parmi les *petits,* tandis que le fils de Favrolle était dans les *grands.*
— Ta fille a seize ans, m'a dit Favrolle ; pourquoi un jour ne songerions-nous pas à la marier avec mon fils ? — Propos *en l'air,* me diras-tu ; mais enfin, Favrolle a de grandes propriétés dans le Nord, c'est un parfait galant homme, et si son fils lui ressemble... Mais je m'arrête : je ne veux pas te refaire ici la fable de *la Laitière et le Pot au lait.* L'important est d'assurer d'abord une bonne dot à Alphonsine ; nous nous en occupons, sans pour cela faire le moindre sacrifice ; nous vivons ici en grands seigneurs avec le quart de ce que nous dépensions à Paris ; l'habitude de la retraite est si bien prise chez nous, qu'il est presque certain que, la dot d'Alphonsine faite et parfaite, nous commencerons à *travailler* à celle de Gérard par le même procédé.

» Tu nous as fait presque espérer ta présence, ainsi que celle de ta femme et de tes enfants, pour le printemps prochain ; nous y comptons tous, y compris *madame Pivolet,* qui continue de délecter et parfois d'impatienter nos loisirs par ces fabuleuses inventions et imaginations dont tu as été tant de fois émerveillé jusqu'au fou rire. Heureusement, notre Alphonsine, en suçant le lait de cette nourrice peu véridique, n'a pas hérité de cette miraculeuse puissance d'exagération, grâce à laquelle cette incorrigible Pivolet a le don magique de transformer un ciron en éléphant, et un éternument en un coup de tonnerre.

» Adieu encore, mon ami ; nous comptons aveuglément sur toi pour être notre interprète auprès de miss Mary et de sa famille, et nous excuser, nous défendre même auprès d'elle si, contre notre attente et à notre douloureux regret, miss Mary pouvait trouver quoi que ce soit de désobligeant dans le changement de nos intentions, qui, encore une fois, se résument en deux mots : — *Nous sommes décidés à ne plus prendre d'institutrice pour Alphonsine;* — sans cela, je te le répète, nous eussions accepté avec bonheur, avec reconnaissance, les soins de mademoiselle Lawson.

» Embrasse tendrement pour nous ta femme et tes enfants, et réponds-moi courrier par courrier.

» Tout à toi, frère,

» A. DE MORVILLE. »

III

Madame de Morville, après avoir silencieusement écouté la lecture de la lettre de son mari, lui dit :

— Cette lettre est parfaite, mon ami, et en admettant même une excessive susceptibilité chez miss Lawson et sa famille, cette susceptibilité serait, ce me semble, aussi ménagée que possible par la manière dont tu présentes, après tout, la réalité des choses.

— Ainsi, ma chère Louise, tu es bien décidée? Je peux faire partir cette lettre? Songes-y, il serait maintenant impossible, après un refus si formel, de redemander miss Lawson.

— Que te dirai-je, mon ami? j'ai un horrible défaut : je suis une mère jalouse! Non, vois-tu, je ne saurai jamais t'exprimer tout ce que j'ai souffert en silence durant ces trois dernières années : voir sans cesse en tiers une étrangère entre ma fille et moi...

— Louise, Louise! — reprit M. de Morville avec un accent

de doux reproche, — je t'ai souvent grondée à ce sujet. Cette jalousie, née d'un excellent sentiment, ton adoration pour ta fille, est peu raisonnable. Ainsi que tant d'autres femmes, tu n'as pas reçu l'éducation suffisante pour enseigner à ta fille la musique, le dessin, les langues étrangères ; c'est un petit malheur, il faut t'y résigner.

— Non, c'est... c'est là un grand malheur, mon ami. Ah ! que de fois j'ai pleuré de mon incapacité ! Une mère devrait donner à sa fille la nourriture de l'esprit comme elle lui donne la vie du corps.

— Soit, ce serait préférable ; il eût mieux valu aussi que je fusse en état de faire l'éducation de Gérard ; nous l'aurions gardé près de nous ; mais enfin, je te le répète, à l'impossibilité opposons la résignation ; nous habitons cette terre éloignée de quinze lieues de Tours, nous ne pouvions donc faire venir ici des professeurs pour Alphonsine ; il nous a fallu prendre une institutrice à demeure ; sinon, nous aurions vu notre fille rester, par son éducation, fort au-dessous de toutes les jeunes personnes de sa naissance, et pour l'avenir, cela était grave. Beaucoup d'hommes recherchent, de nos jours, et non sans raison, dans leurs femmes, les talents d'agrément, une instruction étendue, variée.

— Ces talents, cette instruction, Alphonsine les possède maintenant.

— Elle les possède à peu près.

— Enfin, elle peut travailler seule, et ne rien perdre ainsi de ce qu'elle a appris.

— Je l'espère ; mais il ne faut pas nous le dissimuler, son éducation est loin d'être achevée.

— Tant de femmes en savent encore moins qu'elle !

— Certes, et mieux que personne tu m'as toujours prouvé, chère et bonne Louise, que l'élévation du caractère et la bonté du cœur peuvent suppléer à tout.

2.

— Eh bien, alors?

Puis madame de Morville ajouta en souriant :

— Cet *eh bien, alors?* est fort orgueilleux, sans doute, mon ami, mais c'est à ma fille que je l'applique, et j'aime mille fois mieux la voir un peu moins savante que de souffrir les tourments d'une jalousie absurde mais douloureuse. Enfin, veux-tu que je te le dise, cet amour du monde que tu encourages chez moi, au lieu de le blâmer...

— Pourquoi te blâmerais-je, chère Louise? — dit affectueusement M. de Morville, — n'est-il pas naturel que tu cherches quelques distractions dans la société de nos voisins? ta vie serait sans cela si solitaire, si triste!

— Cette vie, tu la supportes bien, toi.

— Non-seulement je la supporte, mais elle me convient; ma santé n'est pas très forte, j'aime la retraite, l'étude, et je ne serais pas assez *barbare* pour te priver de tes plaisirs parce qu'ils sont autres que les miens.

— Vrai, mon ami, malgré mon goût pour le monde, ces plaisirs, je les rechercherais moins si j'avais ma fille plus à moi; oui, et bien souvent je me laisse entraîner à rester quelques jours de plus chez nos voisins, parce que je me dis : Après tout, ma fille n'a pas besoin de moi; n'a-t-elle pas son institutrice? et alors mon cœur se navre de jalousie.

— Voyons, Louise, pouvais-tu être sérieusement jalouse de notre dernière institutrice, cette pauvre mademoiselle Lagrange? Comparer l'affection que ta fille lui portait à celle qu'elle a pour toi!

— Est-ce que ma fille n'était pas plus souvent avec son institutrice qu'avec moi, couchant près d'elle, vivant constamment près d'elle? Est-ce que mademoiselle Lagrange ne partageait pas jusqu'aux jeux alors presque enfantins d'Alphonsine, ce que ma gravité de mère ne me permettait pas? Est-ce que...

— Pourquoi t'interrompre?

— Eh bien, oui, si pénible que cela soit à avouer, je peux te le dire à cette heure que nous sommes résolus à ne plus prendre d'institutrice, car, après tout, je ne suis pas une méchante femme.

— Oh non!

— Ah non? tu n'en sais rien, ni moi non plus. Cela te fait rire; tu as tort, car enfin, était-ce un bon ou un mauvais sentiment, que d'éprouver, non pas du regret, mais une sorte d'envie presque haineuse, en voyant une étrangère enseigner à ma fille ce que j'étais incapable de lui enseigner, moi? Était-ce un bon sentiment, de me dire avec amertume : Cette étrangère m'est supérieure aux yeux de ma fille sous un certain côté, car auprès de cette institutrice, moi qui ne sais ni la musique, ni le dessin, ni une langue étrangère, ni tant d'autres choses, je suis une ignorante, une espèce de sotte, et, malgré toute sa tendresse pour moi, ma fille doit avoir le sentiment de ma nullité?

— Louise, — dit en riant M. de Morville, — c'est de l'exagération à la façon de madame Pivolet, prends-y garde!

— Mon ami, tu as tort de plaisanter; je te parle sérieusement de souffrances folles mais cruelles, dont je tâchais de me distraire en acceptant de nombreuses invitations de nos voisins, tandis que tu restais seul ici avec tes livres. Ces souffrances, tu ne les as jamais devinées; j'en avais honte, je tâchais de les contraindre, de ne laisser rien percer de ce que je ressentais, car cette pauvre mademoiselle Lagrange était l'agneau du bon Dieu; cependant, malgré moi, je m'échappais parfois en aigreurs, en ironies absurdes, mais qui portaient coup; je le voyais à la soudaine tristesse de cette excellente jeune personne. Et ce n'est pas tout encore...

M. de Morville avait d'abord accueilli presque en plaisantant les confidences de sa femme, mais il parut alors aussi affligé que surpris, et reprit :

— Louise, est-ce toi qui parles ainsi? toi dont j'ai tant de fois apprécié, admiré l'excellent cœur! •

— Tenez, vous autres hommes, vous ne comprendrez jamais rien au cœur d'une mère; toutes les mères ne sont pas comme moi, heureusement; mais enfin, telle je suis, telle je me confesse; ainsi, tu ne comprendras pas non plus qu'une autre de mes jalousies absurdes, c'était de voir ma fille aussi inférieure que moi à son institutrice, de me dire : Voilà pourtant une pauvre fille, née dans la loge d'un portier, puisque le père de mademoiselle Lagrange était concierge de la pension où elle a été élevée; voilà une pauvre fille sans nom, sans fortune, qui est et sera en toutes choses d'art et de savoir infiniment supérieure à ma fille, qui aura un jour cinquante mille livres de rente! Veux-tu que je t'avoue quelque chose de plus mal encore? Ce qui me faisait tolérer cette pauvre mademoiselle Lagrange, c'est qu'elle était laide comme les sept péchés mortels; si elle eût été jolie, ou plus jolie qu'Alphonsine, malgré moi je l'aurais prise en horreur. Enfin, il faut bien me l'avouer, le résultat de tout ceci a été que mademoiselle Lagrange a demandé à quitter la maison, sous prétexte de santé; véritable prétexte. Du reste, je me rends cette justice, j'aurais souffert jusqu'à la fin plutôt que de renvoyer cette excellente fille, et j'ai été délivrée d'un pénible remords quand je l'ai su placée dans une bonne maison, grâce à nos pressantes recommandations.

— Ah! Louise, combien nous avons eu raison de refuser miss Mary; pauvre fille! Et si par hasard elle avait été jolie! ce que j'ignore, car, je l'avoue, cela jusqu'à présent m'avait paru très insignifiant...

— Miss Mary? Ah! je l'avoue maintenant, pour mille raisons je lui aurais encore préféré mademoiselle Lagrange. Mon Dieu, tout cela est puéril, ridicule, odieux même, je le sais; car à toi, en qui j'ai une confiance aveugle, j'ai caché la plus grande partie de ces ressentiments dont j'ai honte ; heureuse encore s'ils n'avaient chagriné que moi ! Mais non, mademoiselle Lagrange n'a pu sans doute résister à ces mille taquineries sournoises, et elle a quitté la maison ; j'avais beau, dans mon regret de l'avoir blessée, tâcher de lui faire oublier sa peine par des prévenances, par quelques cadeaux, c'était un cœur timide, et avec sa douceur inaltérable, elle trouvait le moyen, sans me choquer, de ne pas accepter les dédommagements que je lui offrais. Voilà pourtant les conséquences de mon malheureux caractère. Il en serait de même pour mademoiselle Lawson ; car, je ne me le cache pas, ce refus de notre part...

Puis s'interrompant, madame de Morville ajouta avec une expression de sincérité qui donna un charme touchant à sa physionomie si animée, si expressive :

— Non, après tout, je ne suis pas une méchante femme, je le sens bien. Aussi, mon ami, je m'aperçois heureusement à temps que nous avons oublié une chose très importante dans la lettre à ton frère.

— Quoi donc?
— Un post-scriptum.
— A quel propos?
— Ton frère nous l'a dit : non-seulement la place que nous offrions à mademoiselle Lawson assurait pendant deux ou trois ans l'existence de cette jeune personne, mais la presque totalité de ses appointements devait être envoyée par elle à Dublin, pour aider à subvenir aux besoins de sa mère et de ses quatre sœurs ; pauvres femmes ! qu'elles sont à plaindre !

— Louise, puisque ton excellent cœur va de lui-même au-devant de cette objection, je te l'avoue, la seule chose qui me peinait réellement dans notre changement de résolution, c'était de penser que cette famille si intéressante allait se trouver privée d'une ressource sur laquelle elle a compté. J'avais déjà cherché le moyen de...

— N'achève pas, mon ami, cela me navre... Mais écoute, mon ami : nous voulions employer deux mille quatre cents francs par an aux appointements de miss Mary ; ce n'est pas pour faire des économies que nous avons renoncé à elle...

— Non, certes.

— N'y aurait-il pas moyen, comme compensation, je n'ose dire comme indemnité, de faire agréer ces deux mille quatre cents francs à cette famille pendant deux ou trois ans ?

— Impossible. Tu as lu la lettre de mon frère : rien de plus honorablement fier que le caractère de M. Lawson ; non-seulement il n'accepterait pas une aumône, mais il serait cruellement blessé d'une pareille offre.

— Combien l'imaginative de madame Pivolet te fait défaut en ce moment, mon pauvre ami ! — dit en souriant madame de Morville ; — tu me donnes envie de l'envoyer chercher.

— Explique-toi.

— Est-ce que je suis assez déraisonnable pour songer à proposer à M. Lawson ou à sa fille une aumône annuelle ? Est-ce qu'il n'y a pas d'autres moyens de faire accepter ce service ? Et c'est en cela que je te dis que l'imaginative de madame Pivolet te fait défaut, et à moi aussi, j'en conviens ; car, jusqu'à présent, je ne trouve pas. Pourtant... attends donc... Vois un peu... rien que de prononcer ce nom magique de *Pivolet*, les inventions vous viennent. Alphonsine commence à parler anglais ; il faut que ton frère, à qui tu vas écrire notre embarras en post-scriptum, cherche et trouve quelques bons livres anglais qui ne soient pas traduits en français ; comprends-tu ?

— Excellente idée ! Il priera miss Mary de les traduire interlignés pour Alphonsine.

— Et nous mettrons à ce travail le prix qui nous conviendra; la délicatesse la plus ombrageuse n'aura rien à objecter à cela.

— Ah! madame Louise, — reprit M. de Morville en embrassant tendrement sa compagne, — et vous vous dites parfois une méchante femme!

— Non; mais il est toujours plus sage d'éviter les occasions de faillir. Ainsi tu approuves mon idée?

— Je cours écrire ce post-scriptum et cacheter ma lettre.

Au moment où M. de Morville allait quitter le salon de sa femme, mademoiselle Alphonsine de Morville entrait chez sa mère.

— Mon enfant, — lui dit son père en souriant, — j'écris à ton oncle; tu n'as pas de commission pour lui, pas de *contrebande* à lui demander? car tu sais qu'il s'intitule *le contrebandier de mademoiselle de Morville*. Un consul de France! Ce que c'est que d'avoir une nièce!

— Non, mon père; je ne veux pas abuser si souvent de la bonté de ce cher oncle. Rappelle-moi seulement à son souvenir, ainsi qu'à celui de ma tante et de ses enfants.

— Oh! cela est déjà fait; en ce cas, je n'ai plus qu'à fermer ma lettre, après y avoir ajouté notre post-scriptum, bien entendu, — ajouta-t-il en s'adressant à sa femme, qu'il laissa seule avec sa fille.

IV

Mademoiselle de Morville avait seize ans; elle ressemblait beaucoup à sa mère. Sa figure, sans être jolie, ne manquait ni d'agrément, ni d'expression; on y lisait surtout la candeur de son âme et la franchise de son caractère.

Lorsque son père fut sorti, mademoiselle de Morville dit à sa mère :

— Maman, est-ce que la lettre que mon père écrit à mon oncle est relative à miss Lawson?

— Oui, mon enfant.

— C'est donc décidé, elle arrive?

— Oh! mon Dieu, quel gros soupir! — dit madame de Morville en souriant. — Tu redoutes donc beaucoup l'arrivée de ta nouvelle institutrice?

— Redouter, c'est bien fort; mais enfin, si j'avais le choix...

— Voyons!

— J'aimerais mieux rester sans institutrice.

— Cette pauvre mademoiselle Lagrange n'était pourtant pas un tyran.

— Elle! oh! non. Il n'y avait pas de meilleur caractère que le sien, et puis si affectueuse pour moi, une vraie sœur, enfin.

— En effet, vous ne pouviez guère vous passer l'une de l'autre, mon Alphonsine, et tu étais plus souvent avec elle qu'avec moi.

— C'est tout simple; le temps de mes études...

— Et pendant tes récréations aussi.

— En pouvait-il être autrement? Est-ce que tu aurais joué avec moi à courir ou au volant, et même à la poupée? Car sais-tu qu'il y a deux ans je jouais encore à la poupée?

— Et mademoiselle Lagrange jouait avec toi. Sa complaisance était sans bornes, c'est une justice à lui rendre.

— Oui, quand je l'avais contentée par mon travail; sinon elle était très sévère, mais aussi toujours juste, et si bonne, si timide, contente de tout, ne se plaignant jamais!

— Je ne vois pas trop de quoi elle aurait pu se plaindre. Enfin tu la regrettes?

— Certainement. Car avant de retrouver une pareille institutrice... Ce n'est pas ta miss Lawson qui la vaudra!

— Tu crois ?

— Maman, je t'assure que tu ne remplaceras jamais mademoiselle Lagrange. Juge donc : un si bon caractère, et puis si instruite, tant de talent pour la musique, la peinture; sachant toujours se mettre à votre portée pour vous enseigner, descendant jusqu'à vous, enfin !

— Comment, descendant jusqu'à vous !

— Dame, maman, comme savoir, elle était et sera toujours, pour ainsi dire, une princesse auprès de moi. Et cependant elle était la fille du portier de la pension où elle a été élevée ! elle ne s'en cachait pas le moins du monde.

— Loin de là, elle affectait même un peu, ce me semble, de parler de son humble naissance.

— Elle, affecter ! Oh ! maman, c'est une erreur. Quand, par hasard, elle parlait de sa famille, c'est que la conversation venait là-dessus. D'ailleurs, écoute donc, mademoiselle Lagrange eût été fière qu'elle en avait le droit.

— Fière, de quoi ? Pas de sa figure, pauvre fille...

— Non, c'est vrai; mais enfin, sais-tu que c'est très beau d'être institutrice, de pouvoir ainsi, par son travail, se suffire à soi-même et encore venir en aide à sa famille ? Je te demande un peu, par exemple, comment je ferais si j'étais à sa place, moi, maman ?

— La réponse est très simple, chère enfant : si tu étais à la place de mademoiselle Lagrange, tu ferais comme elle et comme tant d'autres jeunes personnes remplies de courage, de savoir et de cœur; qualités que possédait mademoiselle Lagrange, je le reconnais, car, tu le sais, chère enfant, nous avions pour elle les plus grands égards.

— Sans doute, tu étais parfaite pour elle, mon père aussi, et moi je l'aimais comme une sœur.

— A ce point que, pendant les premiers jours qui ont suivi son départ, je t'ai vue souvent pleurer, et que depuis je te trouve triste; c'est à peine si les histoires de ta nourrice Pivolet, et elle n'en chôme jamais, te déridènt un peu.

— Que veux-tu, maman, se quitter après plus de trois ans d'intimité, cela vous laisse du chagrin.

— Cette sensibilité fait l'éloge de ton cœur; mais enfin il me semble, mon Alphonsine, que toi et moi nous pouvons trouver dans notre tendresse de quoi nous consoler du départ d'une étrangère.

— Une étrangère! — reprit naïvement Alphonsine, — dis donc une amie, une sœur.

— Soit! Mais une mère... vaut au moins une amie, une sœur même.

— Est-ce que cela peut se comparer? — reprit la jeune fille avec une grâce charmante en embrassant madame de Morville; — est-ce que d'aimer votre sœur vous empêche d'adorer votre mère?

— Chère enfant, — dit madame de Morville avec une douce émotion, — jamais je n'ai douté de ta tendresse; seulement je n'ignore pas qu'une mère, si aimée qu'elle soit, peut difficilement être une compagne pour sa fille.

— Mon Dieu, non, c'est si différent.

— Je le sais, mon enfant.

— Ainsi, toi, maman, tu es pour moi, n'est-ce pas, aussi affectueuse que possible; pourtant tu m'imposes toujours; il y a mille riens, mille folies, mille bêtises si tu veux, que je n'oserais jamais te dire, et qui nous amusaient et nous faisaient rire aux larmes avec cette pauvre mademoiselle Lagrange; et puis ces causeries sans fin pendant les récréations, nos jeux mêmes, car elle était très enfant quand elle s'y mettait; tout cela faisait qu'avec elle le temps de l'étude passait comme un songe et celui de la récréation comme un éclair.

— Sans doute, — reprit madame de Morville avec un sourire contraint, car cette mère jalouse souffrait, malgré tous les efforts de son bon sens naturel, — et moi... je ne jouissais de la société de ces demoiselles que lors de notre promenade d'avant dîner, ou le soir jusqu'à l'heure du thé... puis tu t'en allais coucher dans l'appartement de ton institutrice... Mais revenons à miss Mary...

— Je t'en prie, maman, ne m'en parle pas, il sera toujours assez temps d'y songer lorsqu'elle sera arrivée.

— Pourquoi cette prévention ?

— C'est que je la vois d'ici, ta miss Mary : une grande Anglaise à l'air froid, revêche, et si jamais elle s'humanise jusqu'à daigner sourire, vous montrant des dents longues de ça...

— Le portrait n'est pas flatteur...

— Et d'ailleurs, fût-elle un phénix, jamais elle ne remplacera pour moi ma pauvre mademoiselle Lagrange. Aussi, je t'en préviens, je ne réponds pas du tout de la contenter, ta miss Mary...

— Allons, chère enfant, je vais te rendre très heureuse.

— Comment cela ?

— Cette lettre de ton père à ton oncle de Dublin contremande l'arrivée de miss Mary.

— Il serait vrai ! quel bonheur ! — s'écria joyeusement la jeune fille. Puis se reprenant : — Et encore, je ne sais si je dois me réjouir, je perdrai peut-être au change. Tu as donc quelqu'un en vue pour remplacer miss Mary ?

— Non, nous n'avons personne.

— Personne ?

— Ton père et moi, nous avons décidé que désormais tu n'aurais plus d'institutrice. Te voilà contente !

— Oh ! certainement. — Puis, par réflexion : — Mais, maman, qui donc achèvera mon éducation ?

— Toi-même, chère enfant. Tu es maintenant assez forte musicienne, tu dessines bien, et tu sais suffisamment l'anglais et l'italien pour travailler seule. Quand je dis seule, non, je prendrai ma revanche, — dit tendrement madame de Morville, — je ne te quitterai pas. Je ne suis malheureusement point en état de remplacer une institutrice, mais enfin, sans être musicienne, j'ai l'oreille assez juste pour t'avertir si tu passes des notes ou si tu chantes faux; je ne sais pas dessiner, mais je verrai bien si ce que tu copies ressemble plus ou moins à ton modèle. Quant à l'histoire et à la géographie, avec des livres je pourrai suppléer à l'instruction qui me manque malheureusement. Et puis, — ajouta madame de Morville d'une voix touchante et attendrie presque jusqu'aux larmes, — tu seras indulgente, n'est-ce pas? tu me tiendras compte de mon bon vouloir; enfin, je tâcherai de ne pas te faire trop regretter ton institutrice.

— Mais tu me la rendras, au contraire, — s'écria la jeune fille avec expansion en se jetant au cou de sa mère; — je l'aimerai en toi comme je t'aimerai en elle.

— Et non-seulement je partagerai tes travaux, — reprit madame de Morville en répondant avec un bonheur ineffable à l'étreinte de sa fille, — mais je partagerai aussi tes récréations. Tu verras que je ne suis pas si *mère* que j'en ai l'air, et que, tout comme une autre, je saurai être gaie, rieuse et bonne compagne. Et puis enfin, les absences quelquefois prolongées que je faisais pour répondre aux invitations de nos amis du voisinage, et dont tu te plaignais si gentiment, je ne les ferai plus. Tous mes instants te seront consacrés; enfin je tâcherai de regagner le temps perdu.

Soudain des pas bruyants et des cris d'effroi se firent entendre dans le salon voisin; madame de Morville et sa fille se levèrent avec inquiétude et virent entrer éperdue, effarée, une grosse petite femme qui semblait rouler plutôt que marcher; elle portait un trousseau de clefs à sa ceinture, et son bonnet plissé laissait voir la frisure éternelle d'un *tour* noir comme de l'encre. Telle était madame Pivolet, autrefois nourrice d'Alphonsine, et alors femme de charge. Elle entra donc précipitamment en levant les mains au ciel et s'écriant :

— Ah! madame, quel malheur! M. de la Botardière! Quel affreux événement!

Et sans en dire davantage, elle tomba sur un fauteuil, en renversant sa tête en arrière comme si elle pâmait. Madame de Morville et sa fille, de plus en plus inquiètes, quoiqu'elles eussent été déjà plusieurs fois dupes des exagérations de la femme de charge, s'approchèrent d'elle, et sa maîtresse lui dit vivement :

— Au nom du ciel! madame Pivolet, parlez... Que s'est-il passé? qu'est-il arrivé à M. de la Botardière?

— Mon oncle est donc de retour de voyage? — demanda la jeune fille à sa nourrice. — Mais réponds donc!

— Ah! madame, ah! mademoiselle, — reprit la femme de charge en secouant la tête avec un douloureux accablement, — c'est fini!

— Quoi, fini?

— C'est affreux!... Infortuné M. de la Botardière! Il avait (parlant par respect de lui) un bien mauvais caractère... mais pauvre cher homme! un pareil sort...

— Mon oncle est donc ici? — s'écria la jeune fille.

— Une si belle vieillesse! — reprit madame Pivolet d'un ton lamentable. — Encore si vert pour son âge!

— Achevez donc, — reprit madame de Morville. — Il est odieux de nous tenir ainsi dans l'inquiétude. Encore une fois, qu'est-il arrivé?

— Pardon, madame, mais l'émotion... cet horrible spectacle...

— Maman, je n'ai pas une goutte de sang dans les veines.

— Ni moi non plus, je t'assure. Parlez donc, madame Pivolet!

— J'étais tout à l'heure dans la cour d'honneur du château, — reprit la femme de charge d'une voix haletante, en s'essuyant le front; — je vois arriver de loin, dans l'avenue, un char à bancs jonquille...

— La voiture de mon oncle?

— Avec son grand cheval blanc qu'il appelle, hélas! pauvre cher homme! qu'il appelait *Roncevaux !*

— Comment, *qu'il appelait !* — s'écria madame de Morville en joignant les mains avec effroi. — Mais vous ne songez pas à ce que vous dites!

— Écoutez, madame, écoutez. Je vois donc de loin arriver le char à bancs jonquille attelé de Roncevaux; il trottait même très vite, contre son habitude.

— Quel supplice! Mais achevez donc!

— Le char à bancs avançait toujours; il n'était plus qu'à cinquante pas peut-être de la grille du château, lorsque... lorsque... Ah! madame!

— Ensuite?

— Pif! paf! Des scélérats embusqués tirent je ne sais combien de coups de fusil sur ce malheureux M. de la Botardière et sur son char à bancs jonquille.

— Tirer sur mon oncle... Mais c'est impossible!...

— Impossible!... plût à Dieu, madame. A cette décharge d'artillerie, Roncevaux prend le mors aux dents, entre dans la cour d'honneur comme un forcené, accroche le char à bancs à la borne de la porte d'entrée, le brise en mille pièces, et je vois rouler à mes pieds... je dois même avoir du sang sur moi... je vois rouler à mes pieds cet infortuné M. de la Botardière, blessé de dix coups de feu au moins, les membres fracassés, la tête en capilotade... et rendant le dernier soupir... Alors, moi...

— Vous êtes folle! — s'écria madame de Morville, — et je suis assez simple pour me laisser prendre encore à vos mensonges ou à vos exagérations !... J'entends la voix de mon oncle.

En effet, on entendit la voix quinteuse de M. de la Botardière, disant dans la pièce voisine, dont la porte s'ouvrit aussitôt :

— C'est possible! mais j'exige que l'on chasse ce drôle-là à l'instant.

Et M. de la Botardière apparut dans l'entière majesté de son obésité, nullement percé de dix coups de feu, n'ayant aucun membre fracassé, encore moins la tête en capilotade. Son chapeau seul, outrageusement aplati, bossué, déformé, présentait une apparence fantastique, et cette coiffure donnait un aspect étrange à la figure courroucée du vieillard.

— Ah! mon oncle, — s'écria la jeune fille en allant embrasser M. de la Botardière, — quelle peur maman et moi nous avons eue! Heureusement, ce n'est rien.

— Comment! ce n'est rien! — s'écria le vieillard. — Effrayer mon cheval par un coup de feu, ce n'est rien!

— Mon oncle, — dit madame de Morville, — c'est un de nos gardes qui a déchargé son fusil, sans prévoir que...

— Peu m'importe! il n'en est pas moins arrivé que Roncevaux, effrayé, a pris le galop et a accroché si violemment la borne de la grille, que j'ai failli verser, et que du choc mon chapeau (il est bien arrangé, vous le voyez) est tombé sous la roue! De sorte que si Roncevaux ne s'était arrêté de lui-même devant le perron, je ne sais pas ce qui serait arrivé. Je risquais d'être broyé sous les roues. Ah! on appelle cela rien... ici!

— Mon oncle, c'est beaucoup trop, sans doute, — reprit madame de Morville. — Alphonsine voulait dire que c'était peu de chose auprès des malheurs qui pouvaient arriver.

Mademoiselle de Morville, pendant que sa mère parlait ainsi au vieillard, s'approcha de madame Pivolet, qui restait impassible, et lui dit d'un ton de reproche :

— Voilà encore une de tes inventions, de tes exagérations. N'as-tu pas honte, à ton âge, d'oser ainsi mentir?

— Mademoiselle, j'ai vu, ce qui s'appelle vu, monsieur votre oncle en morceaux! seulement, il aura bu tout de suite du vulnéraire suisse. Et je n'oublierai jamais cette nouvelle preuve de l'efficacité de cette eau merveilleuse. Je m'en vais vite faire préparer l'appartement de M. de la Botardière.

Et la femme de charge sortit paisible, sans le moindre remords de conscience.

V

M. de la Botardière, après le départ de madame Pivolet, se jeta dans un fauteuil en s'essuyant le front et s'écria :

— Mon neveu, je vous le déclare, je retourne à l'instant à la Botardière si le drôle qui a effarouché Roncevaux n'est pas chassé séance tenante! Ce coquin me voyait, il a malicieusement déchargé son fusil à mon approche.

— Mon oncle, permettez. Robert était derrière le mur d'un des pavillons d'entrée; il ne pouvait vous apercevoir.

— A merveille, monsieur! prenez parti pour vos gens contre moi.

Et, se dirigeant vers la porte :

— Que l'on me fasse atteler Roncevaux à l'instant!

— Mon oncle, de grâce! — dit madame de Morville en prenant la main du vieillard et l'obligeant à s'asseoir, — votre menace ne saurait être sérieuse.

— Je vous répète, ma nièce, que moi ou ce drôle nous sortirons d'ici, et sur l'heure!

— Soit, mon oncle, — reprit M. de Morville, — Robert sortira. Permettez-moi seulement de vous faire observer qu'il est père de famille, il a trois enfants, une vieille mère...

— Est-ce une raison pour effaroucher perfidement Roncevaux et risquer de me faire briser les membres? Peste! mon neveu, vous êtes clément pour ceux qui en veulent aux os de votre oncle!

— Vous serez satisfait, mon oncle, — dit M. de Morville en échangeant un regard d'intelligence avec sa femme. — Robert s'en ira d'ici.

— Il ne s'agit pas de dire : Il s'en ira; il faut qu'il s'en aille aujourd'hui, devant moi.

— Oui, mon oncle, aujourd'hui même il partira; je vais tout à l'heure donner à mon régisseur des ordres à ce sujet. Maintenant, puis-je m'informer du résultat de votre voyage? Vous êtes sans doute depuis peu de retour à la Botardière?

— Depuis deux jours, Dieu merci! Je croyais n'arriver jamais chez moi, tant était grande mon impatience de voir le terme de cet exécrable voyage.

— Vous n'en avez donc pas été satisfait?

— Satisfait! Mort de ma vie! je m'en souviendrai longtemps, de ce voyage-là! Il a été, par ma foi, aussi agréable que la réception qui m'attendait chez vous.

— Mon Dieu! mon oncle, — dit madame de Morville, — est-ce que vous auriez failli verser?

— Plût au ciel! peut-être cette impertinente donzelle eût attrapé quelque bon horion qui l'eût retenue en route, elle et son chevalier; tous deux n'auraient pas du moins été mon cauchemar depuis Calais jusqu'à Paris.

— Vous aurez sans doute, mon oncle, fait une de ces rencontres fâcheuses auxquelles on est souvent exposé dans les voitures publiques?

— Souvent? non, pardieu! — s'écria le vieillard avec un accent de récrimination courroucé; je ne crois pas que l'on

3.

rencontre *souvent* de pareilles effrontées, accompagnées de si impertinents polissons !

Madame de Morville, craignant que la conversation ne prît un tour peu convenable pour la modestie de sa fille, lui dit tout bas :

— Mon enfant, va voir si madame Pivolet s'occupe de préparer l'appartement de ton oncle.

La jeune fille se leva et sortit. M. de Morville reprit en souriant, afin de tâcher de remettre M. de la Botardière en bonne humeur :

— Il paraît, mon cher oncle, que vous avez rencontré une vertu de diligence?

— Une vertu! dites donc une coureuse, flanquée de deux godelureaux, dont l'un, le préféré, le chéri, sans l'ombre de respect pour mes cheveux blancs, a été d'une insolence sans égale au vis-à-vis de moi durant tout le voyage, à la grande jubilation de sa drôlesse, qui l'encourageait. Oui, je servais de jouet, de plastron, à toute la voiturée. Comme j'avais souvent manifesté tout haut mon désir d'arriver bientôt à la Botardière, désir assurément fort naturel quand on est empêtré dans une si exécrable compagnie, ces imbéciles et insolents voyageurs demandaient à chaque relais au conducteur : « Est-ce ici la Botardière? Nous ne sommes donc pas encore arrivés à la Botardière? Quand donc arriverons-nous à la Botardière? » Les impudents ! Mais comme je n'ai pas ma langue dans ma poche, je leur rendais des fèves pour des pois !

— En vérité, — reprit madame de Morville, — un tel manque d'égards envers un homme de votre âge, mon oncle, est à la fois lâche et grossier.

— Oui, voilà ce que c'est que la jeunesse d'à présent.

— Heureusement, mon oncle, il est des exceptions.

— Non.

— Allons, cher oncle, — dit M. de Morville en souriant, —

vous ferez bien une exception en faveur de mon fils Gérard.

— Lui! qu'il soit accroché au bras d'une donzelle comme l'était l'insolent polisson dont je parle, il ne vaudra pas mieux que les autres.

— Nous ferons du moins en sorte, — reprit M. de Morville, — qu'il ne fréquente pas de si mauvaise compagnie.

— Et vous aurez fièrement raison, si vous pouvez. Imaginez que l'effrontée dont je parle, sans le moindre respect pour mes cheveux blancs, a commencé par lancer son godelureau contre moi, pour revendiquer la place du coin, et me forcer ainsi à aller en sixième à reculons, ce que j'abhorre! Aux tables d'hôte, la donzelle était toujours servie la première : c'était comme une conspiration entre elle, ses deux godelureaux et les autres voyageurs, pour ne me laisser que les restes, et ce n'est pas tout : l'un des mauvais drôles dont nous étions empestés disait à chaque repas : « Garçon, servez-moi un poulet à la Botardière! un filet de bœuf à la Botardière! une anguille à la Botardière! » Et ces imbéciles de rire! Comme c'était spirituel, en effet! Un autre animal n'avait qu'une éternelle et stupide plaisanterie à la bouche : « J'ouvre une souscription nationale pour faire placer le portrait de M. de la Botardière dans toutes les diligences comme l'emblème du charmant voyageur! » et autres insolences. Nous remontions en voiture, et pour dessert j'étais régalé de la vue, des chuchotements, des sourires, et tout ce qui s'ensuit, entre la donzelle et son godelureau, car je gaze au vis-à-vis de ma nièce; mais aussi, toutes les fois que je sortais de cette infernale voiture ou que j'y rentrais, je m'arrangeais pour lui écraser les pieds, à cette impudente! et elle n'osait souffler mot, car, malgré son godelureau, je vous l'aurais joliment relevée du péché de paresse!

— En vérité, mon oncle, — reprit madame de Morville indignée, — il est déplorable de penser qu'une honnête femme pourrait se rencontrer dans une voiture publique avec de pareilles créatures.

— Et le joli de la chose, c'est que cette aventurière faisait passer son galant pour son frère!

— Mais avec une conduite si éhontée, — dit madame de Morville, — c'est une profanation à la fois gratuite et odieuse qu'un pareil mensonge!

— Pardieu! ces créatures se moquent pas mal de pareils scrupules; mais comme je me doutais de la fourberie, je demande au conducteur le nom du godelureau. Il regarde sur la feuille et lit : *M. Théodore de Favrolle.*

— Vous dites, mon oncle?

— Je dis... Théodore de Favrolle! Est-ce que par hasard vous connaîtriez cet impertinent qui, avec sa donzelle, composait cet horrible cauchemar à deux têtes qui m'a poursuivi jusqu'à Paris?

— Je ne connais pas ce jeune homme, mon cher oncle, mais s'il est fils de M. de Favrolle, ancien colonel de mon dernier régiment, son père est un de mes vieux amis. J'écrivais justement ce matin à mon frère que, lors de mon dernier voyage à Paris, j'avais rencontré M. de Favrolle le père, et qu'il m'avait dit en riant : « Pourquoi ne marierions-nous pas nos enfants quand ils seront en âge? »

— Ah! par ma foi!... votre fille aurait là un joli parti! De plus, vous sentez bien qu'après ce qui s'est passé entre cet impertinent et moi, si vous donniez suite à vos projets, ce serait une indignité!

— Mon oncle, écoutez-moi, de grâce!...

— Comment! j'aurais échappé à ce cauchemar pour le retrouver chez vous! Mort de ma vie!... vous ne me reverriez de vos jours!...

— Monsieur, calmez-vous, je vous en conjure, — reprit madame de Morville; — mon mari vous parle d'un simple propos jeté dans la conversation... Alphonsine n'est pas d'ailleurs en âge d'être mariée.

— Et quand elle serait en âge, madame?

— Mon oncle a raison, Louise, — se hâta de dire M. de Morville; — sans être rigoriste, et sachant qu'il faut, comme on dit, que jeunesse se passe... je vous avoue, mon oncle, que ce que vous nous apprenez de ce jeune Favrolle me donne de lui une fâcheuse opinion... A vingt-deux ans à peine, se conduire avec un tel cynisme, manquer si grossièrement de respect à un homme de votre âge...

— Et si vous revoyez le père de ce polisson-là, — reprit le rancuneux vieillard, — faites-lui bien des compliments de ma part sur monsieur son fils et sa coureuse, véritable aventurière, une de ces créatures qui changent de nom comme d'amant; car pendant que le conducteur lisait sur la feuille le nom de ce M. de Favrolle, je regarde... et comme il n'y avait que cette effrontée de femme dans la voiture, j'acquiers la preuve qu'elle a pris un nom anglais. Or, remarquez qu'elle est Française, puisqu'elle parle français comme vous et moi, ce qui ne l'empêchait pas de se faire appeler mademoiselle Lawson... Eh bien! quoi? — reprit M. de la Botardière, en voyant son neveu et sa nièce bondir sur leur siége et se regarder avec stupeur, — qu'avez-vous donc? Qu'y a-t-il de si extraordinaire dans ce que je vous dis? Est-ce donc inouï qu'une aventurière française ait pris un nom anglais?... Mais répondez donc! vous restez là comme deux termes...

— C'est qu'en effet, mon oncle, nous sommes confondus, — reprit M. de Morville. Et s'adressant à sa femme : — Y comprends-tu quelque chose?

— Mon ami, c'est impossible, il y a erreur, confusion, — répondit madame de Morville; — puis, le nom de Lawson est, je crois, assez commun en Angleterre.

— Quelle erreur? — demanda M. de la Botardière, — quelle

confusion? de quoi parlez-vous? Ah çà, est-ce que nous jouons aux propos interrompus?

— Pardon, mon oncle, — reprit M. de Morville, — vous êtes bien sûr d'avoir lu sur la feuille le nom de mademoiselle Lawson?

— Ah çà! me croit-on aveugle? sais-je ce que font un *L*, un *a*, un *w*, un *s*, un *o*, une *n*? car j'ai assez de raisons pour ne l'avoir pas oublié, ce diable de nom!

— Et vous êtes certain que cette personne est Française?

— Puisque je vous dis qu'elle parle français comme nous?

— Est-ce qu'elle venait d'Angleterre? — demanda madame de Morville avec anxiété.

— Est-ce qu'elle a fait route avec vous depuis Dunkerque, mon oncle? — ajouta M. de Morville avec non moins d'angoisse; — ou bien l'avez-vous seulement rencontrée à Calais?

— Se moque-t-on de moi, à la fin! — s'écria l'irascible vieillard en se levant: — Comment! je vous dis que cette aventurière a été cause du plus atroce voyage que j'aie jamais fait de ma vie, et l'on m'accable de questions sur son compte! C'est pardieu trop se jouer de ma patience!

A ce moment, madame Pivolet entra, non plus éperdue, ainsi qu'elle était entrée pour annoncer le lamentable trépas de M. de la Botardière percé de dix coups de feu, mais mystérieuse, ténébreuse, marchant sur le bout des pieds pour s'approcher de ses maîtres, à qui elle dit tout bas, comme si elle eût craint d'être entendue au dehors :

— Monsieur... madame...

— Eh bien! qu'est-ce? — s'écria M. de Morville à haute voix et très impatiemment. — Que voulez-vous, madame Pivolet?

Mais la femme de charge, redoublant de mystère, étendit ses deux bras et ses deux mains en avant, et les abaissa plusieurs fois comme pour recommander à ses maîtres de rester silencieux, puis continuant de marcher sur les orteils, elle s'approcha tout près de M. de Morville et lui dit d'une voix plus basse encore :

— Chut! chut! monsieur; c'est un événement extraordinaire, inouï!

Madame de Morville, connaissant de longue date les imaginations et les exagérations de sa femme de charge, dont une heure auparavant elle avait encore été dupe, et d'ailleurs très inquiète, ainsi que son mari, à propos de la rencontre de M. de la Botardière avec une demoiselle Lawson, madame de Morville ne se laissa pas imposer par les mystérieux préliminaires de madame Pivolet, et lui dit sèchement :

— Parlez, je vous prie, sans toutes ces précautions et cette ridicule pantomime; vous savez que tout à l'heure encore vous vous êtes imaginé voir ce qui n'était pas... vous me comprenez?... Ainsi, je vous y engage, parlez, et parlez vite.

Mais madame Pivolet ne s'effrayait pas de si peu; elle reprit donc, toujours à voix basse, et s'adressant cette fois très diplomatiquement à l'oncle de ses maîtres, afin de s'assurer d'un auditeur moins prévenu contre ses fables habituelles :

— Ah! monsieur de la Botardière, si vous saviez... quelle aventure inconcevable!

— Quoi? — dit le vieillard, — à qui diable en avez-vous, madame Pivolet, en roulant ainsi des yeux? Quelle est cette aventure?

— Figurez-vous, monsieur, qu'il y a deux heures, M. de Morville a envoyé une lettre au bourg.

— Et puis?

— Par Joseph.

— Après? Mais allez donc! il faut vous arracher les paroles les unes après les autres! — dit le vieillard, pendant que M. et madame de Morville, de plus en plus préoccupés de l'inquiétante révélation de leur oncle, et se doutant de quelque tour à la façon de madame Pivolet, prêtaient peu d'attention à ses paroles.

— Joseph a donc porté cette lettre, — reprit la femme de charge, — mais au lieu de monter à cheval pour cette commission, il a pris la voiture de service, et de plus, la femme du régisseur ayant eu besoin d'aller au bourg, Joseph l'y a conduite.

— Eh bien! qu'est-ce qu'il y a d'extraordinaire là dedans?

— Attendez donc, monsieur. Joseph part, il arrive au bourg; le voici donc au bourg, avec la voiture de service.

— Allez au diable! — s'écria M. de la Botardière, — vous m'impatientez avec vos redites!

— Pardon, monsieur, mais c'est si incroyable! Enfin, voici Joseph au bourg; il mettait ses chevaux à l'auberge, lorsque arrive la diligence de Paris.

— Que l'enfer confonde les diligences et ceux qui sont dedans... quand j'en suis dehors!

— Ah! monsieur, vous ne croyez pas si bien dire.

— Pourquoi?

— Vous allez le comprendre, monsieur : pendant que la diligence relaye, on voit descendre à pas de loup de la voiture une femme enveloppée d'un manteau, la figure cachée par un voile épais. Ses compagnons de voyage, hommes à longues barbes et d'une physionomie patibulaire, semblaient suivre cette femme des yeux; il paraît même qu'au moment où elle a quitté la voiture, ils lui ont fait des signes mystérieux, et l'on aurait remarqué que l'un des deux portait un énorme poignard.

— Un poignard? — dit M. de la Botardière, se laissant déjà prendre à la glu de madame Pivolet, — et cette femme voilée?...

— Cette femme voilée fait à son tour un signe mystérieux au conducteur, et aussitôt... et aussitôt...

— Eh bien! qu'arrive-t-il?

— Le conducteur descend de l'impériale la malle de la femme voilée...

— Parbleu! c'est tout simple; et moi qui étais là le bec ouvert.

— Non, monsieur, ce n'est pas tout simple, car cette malle était d'une forme comme qui dirait carrée, mais remarquable par des espèces de chiffres, sans doute cabalistiques, en petits clous dorés. Enfin, lorsque sa malle est descendue, la femme voilée entre à l'auberge d'un air extraordinaire, et d'un air ténébreux elle demande à voix basse, et en paraissant s'entourer du plus profond mystère, où est situé le château de Morville, et si l'on pourrait l'y conduire, n'importe à quel prix, offrant pour cela, dit-on, des sommes! mais des sommes! enfin, tout ce qu'on voudrait.

A ces mots, M. et madame de Morville, assez surpris, écoutèrent plus attentivement la narration de leur femme de charge, sachant, et c'était une justice à lui rendre, que toutes ses fabuleuses exagérations reposaient toujours sur un fait réel : elle changeait le ciron en éléphant, mais enfin le ciron existait; elle improvisait à donner le vertige sur un thème quelconque, mais le thème existait.

— Ah! — reprit M. de la Botardière de plus en plus intéressé, — cette femme voilée a demandé l'adresse du château de Morville?

— Oui, monsieur, mais toujours sans lever son voile, toujours en s'entourant de précautions de plus en plus mystérieuses, et paraissant surtout ne vouloir à aucun prix se séparer de sa malle.

— Voilà-t-il pas quelque chose de bien étonnant, qu'elle veuille conserver sa malle?

— Mais, monsieur, qui sait ce qu'il peut y avoir dans cette malle? Car enfin on a vu des malles renfermer des...

— Madame Pivolet, — dit madame de Morville en interrompant la femme de charge, — si vous n'abrégez pas, si vous continuez à abuser ainsi de notre patience et de celle de mon oncle, je lui prouverai par votre dernier récit quelle foi l'on doit avoir à vos histoires... et à votre détestable manie de faire quelque chose de rien.

Cette menace produisit un certain effet sur la femme de charge, car elle poursuivit sans circonlocution :

— Joseph se trouvait à l'auberge lorsque la femme voilée demandait l'adresse du château... Il dit à la mystérieuse inconnue qu'il est le cocher de M. de Morville, qu'il a emmené la femme de son régisseur au bourg, qu'il l'attend pour la ramener, et que si la femme voilée a quelque commission à donner pour le château, il s'en chargera... Alors, monsieur, — poursuivit lentement madame Pivolet, triomphant d'avance de l'effet qu'elle allait produire, — alors la mystérieuse inconnue dit à Joseph qu'elle était attendue au château de Morville, et qu'elle profiterait du retour de la femme du régisseur pour faire route avec elle, mais toujours sans vouloir, à aucun prix, se séparer de sa malle.

M. et madame de Morville, fort surpris, car ils n'attendaient aucune visite, n'avaient pas interrompu la femme de charge. M. de Morville lui dit vivement :

— Et qu'a fait Joseph?

— Joseph, voyant à ce moment arriver madame Dubreuil, la femme du régisseur, lui a dit ce que demandait la mystérieuse inconnue; madame Dubreuil a répondu que puisque la dame voilée était attendue au château, elles feraient route ensemble.

— Comment! — s'écria M. de Morville, — mais cette dame est donc venue ici avec madame Dubreuil?

— Pardon, monsieur, — répondit madame Pivolet, qui ne lâchait pas si facilement sa proie et ne donnait pas ainsi de prime-saut le dénoûment de son histoire, — il faut vous dire...

— Alors cette dame est restée au bourg? — reprit madame de Morville.

— Vous allez voir, madame. Permettez-moi d'achever.

— Et vous n'attendez personne ici? — dit M. de la Botardière à son neveu et à sa nièce, — vous ne comptiez sur aucune visite?

— Non, mon oncle, — répondit M. de Morville : — aussi me semblait-il peu probable que cette dame vînt ici. Mais enfin, — ajouta-t-il en s'adressant à madame Pivolet, — cette dame, qu'est-elle devenue? achevez donc!

— Madame Dubreuil lui ayant proposé de l'amener au château... Ah! j'oubliais une chose importante : cette inconnue, outre sa malle et son sac de nuit, tenait toujours à la main une sorte d'étui en maroquin, de la dimension d'une grande feuille de papier à lettre, fort plat, et...

— Mais qu'importent ces niaiseries! — reprit impatiemment M. de Morville. — Cette dame est donc restée au bourg?

— Monsieur, si vous me tarabustez, je n'en sortirai jamais; je ne sais déjà plus où j'en étais.

— Oh! quelle patience! — s'écria M. de Morville, — quelle patience!

— Ah! j'y suis, — reprit madame Pivolet. — Madame Dubreuil ayant proposé à l'inconnue voilée de l'amener au château, celle-ci a paru toujours de plus en plus inquiète de sa malle, demandant avec instance qu'on la chargeât derrière la voiture, où elle est montée avec madame Dubreuil, et toutes deux...

— Sont revenues ici, alors! — reprit M. de la Botardière; — pourquoi diable ne pas dire cela tout de suite? Au diable la Pivolet!

— Et cette dame, — dit vivement M. de Morville, — où est-elle? Mais répondez donc! Est-elle restée chez madame Dubreuil? est-elle ici?

Madame Pivolet regarda de côté et d'autre d'un air effaré, fouilla prestement dans sa poche, d'où elle tira une carte, et dit en baissant la voix :

— L'inconnue est en bas, dans le salon d'été ; elle m'a donné cette carte pour madame.

M. de Morville, frappant du pied, arracha la carte de la main de madame Pivolet, et lut tout haut et machinalement : « Miss Mary Lawson. »

VI

Au nom de miss Lawson, lu sur la carte de visite par M. de Morville, sa femme, lui et M. de la Botardière, s'exclamèrent presque en même temps sur des tons différents.

— Elle aura devancé l'époque de son départ d'Irlande ! — s'écria madame de Morville.

— Il est impossible que ce soit la même personne que mon oncle a rencontrée en diligence ! — s'écria M. de Morville dans une angoisse mortelle.

— C'est par trop fort ! — s'écria à son tour M. de la Botardière indigné. — Comment ! cette coureuse, mon cauchemar, vient me relancer jusqu'ici ? Quelle effronterie ! quelle audace !

— Quoi ! la dame mystérieuse, — s'écria à son tour madame Pivolet, ne laissant tomber aucune de ces paroles, — c'est une coureuse ! Je m'en doutais. — Et s'adressant à sa maîtresse : — Madame, si c'était une *brigande !* Ces hommes sinistres à longues barbes, armés jusqu'aux dents de poignards, de pistolets et de carabines, qui lui ont fait des signes cabalistiques lorsqu'elle est descendue de diligence, ce sont des brigands! Ils s'entendent... Le château est isolé. Pour sûr, nous serons égorgés cette nuit. C'est fini de nous! Ah! mes pauvres maîtres, c'est fini de nous!

Et il s'en fallut de peu que madame Pivolet ne se mît à crier à l'assassin!

M. et madame de Morville étaient si confondus, si troublés, qu'ils laissaient madame Pivolet donner cours à ses improvisations. Aussi, ne recevant pas de réponse de ses maîtres, elle se retourna vers M. de la Botardière, le saisit brusquement par le bras d'une main tremblante, et lui dit :

— Monsieur, ne pensez-vous pas que c'est une brigande? Elle a des poisons cachés dans son étui de maroquin, des matières incendiaires dans sa malle. Voilà pourquoi elle ne voulait pas s'en séparer. Tout s'explique : le château sera ravagé, incendié cette nuit; il n'en restera que des cendres!

Et peu s'en fallut que madame Pivolet ne criât au feu.

— Ce qu'il y a de certain, — s'écria le rancuneux vieillard, — c'est que j'exige que cette aventurière soit chassée d'ici à l'heure même!

— Je cours exécuter vos ordres, monsieur, je vais faire armer tous les domestiques, — s'écria héroïquement la femme de charge; — ses complices ne sont peut-être pas loin : ce sont ces scélérats qui auront tiré des coups de fusil sur M. de la Botardière! Comme tous les crimes se découvrent, pourtant! ce que c'est que la Providence! Je vais envoyer un domestique à toute bride chercher la gendarmerie du bourg.

Et madame Pivolet s'élançait vers la porte, lorsque M. de Morville l'arrêta par le bras et lui dit rudement :

— Restez là!

Puis se tournant vers M. de la Botardière :

— Mon oncle, de deux choses l'une : ou la personne qui est en bas est mademoiselle Mary Lawson, une institutrice anglaise que nous avions d'abord acceptée à la recommandation de mon frère Auguste, et alors il est impossible que ce soit la personne avec laquelle vous avez voyagé...

— Pourquoi donc, impossible?

— Parce qu'Auguste, que vous connaissez comme moi, mon oncle, n'a pu nous envoyer comme institutrice pour ma fille qu'une personne parfaitement honorable.

— Votre frère Auguste, — dit le vieillard, — un cerveau brûlé, un étourneau! Belle caution, ma foi! il se sera laissé duper par cette aventurière, voilà tout.

— Je vous demande pardon, mon oncle, — reprit madame de Morville d'une voix douce et ferme, — nous sommes convaincus que dans une circonstance si délicate, si grave, mon beau-frère a dû agir avec une extrême circonspection et que son choix était excellent.

— Ainsi, — s'écria le vieillard exaspéré, — je suis un oison... un aveugle... un imbécile... incapable de distinguer une sage et honnête personne d'une effrontée qui m'a causé mille avanies pendant cet infernal voyage!

— Nous ne mettons pas en doute ce que vous nous avez raconté, mon oncle, — reprit M. de Morville; — seulement, il se trouve qu'il existe deux demoiselles Lawson : l'une qui vient d'arriver ici portant sans doute une lettre de recommandation de mon frère, et une autre femme qui a voyagé avec vous, et qui est à cette heure je ne sais où, peu m'importe...

— Évidemment, — reprit madame de Morville, — c'est le seul moyen d'expliquer ce qui arrive : le nom de Lawson est sans doute commun en Angleterre.

— Au diable les Lawson! — s'écria le vieillard. — S'ils se ressemblent tous, les meilleurs sont bons à noyer.

La porte du salon s'ouvrit soudain. Mademoiselle de Morville entra précipitamment en s'écriant :

— Mon père! maman! vous ne savez pas?... miss Mary est

arrivée ! elle est en bas, dans le salon ; je viens de causer avec elle.

— Comment ! tu l'as déjà vue ? — demanda madame de Morville.

— J'entrais dans le salon pour aller faire préparer l'appartement de mon oncle ; j'aperçois une jeune personne jolie, oh ! mais si jolie, que j'en suis restée toute saisie, d'autant plus que je ne m'attendais pas à trouver quelqu'un là. Elle se lève, s'approche, et me dit en français, d'un air doux et timide : « C'est peut-être à mademoiselle de Morville que j'ai l'honneur de parler ? — Oui, mademoiselle. » Alors elle tire une lettre d'un petit étui de maroquin qu'elle tenait à la main, me la donne et me dit : « Ayez la bonté, mademoiselle, de remettre à madame de Morville, à qui j'ai déjà envoyé ma carte, cette lettre de M. Auguste de Morville, consul à Dublin. » A ces mots, je me rappelle l'institutrice que le frère de mon père devait nous envoyer, et je réponds : « Vous êtes sans doute miss Mary Lawson ? — Oui, mademoiselle ; j'ai quitté Dublin un peu plus tôt que je ne l'avais pensé d'abord, et j'ai pris la diligence de Calais il y a huit jours. »

— C'est elle ! — s'écria M. de la Botardière ; — c'est cette...

— Mon oncle ! — dit vivement M. de Morville au vieillard, — songez à ma fille. Je réponds sur mon honneur que vous êtes dans une erreur complète. Aussi, je vous en conjure, n'oubliez pas que miss Mary est de ce moment l'institutrice d'Alphonsine.

— Ah ! je me trompe !... — dit le vieillard.

Et s'approchant de mademoiselle de Morville, qui, sans comprendre le sens des paroles qu'elle venait d'entendre échanger entre son père et M. de la Botardière, les regardait tous deux d'un air surpris et inquiet :

— Tu dis, ma nièce, que cette jeune personne a pris la diligence à Calais il y a huit jours ?

— Oui, mon oncle, elle vient de me l'apprendre.

— Comment est-elle de visage?

— Oh! jolie par admiration, et l'air si doux, si bon! Tiens, maman, figure-toi mademoiselle Lagrange, avec la beauté de plus.

— Belle, je ne dis pas non, — reprit brusquement le vieillard. — Et ses cheveux, de quelle couleur sont-ils?

— Châtain clair.

— C'est cela. Et les yeux bleus?

— Oui.

— Elle est coiffée d'un chapeau de paille doublé de rose?

— Oui, mon oncle. Mais vous l'avez donc vue aussi?

— J'ai eu probablement ce bonheur-là. Elle porte, n'est-ce pas, un tartan écossais à carreaux blancs et verts, et des bottines pareilles?

— Oui, mon oncle, — répondit la jeune fille de plus en plus étonnée, pendant que M. de la Botardière, souriant d'un air triomphant et cruel, se retourna vers M. et madame de Morville et leur dit :

— Eh bien! j'étais aveugle, j'étais dans une erreur complète! vous en répondiez *sur votre honneur*, monsieur mon neveu!

— Maman, — ajouta la jeune fille de plus en plus interdite, remarquant l'air courroucé de son oncle, et remettant à madame de Morville la lettre qu'elle venait de recevoir de miss Mary, — voici la recommandation de mon oncle de Dublin. Est-ce que toi et mon père, vous n'allez pas descendre pour recevoir miss Mary? Il y a déjà si longtemps qu'elle attend toute seule!

— Mon enfant, — se hâta de dire M. de Morville en voyant son oncle sur le point d'éclater à cette pensée que l'on pourrait recevoir mademoiselle Lawson, — va, je t'en prie, tenir compagnie à miss Mary; tout à l'heure ta mère et moi nous irons te rejoindre.

La jeune fille, stupéfaite, sortit avant que M. de la Botardière eût pu trouver une parole; mais il s'écria bientôt avec une explosion de furieuse indignation :

— Comment! après ce que je vous ai dit, vous oseriez me faire l'injure de recevoir cette créature! Mort de ma vie! si je le croyais!

— Madame Pivolet, — dit sévèrement M. de Morville, qui avait jusqu'alors oublié la présence de la femme de charge, et qui la voyait gagner la porte à pas de loup, afin d'aller sans doute contempler la *brigande,* ou faire part aux gens de la maison de cette nouvelle et mystérieuse aventure, — vous allez entrer, s'il vous plaît, dans ce cabinet.

Et il ouvrit la porte d'une espèce de petit boudoir attenant au salon.

— Dans ce cabinet, monsieur? — s'écria madame Pivolet en regimbant, — et pourquoi faire?

— Pour y rester jusqu'à ce que je vous en fasse sortir... Allons, vite! — ajouta rudement M. de Morville en ouvrant la porte et poussant la femme de charge par le coude. — Entrez! entrez!...

— Mais, monsieur... c'est m'emprisonner! — s'écria madame Pivolet d'un ton lamentable, en obéissant pourtant aux ordres de son maître. — C'est me mettre au cachot! autant m'enchaîner, me précipiter dans les oubliettes du château! Et puis, je n'ai pas déjeuné, monsieur, c'est vouloir me livrer aux tortures de la faim, me faire périr, me...

Les derniers mots de madame Pivolet furent malheureusement perdus pour les auditeurs, car M. de Morville la poussa dans le cabinet, dont il ferma la porte à double tour, puis se rapprochant de M. de la Botardière, il lui dit d'un ton respectueux, mais ferme :

4

— Mon oncle, je m'adresse à votre loyauté, à l'affection que vous nous portez, et, s'il le faut, j'invoquerai le souvenir si vénéré de ma mère, votre sœur, pour vous supplier de nous venir en aide dans une circonstance aussi difficile qu'inexplicable pour nous.

— Inexplicable ! après ce que je vous ai dit ! après ce que votre fille vient de vous rapporter ! se moque-t-on de moi ? Quoi ! vous conserveriez le moindre doute au sujet de l'identité de cette aventurière, mon cauchemar !

— Maintenant, je suis certain, mon oncle, à moins de croire à ces ressemblances de sosies qui n'existent pas, et à un concours de circonstances inouïes, je suis certain, dis-je, que vous avez voyagé avec mademoiselle Lawson, que nous attendions, et qu'elle est à cette heure en bas dans le salon.

— Eh bien, alors ! chassez-la de chez vous, et que ça finisse, cela n'a que trop duré.

— Veuillez décacheter et lire cette lettre de mon frère Auguste.

— A quoi bon ?

— Je vous le demande en grâce ; je vous en supplie, mon oncle.

Le vieillard, haussant les épaules avec une impatience irritée, lut la lettre, pendant que M. et madame de Morville échangeaient quelques mots à voix basse.

— Eh bien ! qu'est-ce que prouve cette lettre ? — reprit M. de la Botardière. — Elle ne prouve rien du tout, sinon que votre frère a été dupe d'une intrigante.

— C'est en cela, monsieur, — reprit madame de Morville, — que nous différons complétement d'avis avec vous : miss Lawson ne peut pas être, n'est pas une intrigante.

M. de la Botardière crut ne pas avoir entendu et reprit :

— Répétez un peu cela.

— Je me permets de vous faire observer, — reprit madame

de Morville, — que nous sommes persuadés que mon beau-frère n'a pas été dupe dans le choix de l'institutrice qu'il a bien voulu nous envoyer.

— Ah! ah! — fit le vieillard d'un ton sardonique; — il s'ensuit alors que moi je suis un menteur, et que j'ai inventé, ni plus ni moins que ne le ferait madame Pivolet, tout ce que je vous ai dit sur cette drôlesse et sur son godelureau?

— De grâce, ne vous fâchez pas, mon cher et bon oncle, — dit M. de Morville au vieillard avec autant de déférence que d'affection, mêlées cependant d'un léger embarras. — Nous sommes entre deux écueils : ou il nous faut chasser d'ici comme indigne une jeune personne recommandée par mon frère, ou bien croire que peut-être vos souvenirs ne sont pas absolument fidèles à propos de plusieurs circonstances de votre voyage avec miss Lawson.

— Ainsi, je radote! je suis tombé en enfance! Pourquoi ne pas demander mon interdiction tout de suite?

— Permettez, — reprit M. de Morville, — il arrive souvent que nos souvenirs nous sont plus ou moins présents. De là naissent parfois quelques erreurs d'appréciation involontaires.

— Il se pourrait encore, — ajouta madame de Morville, — qu'aigri, très naturellement d'ailleurs, par les désagréments d'un incommode et fâcheux voyage, vous ayez été dans une disposition d'esprit peu favorable à miss Lawson, et que, trompé à votre insu par des apparences...

— Des apparences! quand cet insolent M. de Fayrolle, malgré mes cheveux blancs, m'a accablé de grossièretés pendant tout ce voyage, à l'instigation de cette effrontée!

— Cette circonstance d'une fraternité supposée entre M. de Fayrolle et miss Mary me semble, il est vrai, incompréhensible, mon oncle. Cependant, pardonnez-moi d'insister autant à ce sujet, êtes-vous bien certain que votre mémoire est exacte en ce qui touche les familiarités plus qu'inconvenantes que vous auriez remarquées entre miss Mary et M. de Favrolle?

— Mort de ma vie! — s'écria le vieillard d'un ton aussi courroucé qu'indigné, — je crois qu'on m'outrage à ce point de douter de mes paroles! Me faire subir un interrogatoire! voilà qui est d'une audace...

— Mais, monsieur, — dit vivement madame de Morville, — il s'agit pour nous, mon mari vous l'a dit, de chasser ignominieusement d'ici une jeune personne que nous avions tout lieu de croire des plus honorables. Je suis mère, monsieur, et en ce moment je ressens tout ce que j'éprouverais si je voyais ma fille calomniée.

— Moi, calomniateur, madame! — s'écria M. de la Botardière exaspéré. — Ah! c'est ainsi qu'on me traite!

Et se levant, il tira sa montre et dit :

— Il est deux heures, je rentre chez moi. Si cette aventurière n'est pas chassée d'ici, devant moi, à trois heures, je retourne à la Botardière, et de ma vie vous ne me reverrez. Je devrais prendre ce parti à l'instant même, mais par égard pour le souvenir de ma sœur que vous avez invoqué, je daigne avoir pitié de vous et vous donne le temps de réfléchir. Mais prenez-y garde! une fois ma résolution prise, ni prières ni supplications ne me fléchiront. Ce sera une rupture éternelle. Adieu, monsieur, je vais attendre votre décision.

— Un mot encore, monsieur, — reprit M. de Morville avec un accent rempli de dignité : — il me serait profondément douloureux de renoncer à votre amitié; mais j'aurais le courage de me résigner à ce cruel sacrifice plutôt que de vouer qui que ce soit à l'ignominie sans lui donner les moyens de se justifier.

— A votre aise! — dit M. de la Botardière; — dans une heure je vous mettrai en mesure de prouver ce bel héroïsme, monsieur le don Quichotte des aventurières!

Et l'intraitable vieillard sortit furieux du salon.

M. et madame de Morville restés seuls, celui-ci s'écria :

— En vérité, il m'a fallu toutes mes habitudes de respect envers le frère de ma mère pour me contenir; il est d'une violence, d'une opiniâtreté, d'une hauteur, qui passent toutes les bornes; son caractère devient intolérable.

— Certes, pour mille raisons, mon ami, l'arrivée inattendue de miss Mary me contrarie au dernier point. Ce matin, je t'ai parlé avec une entière franchise; j'avais eu ensuite avec Alphonsine un entretien où j'avais puisé les plus douces espérances; tout l'avenir est maintenant remis en question, j'ai malgré moi le cœur navré; mais il serait indigne à nous de céder aveuglément aux exigences de ton oncle.

— Y comprends-tu quelque chose?

— Sa demande d'expulsion de ce pauvre Robert pour une faute involontaire nous est une nouvelle preuve de cet esprit atrabilaire, intraitable, qui va toujours empirant; sans la circonstance, inexplicable je l'avoue, de la feinte parenté de miss Mary et du jeune M. de Favrolle, je m'expliquerais parfaitement que ton oncle ait pris cette jeune personne en aversion, parce qu'elle aura été la cause involontaire d'une foule de désagréments, de moqueries de mauvais goût, sans doute, mais qu'il se sera attirés par ses habitudes égoïstes, despotiques et irritables.

— Eh! mon Dieu, oui. C'est toujours l'histoire que je rappelais ce matin à Auguste : lorsque mon oncle m'emmenait avec lui au spectacle, il se rendait insupportable à ses voisins, et à la première réplique, il se retranchait derrière ses cheveux blancs, et me mettait en avant.

— Et comme, dans ce malencontreux voyage dont le souvenir l'exaspère, il ne t'avait pas avec lui pour le soutenir, il se sera attiré mille désagréments. Je conçois cela. Mais cette feinte fraternité de mademoiselle Lawson avec M. de Favrolle? Il faut que le fait soit vrai; ton oncle ne connaissait pas ce jeune homme; et il nous a dit son nom. Puis ces inconvenantes familiarités entre cet étourdi et miss Lawson? J'admets que ton oncle exagère, mais ceci, mon ami, n'en est pas moins fort grave.

— Cependant, comment penser qu'Auguste ait été si incroyablement abusé sur le compte de miss Lawson?

— Dans son désir de venir en aide à une famille malheureuse, n'aurait-il pas fermé les yeux sur bien des choses?

— Louise, y songes-tu? Il s'agissait d'une institutrice pour notre fille; et mon frère, homme de sens et de cœur, aurait été assez léger pour... Allons, ce soupçon seul serait un outrage.

— Soit. Mais enfin cette fraternité feinte avec cet étourdi de vingt ans?

— Louise, il est impossible de faire attendre plus longtemps mademoiselle Lawson. Notre retard à aller la recevoir doit lui sembler inconcevable, blessant; mettons-nous à sa place : elle est à deux cents lieues de son pays, seule; elle arrive dans une maison où elle a le droit de compter sur un bienveillant accueil, et voilà plus d'une heure que nous la laissons en bas. C'est un cruel manque d'égards; il faut prendre un parti à l'instant même.

— Lequel? L'interroger sur les faits que ton oncle affirme?

— Ce serait une insulte envers elle.

— Mais cependant, mon ami, nous devons prendre en considération ce que nous a révélé ton oncle. Quant à moi, d'abord, jamais je ne confierai ma fille à une personne sur qui peut planer le moindre soupçon.

— Ni moi non plus; mais encore une fois, que résoudre? Songe donc qu'elle nous attend, chaque minute de retard rend sa position et la nôtre de plus en plus difficile et pénible.

— Eh! mon Dieu, qu'elle attende! Tant pis pour elle! —

s'écria madame de Morville avec une impatience douloureuse ; — pourquoi s'est-elle tant pressée de venir ?

— Ah ! Louise, c'est dur, c'est injuste. Miss Lawson, dans son zèle, se sera empressée de se rendre auprès de nous.

— Tu as raison, c'est odieux ce que j'ai dit là. Pauvre créature, elle aura craint de manquer cette place inespérée pour elle. Tiens, je te dis que quelquefois je ne me connais plus. Ah ! il faut que cette jeune fille soit née sous une mauvaise étoile pour être venue ici.

L'entretien de M. et de madame de Morville fut interrompu par l'entrée de leur fille.

— Comment, mon enfant, — lui dit M. de Morville d'un ton de reproche, — tu laisses seule miss Lawson au lieu de lui tenir compagnie jusqu'à notre arrivée ?

— Pardon, mon père, — reprit timidement la jeune fille ; — mais j'ai cru bien faire ; si tu savais comme, de moment en moment, cette pauvre demoiselle devient embarrassée ! Elle paraît aussi surprise qu'inquiète de ne voir sans doute ni toi, ni ma mère ; j'en ai le cœur tout gros ; ce n'est pas qu'elle m'ait en rien témoigné son étonnement de votre oubli... elle me parlait, au contraire, de mon oncle de Dublin et de sa famille avec une vive reconnaissance ; mais je m'apercevais bien qu'en ne vous voyant pas venir, sa figure s'attristait de plus en plus ; il m'a même semblé remarquer une larme rouler dans ses yeux. Alors j'ai pris sur moi de lui dire : « Mademoiselle, il ne faut pas vous étonner de ce que maman et mon père ne soient pas encore descendus près de vous, mais ils sont avec un de mes oncles, qui à l'instant arrive de voyage, et qu'ils n'avaient pas vu depuis très longtemps. »

— Bien, chère enfant, — lui dit tendrement son père, — ton cœur t'a servie à merveille.

— Je le crois, mon père, car mes paroles ont paru soulager miss Lawson d'un grand poids ; sa figure s'est comme épanouie, il m'a semblé qu'elle me regardait d'un air de remercîment; aussi, me voyant me lever, elle m'a dit : « Je vous en conjure, mademoiselle, ne dérangez pas pour moi M. et madame de Morville : il est si naturel qu'ils restent auprès d'un parent arrivant de voyage! » Mais moi, malgré cela, je suis accourue vite vous trouver, et tout ce que je peux vous affirmer, c'es que je n'ai plus peur du tout de miss Mary, et je suis presque contente de ce que votre lettre pour mon oncle de Dublin, dont je ne lui ai pas parlé, bien entendu, soit partie trop tard, car il me semble que miss Mary me consolera de la perte de mademoiselle Lagrange.

— Ma chère Louise, — dit M. de Morville à sa femme, — il est impossible de ne pas aller recevoir miss Mary.

— Mais, mon ami, — reprit madame de Morville avec inquiétude en faisant à son mari un signe d'intelligence, — as-tu bien réfléchi?...

— Sois tranquille, j'ai réfléchi à tout, — répondit M. de Morville en faisant à son tour un signe à sa femme qu'il l'avait comprise. — Descendons au salon.

Au moment où M. et madame de Morville allaient quitter l'appartement, leur fille leur dit :

— Ah, mon Dieu! mon père, as-tu entendu ce gémissement dans ce cabinet?

— C'est madame Pivolet, — reprit M. de Morville, — je sais ce que c'est; toi, va nous attendre dans ton cabinet d'étude...

— Vous viendrez m'y rejoindre avec miss Mary, pour que je lui montre mes dessins, mes cahiers, n'est-ce pas?

— Va toujours nous attendre, mon enfant, — répondit M. de Morville à sa fille, qui sortit.

— Mais enfin, mon ami, — reprit madame de Morville, — que vas-tu dire à miss Lawson?

— J'ai mon projet, nous pourrons tout éclaircir sans la blesser en rien.

Et ce disant, M. de Morville alla *désemprisonner* madame Pivolet, qui sortit de son *cachot* en poussant des gémissements lamentables. Elle s'apprêtait sans doute à improviser longuement sur ce thème superbe : *sa sortie des oubliettes du château*, où elle avait été livrée aux horreurs de la faim, mais M. de Morville lui dit d'une voix brève et sévère :

— Écoutez bien ceci, madame Pivolet : vous avez tout à l'heure entendu mon oncle parler d'une personne avec laquelle il a voyagé; par suite d'une méprise, il l'a confondue avec mademoiselle Lawson qui vient d'arriver ici. Je vous déclare que si vous vous permettez de répéter à qui que ce soit une seule des paroles prononcées par mon oncle dans un moment d'erreur, vous ne resterez pas vingt-quatre heures chez moi. Ne m'interrompez pas : je n'oublie pas que vous avez été la nourrice de ma fille, et que vous m'avez fidèlement servi. Je pourvoirai largement à vos besoins, mais, je vous le répète, je commence à me lasser de vos mensonges et de vos folies. A votre première incartade en ce genre, vous quitterez cette maison pour n'y jamais rentrer; rappelez-vous Dupont, qui avait été trente ans au service de ma mère; il abusait aussi de notre indulgence. Après lui avoir assuré une pension, je l'ai renvoyé dans son pays. Je ne vous dis que cela.

Après ces paroles prononcées d'un ton ferme, qui ne permettait pas le moindre doute sur la réalisation de la menace qu'il adressait à madame Pivolet, M. de Morville se rendit en hâte avec sa femme auprès de miss Mary.

A peine ses maîtres furent-ils éloignés que madame Pivolet s'écria :

— Il le ferait comme il le dit; il aurait l'atrocité de m'envoyer vivre ailleurs avec une bonne pension, et, comme cet infortuné Dupont, il me jetterait sur la terre d'exil! Voilà la reconnaissance des maîtres! Oh! tu me payeras tout ça, la belle Anglaise!

VII

M. et madame de Morville trouvèrent miss Mary assise dans le salon. Elle se leva, et vint à eux avec un maintien rempli de modestie et de grâce.

— Mademoiselle, — lui dit M. de Morville d'un air un peu contraint, — veuillez nous excuser d'avoir autant tardé à nous rendre auprès de vous.

— Je savais, monsieur, par mademoiselle de Morville, que vous receviez un de vos parents arrivé de voyage.

— Oui, mademoiselle, — reprit M. de Morville en jetant à sa femme un regard significatif dont miss Mary ne s'aperçut pas, car elle tenait timidement les yeux baissés ; — je crois même que mon oncle, M. de la Botardière, a eu l'honneur de voyager avec vous depuis Calais.

Au nom du fâcheux vieillard, mademoiselle Lawson parut surprise, mais ses traits ne trahirent pas le moindre embarras. Elle leva les yeux sur M. de Morville et lui dit simplement :

— Ah ! monsieur, je crains d'avoir involontairement rendu ce voyage peut-être désagréable à monsieur votre oncle.

— Comment donc cela, mademoiselle ? — demanda madame de Morville.

— Madame, je crains que ces détails, qui me sont tout personnels, ne méritent guère votre attention.

— Au contraire, mademoiselle, — reprit M. de Morville, — rien de ce qui vous intéresse ne peut nous être indifférent.

— Arrivée seule à Calais, monsieur, — dit miss Mary, — je me suis trouvée fort embarrassée ; un ancien serviteur de ma famille, que j'ai rencontré par hasard dans le bureau de la diligence, m'ayant donné quelques inquiétudes sur les suites possibles de mon voyage.

— Quelles inquiétudes, mademoiselle? — demanda madame de Morville.

— Ce vieux serviteur avait entendu deux jeunes gens, qui devaient voyager avec moi, parler légèrement à mon sujet, — ajouta miss Mary en rougissant. — Ils me voyaient seule, ils ne me connaissaient pas, et l'un d'eux, dans l'étourderie de son âge, ne cacha même pas certaines espérances... peu honorables pour lui, peu flatteuses pour moi.

— Ah! c'est indigne! — dit vivement M. de Morville. — Rien n'est plus sacré qu'une femme seule et sans protection.

— Je me hâte d'ajouter, monsieur, — reprit miss Mary, — que celui de ces deux jeunes gens qui s'était d'abord si étrangement mépris à mon égard, ayant noblement, généreusement réparé, pendant tout le voyage, une mauvaise pensée d'un moment, ne m'a laissé aucun regret d'une démarche qui, sans doute, va vous sembler singulière.

— Quelle démarche, mademoiselle?

— Voyageant seule pour la première fois de ma vie, apprenant qu'il n'y avait pas d'autre femme que moi dans la voiture, peu rassurée par la gaieté bruyante de plusieurs de mes compagnons de route, instruite de quelques paroles échappées à l'un des deux jeunes gens dont je vous ai parlé, madame, m'exagérant peut-être les conséquences de leur étourderie, et redoutant surtout, je l'avoue, d'être réduite à cette extrémité toujours si humiliante, si douloureuse pour une femme, d'avoir à rappeler le respect qui lui est dû, j'ai loyalement prié celui-là même des deux jeunes gens qui m'avait trop légèrement jugée, de me prendre sous sa protection pendant ce long voyage. Et pour que cette protection parût aussi convenable que possible, j'ai proposé à M. de Favrolle... c'est son nom... de passer pour sa sœur. Il y a consenti. Je dois vous le dire, madame, je n'oublierai jamais avec quelle délicate bonté, avec quelle parfaite mesure, M. de Favrolle a rempli son rôle de frère. Vous le voyez, madame, cette démarche était hardie de ma part... mais...

— Mais je la conçois à merveille! — se hâta de répondre madame de Morville, à la fois touchée de la sincérité de miss Mary et de la pénible position où elle avait dû se trouver. — Je vous l'avoue, malgré mon âge, j'aurais une frayeur mortelle de voyager seule dans une voiture publique, et j'eusse agi comme vous, mademoiselle, si cette heureuse pensée me fût venue. A cette différence près, — ajouta madame de Morville en souriant, — que j'aurais prié M. de Favrolle de vouloir bien passer pour mon fils.

— Nous regrettons beaucoup, mademoiselle, — reprit M. de Morville, — d'avoir été la cause première d'un voyage qui a pu vous laisser quelques pénibles souvenirs.

— En effet, monsieur, car, sachant maintenant que M. de la Botardière est de vos parents... il m'est pénible de penser que, protégée par M. de Favrolle, ma présence dans cette voiture, où j'ai rencontré monsieur votre oncle, peut avoir augmenté pour lui les désagréments de ce voyage; malheureusement, nos compagnons de route n'ont que trop oublié qu'il est de bon goût de subir en silence quelques contrariétés, au lieu de chercher à s'en venger par des railleries d'autant plus regrettables qu'elles s'adressent à un homme âgé.

— Entre nous, mademoiselle, — reprit en souriant M. de Morville, — je puis vous avouer que mon oncle n'est pas d'un caractère parfaitement facile. Vous aurez pu peut-être vous en apercevoir, je n'ose dire en souffrir. Nous avons pour le frère de ma mère toute la déférence qu'il mérite; cependant nous savons par expérience qu'il est sujet à de certaines brusqueries...

— Que son âge doit faire tolérer, monsieur, — répondit doucement miss Mary; — aussi, quant à moi, et je m'en félicite doublement à cette heure, je n'ai pas oublié un instant que monsieur votre oncle avait les cheveux blancs comme mon père; il est seulement fâcheux que, dans deux ou trois circonstances, M. de Favrolle, je ne voudrais pas dire poussé à bout, mais enfin moins patient qu'il n'aurait dû l'être, n'ait pu, malgré mes vives instances, retenir quelques paroles un peu vives, mais qui n'ont jamais dépassé, je vous l'affirme, la retenue que sait s'imposer un homme de bonne compagnie.

— Ce que vous m'apprenez de M. de Favrolle ne m'étonne pas, mademoiselle, — reprit M. de Morville; — son père est un de mes vieux amis, homme d'honneur par excellence. J'aurais été surpris que son fils, à part une fâcheuse étourderie à votre égard, et noblement réparée d'ailleurs, ne se fût pas montré un parfait galant homme.

— Ah! monsieur, puisque vous connaissez le père de M. de Favrolle, — dit miss Mary avec sa candeur et sa loyauté habituelles, — vous me donnerez son adresse, je vous prie; je l'enverrai à ma mère, à qui j'ai écrit les incidents de mon voyage : elle sera heureuse de pouvoir témoigner à M. de Favrolle toute sa reconnaissance de la généreuse conduite de son fils envers moi.

— Certainement, mademoiselle, — dit M. de Morville, — votre désir est trop louable pour que je ne m'empresse pas de le satisfaire.

— Ce n'est pas tout, monsieur, — reprit en souriant miss Mary, — j'ai en outre une grâce à vous demander : veuillez me présenter à monsieur votre oncle, j'ai à cœur de lui prouver que je ne garde pas le moindre souvenir de ses vivacités, très excusables d'ailleurs chez une personne de son âge, rendue sans doute un peu irritable par la fatigue d'une longue route et d'un voyage incommode.

— Je suis certain, mademoiselle, — dit M. de Morville, — que mon oncle s'empressera de regretter ses torts envers vous.

— Grand Dieu! monsieur, telle n'est pas ma pensée. Tout est oublié; mon seul désir est de mériter la bienveillance de monsieur votre oncle comme je désire mériter celle de toutes les personnes d'une famille à qui moi et les miens nous devons tant de reconnaissance.

— Mademoiselle...

— Pourquoi vous en défendre, monsieur? Je désire au contraire vous convaincre que ma position auprès de mademoiselle de Morville est, pour ma famille et pour moi, une consolation inespérée à d'honorables revers de fortune; plus vous serez pénétré de ce que nous vous devons, monsieur, ainsi qu'à madame de Morville, plus vous serez certain, je l'espère, de ma résolution d'accomplir de mon mieux mes devoirs envers mademoiselle votre fille, tâche bien douce d'ailleurs, si j'en juge d'après le peu d'instants que j'ai passés près d'elle.

— Nous savions par mon frère combien nous serait précieuse l'aide que vous voulez bien nous apporter, mademoiselle, pour achever l'éducation d'Alphonsine.

— Puisque nous parlons de monsieur votre frère, monsieur, — reprit miss Mary, — permettez-moi de m'acquitter d'une commission dont il m'a chargée pour madame de Morville.

Et miss Mary, après l'avoir ouvert, remit à la mère d'Alphonsine ce fameux étui de maroquin qui avait tant excité l'imagination de madame Pivolet, et qu'elle soupçonnait fort de contenir d'affreux poisons.

A peine madame de Morville eut-elle jeté les yeux sur ce que contenait cet étui, qu'elle s'écria d'un air ravi en s'adressant à son mari :

— Vois donc combien, mon ami, ma belle-sœur est ressemblante, ainsi que ses deux enfants. C'est frappant!

— En effet, — dit M. de Morville, — cela vit et respire!

— Et ces deux petits anges, — reprit madame de Morville, — comme ils sont heureusement groupés sur les genoux de leur mère ! Quel tableau ravissant !

— Je n'ai rien vu de plus ressemblant et de plus charmant, — reprit M. de Morville en contemplant, ainsi que sa femme, avec un redoublement d'admiration, cette délicieuse aquarelle, aussi remarquable par la grâce de la pose, la pureté du dessin et la finesse du coloris, que par la fidèle reproduction des traits.

— En vérité, ton frère Auguste me gâte... Il ne pouvait me faire un présent qui m'enchantât davantage, — reprit madame de Morville ne se lassant pas de regarder l'aquarelle. Puis se retournant vers miss Mary : — Je vous remercie, mademoiselle, d'avoir bien voulu vous charger de m'apporter ce portrait. Mais savez-vous que vous possédez en Irlande des artistes de premier ordre !

— Comment cela, madame ? — demanda naïvement miss Lawson, dont la modestie avait été fort embarrassée des louanges accordées à cette peinture.

— Sans doute, — reprit M. de Morville en regardant encore le portrait, — cette aquarelle est d'un rare mérite.

— En vérité, monsieur, vous augmentez encore ma confusion, — dit miss Mary en rougissant : — cette aquarelle est mon ouvrage.

— Vraiment, mademoiselle ? — dit madame de Morville, — mais votre talent en peinture est des plus remarquables !

— Vous êtes, madame, trop indulgente ; le seul mérite de cette aquarelle est peut-être la ressemblance. Madame votre belle-sœur a bien voulu m'accorder quelques séances avant mon départ de Dublin ; je ne pouvais trouver une plus heureuse occasion de tâcher de justifier à vos yeux ce que le frère de M. de Morville avait pu vous écrire au sujet de mon aptitude au dessin.

— Un pareil talent, mademoiselle, — dit madame de Morville, — dépasse, je vous l'avoue, toutes nos espérances.

L'on entendit alors dans la pièce voisine, cabinet d'étude de mademoiselle de Morville, un prélude sur le piano, puis un thème de Mozart, que la jeune fille commençait de jouer en attendant sa nouvelle institutrice.

— C'est sans doute mademoiselle de Morville? — demanda miss Mary à demi-voix en prêtant attentivement l'oreille.

— Oui, mademoiselle, — répondit madame de Morville.

Mademoiselle Lawson écouta de nouveau, pendant assez longtemps, avec une satisfaction visible, marquant involontairement la mesure du bout de son joli pied, et disant à demi-voix :

— Bien... très bien... ceci un peu trop vite seulement... Bien... à merveille! Oh! encore trop vite; les notes ne se détachent pas assez. Mais voilà qui est mieux, beaucoup mieux... Bravo! ce passage est d'une exécution irréprochable.

— Ainsi, mademoiselle, — dit madame de Morville, charmée de la sincère approbation de miss Mary, tandis qu'Alphonsine continuait de toucher du piano, — vous êtes satisfaite.

— Très satisfaite, madame. Il y a des phrases rendues à ravir et d'un excellent sentiment musical; d'autres plus difficiles manquent un peu d'étude et de clarté.

Puis se levant, miss Mary dit en souriant à madame de Morville, en lui montrant du regard la porte du cabinet d'étude :

— Permettez-vous, madame, que je commence déjà mes fonctions?

— Nous en serions enchantés, — reprit M. de Morville, — nous craindrions seulement, mademoiselle, d'abuser de votre obligeance. Vous avez peut-être besoin de prendre quelque repos.

— Nullement, monsieur. Je suis trop heureuse de trouver

chez mademoiselle votre fille un talent si voisin de la perfection, pour ne pas désirer le lui dire le plus tôt possible.

Et M. et madame de Morville entrèrent avec miss Mary dans le cabinet d'étude; Alphonsine, à la vue de mademoiselle Lawson, quitta le piano en rougissant.

— Je vous ai entendue exécuter ce morceau de Mozart, mademoiselle, — dit miss Mary. — Je viens vous féliciter et aussi vous adresser quelques observations; vous voyez que j'ai hâte de me montrer sévère, ou plutôt, ce n'est pas moi, c'est vous-même; car la perfection d'un grand nombre de passages critique sévèrement ceux que vous n'avez pas assez soigneusement étudiés. Voulez-vous que nous recommencions ce morceau?

— Avec plaisir, mademoiselle, — dit Alphonsine en se remettant au piano, charmée de la gracieuse bienveillance de miss Mary. Celle-ci fit à la jeune fille, à mesure qu'elle joua de nouveau le morceau, des observations pleines de justesse, de goût et de savoir, qui annonçaient des connaissances musicales approfondies; puis, pour joindre la pratique à la théorie, elle pria mademoiselle de Morville de lui céder un moment sa place, et exécuta le même morceau de la façon la plus remarquable, indiquant à mademoiselle de Morville les passages sur lesquels avaient porté ses critiques, lui faisant observer la différence qu'elle mettait dans l'exécution; montrant enfin tant de talent, de modestie, de bonté, que M. et madame de Morville, complétement sous le charme de l'attrait et de l'admiration, échangeaient à chaque instant des regards émerveillés.

Un domestique entrant dans le cabinet d'étude dit à M. de Morville :

— M. de la Botardière prie monsieur de vouloir bien passer dans son appartement.

A ce souvenir complétement oublié, M. de Morville jeta les

yeux sur la pendule : elle marquait alors trois heures, et l'irascible vieillard avait donné à son neveu jusqu'à trois heures pour se décider ou non à chasser de sa maison Robert, le garde-chasse, et miss Mary, l'institutrice.

Au nom de M. de la Botardière, mademoiselle Lawson dit en souriant à M. de Morville :

— De grâce, monsieur, veuillez vous rappeler mon désir et votre promesse au sujet de monsieur votre oncle.

— Oui, mademoiselle, — reprit M. de Morville, non sans un certain embarras. Et laissant sa femme et sa fille avec miss Mary, il se rendit auprès de son oncle.

M. de la Botardière se promenait dans sa chambre avec une agitation courroucée. A la vue de son neveu, il lui dit brusquement :

— Cette aventurière est-elle partie?

— Mon oncle, permettez...

— Pas d'explication. Est-elle partie, oui ou non?

— Mais, mon oncle, je...

— Encore une fois, l'avez-vous chassée, oui ou non?

— Non, mon oncle, et je viens...

— Pas un mot de plus!

M. de la Botardière courut à la cheminée et tira violemment le cordon de la sonnette.

— Vous me permettrez, mon oncle, de vous faire observer que l'on écoute du moins les gens avant de prendre des résolutions extrêmes ; prêtez-moi quelques moments d'attention, et vous reconnaîtrez vous-même combien vos préventions contre miss Mary sont peu justifiées.

Un domestique s'étant rendu à l'appel de la sonnette, M. de la Botardière lui dit :

— Qu'on attelle Roncevaux sur-le-champ, et qu'on amène ma voiture devant le perron.

Le domestique sortit.

— Mon oncle, — dit M. de Morville d'un ton pénétré, — vous ne voudrez pas rompre à tout jamais avec nous, par cette seule raison que je me conduis en honnête homme.

— Le mot est charmant! Ah! vous appelez cela de l'honnêteté! M'exposer, lorsque je viens ici, à me trouver en face de cette effrontée, mon cauchemar, et qui fait passer son galant pour son frère!

— Mademoiselle Lawson nous a expliqué de la façon la plus naturelle pourquoi elle avait été obligée de prier M. de Favrolle de la protéger et de la traiter comme sa sœur pendant le voyage.

M. de la Botardière poussa un éclat de rire sardonique et s'écria :

— Pardieu, monsieur mon neveu, vous êtes un grand benêt! A votre âge vous donnez dans de pareils contes!

— Mon oncle, je vous en conjure, accordez dix minutes d'entretien à miss Mary, et vous reconnaîtrez combien vous êtes dans l'erreur à son égard.

— Monsieur de Morville! — s'écria le vieillard exaspéré, — cette proposition est d'une audace qui touche à l'insolence.

— Pardonnez-moi, monsieur, — reprit M. de Morville en se contenant à peine, — cette proposition est celle d'un homme qui ne peut ni ne veut se résigner à commettre une odieuse iniquité, quoiqu'il lui en coûte de s'exposer à perdre l'amitié du frère de sa mère.

— Allons donc, de l'amitié! on s'en moque bien de l'amitié du bonhomme la Botardière! — s'écria le vieillard redoublant d'ironie. — Ce que l'on craint de perdre, c'est l'héritage de l'oncle. Et pourtant il faut aujourd'hui y renoncer pour vous et pour vos enfants, à mon héritage! Entendez-vous, seigneur don Quichotte des aventurières!

A ces dures paroles, si blessantes pour sa juste fierté, M. de

Morville resta un moment sous le coup d'une muette indignation.

Madame de Morville entra dans ce moment et dit à M. de la Botardière :

— Mon oncle, je viens de voir passer votre voiture attelée; il n'est pas possible que vous nous quittiez ainsi.

— Ah! ah! — reprit le vieillard en redoublant de sarcasme, — voyez-vous comme l'on a peur qu'il s'échappe au grand trot de Roncevaux, ce coquin d'héritage! Dites donc, est-ce qu'Alphonsine ne va pas venir aussi se pendre à la basque de l'habit du cher oncle, pour le supplier de ne pas décamper, lui et l'héritage, l'un portant l'autre?

Madame de Morville, stupéfaite des paroles du vieillard, regarda son mari comme pour lui demander la cause d'un tel accueil. M. de Morville lui dit d'une voix ferme :

— Louise, au nom de ta dignité, au nom de la mienne, pas un mot! Ce serait maintenant une bassesse!

— Une bassesse! — reprit madame de Morville de plus en plus surprise, — que veux-tu dire, mon ami?

— Je m'en vas, moi, vous expliquer la chose, — reprit M. de la Botardière. — Figurez-vous que votre mari est décidément un héros de désintéressement, ma chère! Je vous en fais mon compliment... Je lui ai posé cette alternative : de choisir entre moi et cette aventurière, qui se moque de vous tous. C'était dire clairement : Choisissez entre elle ou soixante bonnes mille livres de rente que vaut la terre de la Botardière, sans compter mes économies, dont vous hériterez après moi.

— Ah! monsieur! — s'écria madame de Morville avec indignation; puis s'adressant à son mari : — Tu avais raison, mon ami, un mot de plus serait une bassesse.

Le domestique ouvrit la porte et dit au vieillard :

— La voiture de monsieur est avancée.

Puis il sortit.

M. de la Botardière prit son sac de nuit à la main, se dirigea vers la porte, mais avant d'en franchir le seuil, il dit à M. de Morville en se retirant :

— J'ai encore pitié de vous : je vous donne une dernière fois à choisir entre mon héritage et le renvoi d'une intrigante qui vous dupe, et fera de votre fille une mauvaise créature.

— Vous m'excuserez, monsieur, si je n'ai pas l'honneur de vous reconduire jusqu'au perron, — répondit madame de Morville au vieillard avec un accent de dignité parfaite ; et elle le salua pour prendre congé de lui.

— Bien ! — s'écria M. de Morville en serrant la main de sa femme, — bien, Louise !

M. de la Botardière s'élança dehors et ferma la porte derrière lui avec fureur. L'on entendit bientôt le bruit du char à bancs qui s'éloignait rapidement du château.

VIII

Après le départ de M. de la Botardière, M. et madame de Morville gardèrent pendant quelques instants le silence.

— Sans doute, mon ami, cette rupture est fâcheuse, — dit enfin madame de Morville à son mari ; — il nous est impossible de revoir ton oncle, mais nous avons fait notre devoir.

— Merci, noble et loyale femme ! — reprit M. de Morville en pressant la main de sa femme avec effusion, — merci d'avoir si dignement repoussé jusqu'à la pensée d'une sordide et lâche concession au caprice d'un homme aveuglé par une incroyable prévention.

5.

— Pouvais-je agir autrement, mon ami, après les explications si naturelles, si franches, de mademoiselle Lawson sur un incident de son voyage qui nous paraissait d'abord inexplicable? Et d'ailleurs, autant du moins que nous en avons pu juger jusqu'ici, ton frère a été plutôt au-dessous de la vérité dans les éloges qu'il nous a faits de miss Mary.

— Bien, Louise, bien! et toujours de mieux en mieux.

— Que veux-tu dire, mon ami?

— Tiens, je te l'avoue, après ce contre-temps qui amenait ici mademoiselle Lawson, que nous n'attendions plus; après notre entretien de ce matin, dans lequel tu m'avais fait des aveux si pénibles, et dont maintenant je reconnais avec bonheur l'exagération, je craignais que l'arrivée de miss Mary ne fût pas accueillie par toi comme elle l'a été. Je craignais que, sans partager les absurdes préventions de mon oncle contre cette jeune personne...

— Écoute, mon ami, — reprit madame de Morville en interrompant son mari; — je suis, tu le sais, une femme toute de premier mouvement, toujours préférable chez moi à la réflexion. Je ne te l'ai pas caché, la venue de mademoiselle Lawson m'a, pour plusieurs raisons, vivement contrariée, je ne veux pas dire affligée. Je suis descendue avec toi au salon dans des dispositions peu favorables pour elle; mais il m'a été impossible de résister au charme, à la franchise, de cette jeune personne, à la fois si modeste et si digne. Que te dirai-je?... J'ai été malgré moi tentée d'admirer sa rare beauté, qui, cependant, fait paraître Alphonsine presque laide.

— Allons, Louise, — reprit en souriant M. de Morville, — je suis un père plus aveugle, ou plutôt plus clairvoyant que toi; je t'assure que l'expressive et aimable figure d'Alphonsine ne perd rien auprès de la beauté régulière de miss Mary.

— Mon ami, tu parles d'exagération, en voilà une trop forte!

Mademoiselle Lawson est une des personnes les plus remarquablement belles que j'aie jamais vues, et en vérité il n'est pas juste de la comparer à Alphonsine!

— Loin de là! Je me garde bien de les comparer. A quoi bon? Alphonsine a son charme, miss Mary a le sien. N'est-il pas des gens aussi riches, aussi heureux, avec dix mille livres de rente, que d'autres avec cent mille?

— Alphonsine et son frère ne seront plus, du moins, exposés à ce bonheur-là, maintenant.

— Je ne te comprends pas.

— Je connais ton oncle, sa résolution sera inébranlable, c'est donc au moins vingt-cinq ou trente mille livres de rente que chacun de nos enfants perd aujourd'hui.

— C'est un malheur... Que faire à cela?

— Rien, assurément, c'est fait, c'est fait; mais enfin, tu m'avoueras du moins que mademoiselle Lawson n'est pas absolument ce qu'on peut appeler *un porte-bonheur*.

— Louise, est-ce toi qui parles ainsi, toi qui as si dignement relevé les dernières et outrageantes paroles de mon oncle?

— Eh! mon Dieu, mon ami, je ne regrette pas ce que j'ai dit, j'agirais encore de la même manière probablement; mais tu ne m'empêcheras pas de réfléchir que si le désintéressement et l'équité sont de beaux sentiments, ils coûtent parfois un peu cher.

— Je veux au contraire t'empêcher de *réfléchir*, ma chère Louise, — reprit affectueusement M. de Morville. — Tu l'as dit toi-même, et c'est vrai : tes premiers mouvements sont excellents. Pourquoi? parce que tu suis l'impulsion de ton noble cœur; mais parfois la réflexion pourrait tout gâter : je ne souffrirai donc pas, madame Louise, que vous réfléchissiez, — ajouta M. de Morville avec un sourire plein de finesse et de bonté. — Oui, je serai assez tyran pour vous empêcher de regretter ces premiers élans de votre âme, toujours si justes, si généreux.

— Si tu as ce pouvoir, mon ami, je bénirai ta tyrannie; car, tu as raison, j'ai été comme toi révoltée des outrageants soupçons de ton oncle à notre égard, et de son injustice envers miss Mary. Tout à l'heure, cependant, j'ai presque reproché à cette pauvre miss la perte de cet héritage pour nos enfants. Quelle chose étrange que le cœur humain!

— Certes; mais ces contrastes, ces inconséquences, ces brusques revirements amenés par la réflexion dans la manière de voir et de sentir, n'ont rien de fâcheux lorsqu'ils se passent entre nous deux. Nous savons l'un et l'autre ce que nous avons au fond de l'âme. Suppose au contraire que cette injuste pensée de reprocher à miss Mary la perte de cet héritage te soit échappée devant elle. Juge, ma chère Louise, quel coup douloureux pour une âme délicate et élevée comme doit être la sienne!

— C'eût été odieux de ma part.

— Oui, car miss Mary se trouve dans cette alternative, ou de tout endurer, de tout souffrir en silence, ou d'abandonner une place qui doit faire vivre sa famille.

— Pauvre fille! elle est vraiment à plaindre.

— A moi, tu me dis, regrettant ta mauvaise pensée de tout à l'heure : *Chose étrange que le cœur humain!* et je te comprends, parce que depuis vingt ans je te connais et sais t'apprécier; mais franchement, chère Louise, croirais-tu consoler miss Mary, lui faire oublier une cruelle blessure par cette réflexion : *Chose étrange que le cœur humain!*

— Non, non, elle serait à bon droit blessée douloureusement. Ah! mon ami, quel malheur que notre lettre à ton frère soit partie trop tard!

— Non, Louise, il faut au contraire accepter ce contretemps comme un bonheur grâce auquel l'éducation d'Alphonsine sera aussi achevée qu'elle eût été malheureusement incomplète; j'avais cédé un peu malgré moi à ton désir de n'avoir plus d'institutrice, mais j'ai assez de confiance dans ton amour maternel pour être certain que tu t'applaudiras chaque jour de l'arrivée de miss Mary.

— Je sens, mon ami, la justesse de tes observations. D'ailleurs, par égard pour ton frère, pour ma fille, pour moi-même, et surtout pour cette jeune personne, digne, après tout, d'intérêt, il est de mon devoir de rendre sa position aussi heureuse que possible. Seulement, — ajouta madame de Morville en souriant, — je suis bien résolue à conserver une de mes *conquêtes*.

— Laquelle?

— Depuis le départ de mademoiselle Lagrange, ma fille couche dans une des pièces de notre appartement, au lieu d'occuper la chambre du second près de celle de son ancienne institutrice; je suis décidée à garder Alphonsine près de nous : j'y gagnerai une bonne heure de possession le matin et le soir. Incorrigible et insatiable mère que je suis!

— A merveille! ma chère Louise, rien de plus naturel. Miss Mary, voyant à son entrée ici cette habitude prise, trouvera tout simple que, contre l'usage assez généralement établi, Alphonsine n'occupe pas une chambre contiguë à celle de son institutrice.

— Mais, j'y songe, mon ami, voici bientôt l'heure du dîner; je ne sais si madame Pivolet s'est occupée de l'appartement de miss Mary.

— Je vais sonner madame Pivolet, — reprit M. de Morville en tirant le cordon d'une sonnette, — et lui signifier encore d'avoir à contenir son intempérance de langue et d'imagination au sujet de mademoiselle Lawson, car en interprétant à sa manière quelques-unes des injustes récriminations de mon oncle au sujet de miss Mary, l'insupportable Pivolet bâtirait des histoires aussi saugrenues que désagréables.

— Heureusement, mon ami, ces propos, si absurdes et surtout partis de si bas, ne parviendraient jamais aux oreilles de mademoiselle Lawson. Mais tu as raison de parler très sévèrement à madame Pivolet.

La femme de charge entra à ce moment chez ses maîtres d'un air lugubre; elle s'ingéniait à se donner la sombre physionomie d'une victime récemment arrachée des *oubliettes du château.*

— Madame Pivolet, — lui dit sa maîtresse, — avez-vous songé à préparer la chambre et le petit salon de mademoiselle Lawson?

— De mademoiselle Lawson? — demanda la femme de charge avec affectation et comme si elle tombait des nues. — Comment, madame? la chambre de mademoiselle Lawson?

— Oui, la chambre de l'institutrice de ma fille, — reprit impatiemment madame de Morville; — vous avez l'air de revenir de l'autre monde.

— Madame, sans revenir de l'autre monde, où j'ai bien manqué d'aller tout à l'heure, épuisée que j'étais par la faim, — répondit madame Pivolet d'un air pincé, en jetant un craintif regard sur le cabinet où elle avait été *emprisonnée,* — il m'est bien permis d'ignorer que mademoiselle a une nouvelle institutrice se nommant mademoiselle Lawson. Madame et monsieur savent qu'il n'est pas dans mes habitudes d'oser m'informer de ce qui ne me regarde point.

— Je désire que vous persistiez dans ces velléités de réserve et de discrétion, — reprit sévèrement M. de Morville, — car, je vous le répète, faites-y bien attention, madame Pivolet, si vous vous avisez de faire de mademoiselle Lawson le texte de vos ridicules histoires (et je vous préviens que j'aurai l'oreille au guet), vous ne resterez pas vingt-quatre heures ici. Il m'est très pénible de revenir sur ce sujet, car je sais votre attachement pour nous et votre scrupuleuse probité, aussi j'espère que vous ne me mettrez pas dans la dure nécessité de sévir.

— Monsieur peut être assuré que je me conformerai à ses ordres, — répondit la femme de charge avec une humeur pleine de componction. — J'avoue mes torts, je demande seulement à monsieur et à madame de me donner le temps et l'occasion de les réparer.

— A la bonne heure, madame Pivolet, — reprit madame de Morville. — Vous préviendrez donc Julienne qu'elle sera chargée du service de miss Mary.

— Oui, madame.

— Vous allez à l'instant faire préparer l'appartement de mademoiselle Lawson; veillez à ce que l'on allume un bon feu dans cette chambre, car elle n'a pas été habitée depuis longtemps, et il fait ce soir un froid humide et glacial.

— Les ordres de madame seront exécutés. Il faudra sans doute aussi faire le lit de mademoiselle Alphonsine dans la seconde chambre, comme du temps de mademoiselle Lagrange?

— Non. Ma fille restera près de moi.

— C'est différent, madame.

— N'oubliez pas non plus de mettre dans la chambre de miss Mary une théière et une boîte à thé; elle est Anglaise, et elle a sans doute l'habitude de prendre souvent du thé.

— Monsieur et madame peuvent être certains que tous leurs ordres seront exécutés, — répondit madame Pivolet d'un air tout confit en douceur. Et elle sortit laissant ses maîtres convaincus de sa repentance et de son bon vouloir au sujet de miss Mary.

IX

Madame Pivolet, en quittant ses maîtres, s'occupait de tramer dans sa féconde imagination un complot des plus machiavéliques à l'endroit de la *belle Anglaise*, comme elle disait. Elle se rendit d'abord à la lingerie, dont elle avait la surintendance, ouvrit les armoires, y choisit une paire de draps fins, puis une autre paire parmi ce qu'elle put trouver de plus grossier, de plus rude, parmi les draps de domestiques ; mit le paquet sous son bras, et se dirigea vers la chambre de la nouvelle institutrice en disant :

— Ces draps seront encore trop bons pour toi, la belle Anglaise ! Si tu te plains (tu ne te plaindras pas, tu m'as l'air beaucoup trop fière pour ça), je dirai que Julienne s'est trompée de draps. Cette vilaine pleurnicheuse de Lagrange en a vu bien d'autres. Ah ! mes pécores ! vous venez prendre dans la maison le premier rang après les maîtres, et me renvoyer au second. Ah ! vous mangez avec les maîtres, pendant que moi, qui suis ici femme de confiance depuis quinze ans, et qui vous vaux bien, je mange à l'office. Ah ! vous venez accaparer mon Alphonsine, que j'ai nourrie de mon propre lait, et vous croyez que madame Pivolet, qui n'est point sotte, souffrira ceci? Non pas, non pas ! ça sera bien le diable si, après avoir fait à coups d'épingles déguerpir la première institutrice, sur laquelle il n'y avait rien à dire, — elle était trop laide pour cela, — je ne fais pas déguerpir la seconde, cette belle aventurière, comme l'a prouvé ce brave M. de la Botardière, que cette intrigante a déjà brouillé avec mes maîtres. Il est parti furieux, car il a dit à Baptiste, qu'il a rencontré sous le vestibule : « Je ne remettrai jamais les pieds dans cette maison ! » Et il est monté dans son char à bancs jonquille, et a donné tant de coups de fouet à ce malheureux Roncevaux, qu'il a pris le galop. Or, si M. de la Botardière ne remet jamais les pieds ici, il déshéritera, c'est sûr, monsieur et madame, et nécessairement ma petite Alphonsine. Jour de Dieu ! la belle Anglaise, et tu crois que cela se passera comme ça ? Non, non ! à l'œuvre, et dès ce soir.

Ce disant, la femme de charge se rendit dans la chambre qui avait été précédemment occupée par mademoiselle de Morville, et qui avoisinait celle de son institutrice ; ces deux chambres, séparées par un petit salon, étaient confortablement meublées ; mais n'ayant pas été habitées depuis longtemps, et cette journée de fin d'automne ayant été froide et pluvieuse, il régnait un froid glacial dans cet appartement ; afin d'ajouter autant que possible à cet inconvénient, madame Pivolet ouvrit toutes grandes les deux fenêtres de la chambre précédemment occupée par mademoiselle de Morville, afin de bien y laisser pénétrer l'humidité de la pluie qui commençait de tomber ; puis, après avoir tant bien que mal garni le lit de gros draps, elle laissa la cheminée sans feu, se garda de placer sur une console la théière et la boîte à thé qu'elle avait apportées, s'assura seulement qu'il y avait des bougies dans les flambeaux, puis contemplant avec une sorte de satisfaction cette chambre froide et triste, où s'engouffrait le vent d'automne, madame Pivolet se dit :

— Qui ne risque rien, n'a rien ! Si je peux parvenir ce soir à emmener la belle Anglaise dans cette chambre comme la sienne, elle se souviendra de sa première nuit au château de Morville... Mais il ne faut pas me compromettre : nécessairement, Alphonsine ou madame viendront s'assurer par elles-mêmes que j'ai exécuté les ordres qu'on m'a donnés.

Alors madame Pivolet, avec un machiavélisme infernal, se rendit dans la chambre véritablement destinée à l'institutrice, mit les draps fins au lit, fit un bon feu dans la cheminée, ferma soigneusement les fenêtres et les rideaux, mit bien en évidence la théière et la boîte à thé, accomplit enfin quant à cette chambre tous les ordres qu'elle avait reçus.

Bientôt madame de Morville vint s'assurer par elle-même que la chambre de miss Mary était convenablement disposée pour la recevoir lorsqu'elle se retirerait chez elle.

— J'ai préféré me charger moi-même de ce soin, madame, — dit la femme de charge à sa maîtresse, — pour être certaine que rien ne serait oublié.

— C'est un empressement dont je vous sais gré, madame Pivolet, — dit madame de Morville en sortant.

Madame Pivolet ferma la chambre où était allumé le feu, mit la clef dans sa poche, traversa le petit salon qui séparait les deux pièces l'une de l'autre, et, comme elle pensait à tout, au sortir de l'appartement donnant sur un long corridor éclairé par plusieurs fenêtres, elle en ouvrit deux, qu'elle laissa battantes, comptant, et elle ne se trompa pas, que le vent briserait quelques carreaux. Ces ténébreux préparatifs terminés, elle alla dîner et attendit avec anxiété le moment où mademoiselle Lawson devait regagner sa chambre. L'heure du service du thé arrivée, madame Pivolet, sachant que ses maîtres ne tarderaient pas à se coucher, prit un bougeoir allumé et alla se poster dans un billard que mademoiselle Lawson devait traverser pour gagner le vestibule et monter de là chez elle. Madame Pivolet triomphait si l'institutrice se rendait seule dans sa chambre, chose peu probable cependant, car madame de Morville, ou du moins sa fille, devait, pour la première nuit surtout, accompagner miss Mary jusqu'à sa porte, autant par égard que pour lui indiquer où elle logeait.

Grande était donc la perplexité de madame Pivolet; elle

compta sur le hasard et sur son imagination, qu'elle avait déjà mise à contribution en allant chercher un des manteaux de mademoiselle de Morville; elle le portait plié sur un bras, et tenait de l'autre main son bougeoir allumé; bientôt la porte du salon s'ouvrit, et la femme de charge entendit la voix de madame de Morville s'adressant ainsi à miss Mary :

— Puisque vous ne voulez pas absolument permettre, mademoiselle, que je vous accompagne pour vous conduire chez vous, Alphonsine va me remplacer.

En effet, la jeune fille sortit avec miss Lawson, qui lui disait :

— De grâce, mademoiselle, ne vous donnez pas cette peine.

— Pardon, mademoiselle, il faut bien que je vous apprenne d'abord où est votre appartement, et puis je tiens à m'assurer qu'il ne manque rien chez vous, quoique maman y soit allée avant dîner.

— Vous voyez qu'il est inutile de vous déranger, puisque madame votre mère a bien voulu déjà s'occuper de moi.

— Mademoiselle, — dit alors madame Pivolet à Alphonsine, en lui offrant le manteau, — couvrez-vous surtout.

— Comment! un manteau pour monter là-haut? Y songes-tu?

— Mademoiselle, je ne sais qui a malheureusement laissé deux des croisées du corridor ouvertes, mais l'ouragan a brisé tous les carreaux, le vent et la pluie fouettent dans ce passage... Vous risqueriez d'attraper un gros rhume, une fluxion de poitrine.

— Décidément, mademoiselle Alphonsine, — dit miss Mary en souriant, — je prends mon rôle de maîtresse d'école, et j'exige que vous n'alliez pas plus loin.

— Mademoiselle Mary, si vous saviez combien ma nourrice exagère dans tout ce qu'elle dit!

— Je vous assure, mademoiselle, que je n'exagère pas, — reprit la femme de charge en frissonnant d'un froid rétrospectif. — Je viens de traverser le corridor ; je suis encore toute transie. Jugez donc vous, qui avez la poitrine si délicate !

— Moi! tu rêves...

Madame Pivolet, s'adressant alors respectueusement à miss Mary, lui dit :

— Si j'osais, mademoiselle, je vous demanderais d'empêcher mademoiselle Alphonsine de vous conduire chez vous ; il fait très chaud dans le salon, et le courant d'air glacial de là-haut pourrait faire beaucoup de mal à mademoiselle.

— Chère Alphonsine, — reprit miss Mary d'une voix irrésistible, — je n'exige plus... non, je vous supplie en grâce de ne pas insister davantage pour m'accompagner.

Mademoiselle de Morville, de crainte d'être importune, céda, quoique à regret, au désir de miss Mary, et lui dit :

— Au moins, mademoiselle, prenez ce manteau, puisque, selon ma nourrice, ce corridor est si terrible à traverser.

— Je prendrai donc le manteau, — dit en souriant miss Mary, et pendant que madame Pivolet s'empressait de lui mettre ce vêtement sur les épaules, elle tendit gracieusement la main à mademoiselle de Morville, et lui dit : — Bonsoir ! à demain !

— Oh ! à demain de grand matin, — répondit Alphonsine ; — vous verrez, mademoiselle, que je ne suis pas paresseuse.

Puis elle ajouta en soupirant :

— Tenez, miss Mary, je suis sûre de ne pas fermer l'œil de la nuit.

— Et pourquoi cela ?

— Je vais être si inquiète en songeant à l'examen que vous allez me faire passer demain !

— Vous ne devez, ce me semble, éprouver aucune crainte à ce sujet.

— Oh! ne croyez pas, miss Mary, que ce soit une préoccupation d'amour-propre qui me rende inquiète. Mon Dieu! non, car il me semble que ce n'est pas moi qui demain serai mise en cause.

— Et qui donc?

— Ne serait-ce pas, jusqu'à un certain point, mademoiselle Lagrange, mon ancienne institutrice, qui m'a appris ce que je sais... et que j'aimais tant! Je vous l'ai dit, miss Mary; aussi demain, en faisant tous mes efforts pour vous satisfaire dans cet examen, je penserai à elle, et c'est pour elle que je serai heureuse de vos louanges, si je les mérite.

Mademoiselle Lawson fut émue jusqu'aux larmes de la délicatesse de ce sentiment si naïvement exprimé, et dit à la jeune fille :

— Je suis certaine d'avance que je serai aussi enchantée de vous que de mademoiselle Lagrange. Bonsoir encore.

— Laissez-moi seulement vous conduire jusqu'au vestibule, miss Mary.

— Oui, mais pas plus loin.

— Vous ne voulez pas absolument que je vous envoie une des femmes de chambre de maman?

— Non, mille grâces, j'ai l'habitude de me servir seule.

— En tous cas, vous préviendrez madame Pivolet, si vous aviez besoin de quelque chose.

— Certainement, mademoiselle, — reprit miss Mary.

Et les deux jeunes filles, précédées de la femme de charge, qui portait le bougeoir, traversèrent ainsi plusieurs pièces, et arrivèrent dans un vestibule véritablement glacial.

— Vite, vite, rentrez, — dit mademoiselle Lawson, en empêchant mademoiselle de Morville de dépasser le seuil de la porte.

— Bonsoir, miss Mary, — lui dit-elle en se retirant, — bonne nuit! A demain de grand matin, je vous attendrai dans mon cabinet d'étude.

— A demain, mademoiselle Alphonsine, — répondit miss Lawson, — je vous rejoindrai de très bonne heure.

Puis elle suivit madame Pivolet, monta un large et long escalier, et arriva dans le corridor, où la pluie pénétrait en effet à travers les vitres brisées.

Là femme de charge, entrant alors dans le petit salon qui séparait les deux chambres, remit son bougeoir à miss Mary, et lui dit, en lui indiquant la porte de l'une des deux chambres :

— Voici votre appartement, mademoiselle, — et lui montrant l'autre porte, — mademoiselle Alphonsine occupait cette chambre voisine de la vôtre du temps de mademoiselle Lagrange, son autre institutrice; mais il paraît que *maintenant* madame ne veut plus que mademoiselle Alphonsine couche ici. Madame préfère garder mademoiselle Alphonsine auprès d'elle, — et elle appuya de nouveau sur ce mot, qu'elle répétait pour la seconde fois. — *Maintenant,* madame a sans doute ses raisons pour cela. J'ai bien l'honneur de souhaiter le bonsoir à mademoiselle, — ajouta madame Pivolet avec une profonde révérence, puis elle sortit, se disant :

— Si demain elle se plaint de sa chambre, je dirai qu'elle s'est trompée, et qu'elle a pris une porte pour l'autre; mais c'est égal, elle se souviendra de sa première nuit au château de Morville, cette belle Anglaise qui m'a fait jeter aux oubliettes.

Et elle s'éloigna après avoir fermé comme par distraction la porte du petit salon.

Miss Mary, son bougeoir à la main, se dirigea vers la porte que la femme de charge lui avait désignée, l'ouvrit, et entra dans la chambre; mais les fenêtres ayant été laissées ouvertes par l'ingénieuse Pivolet, le vent s'engouffra tout à coup dans l'appartement, éteignit la bougie que miss Mary tenait à la main, et elle se trouva dans une profonde obscurité, sentant la pluie, chassée par la bise du dehors, lui fouetter le visage.

X

La chambre où miss Mary entra était dans une obscurité complète; les fenêtres ouvertes ne laissaient pénétrer qu'à de rares intervalles des lueurs incertaines, qui se glissaient entre de gros nuages pluvieux, courant sur un ciel d'automne.

Le premier mouvement de la jeune institutrice avait été de retourner sur ses pas et de regagner la porte du corridor par laquelle madame Pivolet l'avait introduite; mais, comme nous l'avons dit, la femme de charge, dans sa prévoyante vengeance, avait fermé cette porte, et lorsque miss Mary se fut convaincue qu'elle ne pouvait l'ouvrir, elle n'entendit plus aucun bruit au dehors.

Elle n'osait appeler : la cour d'honneur, sur laquelle s'ouvrait la fenêtre de sa chambre, était déserte; miss Mary fut donc forcée de reconnaître à tâtons les principaux meubles de sa nouvelle habitation, ferma les fenêtres, et après une fervente prière où elle demandait au ciel la force d'accomplir le long sacrifice de dévouement et d'exil qui commençait à partir de ce jour, elle envoya sa pensée comme un suprême adieu à ceux qu'elle aimait; puis elle essaya de trouver le repos de cette première nuit entre ces gros draps dont madame Pivolet avait garni son lit.

Six heures du matin venaient de sonner à l'horloge du château. Le jour commençait à poindre. Miss Mary se leva, trouva dans la pièce qui précédait sa chambre son pupitre de voyage ; puis, s'enveloppant du mieux qu'elle put dans son manteau, elle commença à écrire en frissonnant de froid, éclairée à peine encore par l'aube d'un jour grisâtre.

Ce n'était pas à Dublin que s'adressait cette première lettre, datée du château de Morville. Nous avons déjà dit qu'après avoir achevé la partie la plus longue de son voyage, elle s'était empressée, aussitôt arrivée à Paris, de rassurer sa mère. La lettre suivante qu'elle écrivait était l'accomplissement d'une promesse :

« Cher monsieur Henri,

» C'est de la France que je vous écris ; c'est du château de Morville, où je dois probablement passer plusieurs années de ma vie. En vous annonçant la ruine de notre famille, le naufrage de toutes mes espérances, je vous ai dit que le jour où mon sort serait fixé, je vous écrirais encore ; je le fais avec plaisir, parce que j'espère, en vous faisant connaître toute la vérité, vous inspirer plus de courage. Oui, cher monsieur Henri, en vous apprenant que je ne suis pas aussi malheureuse que vous avez pu le craindre, je vous donnerai la pensée de me dire aussi vos *bonheurs*; car enfin, bien que nous ne devions pas partager mutuellement ces *bonheurs*; ils ne nous seront pas tous refusés, et ils n'en seront pas moins vivement sentis.

» Me voici institutrice dans la famille de Morville, demeurant à quelques lieues de Tours. M. de Morville est le frère du consul de France à Dublin, et j'arrive munie de toutes les instructions, de tous les avis que je dois à l'amitié du consul pour mon père. Mon élève, mademoiselle Alphonsine de Morville, est charmante ; je n'aurai, si je ne me trompe, qu'à seconder le développement du plus heureux naturel. Son oncle de Dublin l'avait bien jugée ; cependant je n'adopte pas ce qu'il me disait en riant : — De toute la maison de mon frère, me répétait-il souvent, Alphonsine, votre élève, est peut-être la personne qui aurait le moins besoin d'institutrice... — Dans ces critiques, il y avait plus d'esprit que de justesse.

» M. de Morville est un homme chez qui, tout d'abord, on remarque une charmante bienveillance et les meilleures façons ; quoique jeune encore, il doit avoir à peu près quarante-cinq ans, il porte sur ses traits une légère teinte de souffrance. Assez souvent, m'a dit le consul, qui l'aime de la plus tendre amitié, il éprouve de vives et persistantes douleurs par suite de blessures reçues lors de la guerre d'Espagne et dans plusieurs duels où jamais il ne s'est engagé volontairement. Le mauvais état de sa santé le force souvent à rester dans sa chambre ; alors, son unique préoccupation, sa seule crainte, est d'attrister sa famille et de l'empêcher de prendre part à quelques plaisirs assez rares en province ; il est impossible, vous l'avouerez, d'avoir un plus aimable défaut. Cependant le frère de M. de Morville lui fait presque un reproche de cette abnégation. Parce qu'il a de la sorte et pour ainsi dire forcé sa femme à aller prendre sans lui, dans le monde, des distractions un peu frivoles, le consul craint que ce goût de dissipation, entretenu, encouragé par son frère chez madame de Morville, ne lui fasse souvent à lui une vie bien isolée, bien triste.

» Madame de Morville n'a pas plus de trente-six ans ; ses enfants seuls trahissent son âge, car son visage gracieux et enjoué, la fraîcheur que lui donne un léger embonpoint, lui conservent un charme de *seconde* jeunesse qui la rend très agréable encore ; elle fait d'ailleurs bon marché, avec franchise et gaieté, d'une instruction incomplète que son habitude du monde et ses excellentes façons ne laisseraient pas soupçonner. Peut-être, cher monsieur Henri, vous trouveriez qu'elle manque

6

un peu de cette gravité qui sied si bien à une mère de famille; mais vous êtes sévère, et moi j'ai du penchant à beaucoup accorder à la parfaite bonne grâce.

» Le dernier membre de la famille est un fils, M. Gérard, absent encore pour près d'un an, et que son oncle le consul aime et apprécie presque autant que sa charmante nièce.

» Vous voyez, cher monsieur Henri, combien j'ai de chances, au milieu de si dignes personnes, d'avoir une existence douce et facile et d'obtenir sans peine l'inappréciable plaisir de venir en aide à mon bien-aimé père.

» Je vous ai donné tous ces détails parce que je suis convaincue qu'ils contribueront à alléger la douleur qu'a dû vous apporter ma dernière lettre; cependant, si j'ai voulu moi-même vous annoncer notre séparation, c'est qu'il me semble que toute autre personne vous l'eût apprise d'une façon moins consolante. Je redoute votre réponse; je crains l'expression de vos regrets. Aussi, avant de la recevoir, je m'empresse de vous adresser des nouvelles un peu rassurantes au moins. Lorsque je lirai votre réponse, je me dirai : En ce moment, il est moins malheureux déjà que lorsqu'il a tracé ces lignes que j'ai là sous les yeux.

» Le retour journalier de mes devoirs, la pensée que chaque mois j'enverrai à Dublin, dans le modeste logement où sont réunis mon père, ma mère et mes trois sœurs, une lettre qui sera lue en commun, et qu'accompagnera toujours une petite somme que mon père joindra au fruit de son travail, tout cela, cher monsieur Henri, adoucira, pour vous comme pour moi, la douleur de l'avenir perdu. Grâce à Dieu, le passé nous reste tout entier; son souvenir n'a rien d'amer. Je me rappelle avec un charme plein de douceur combien vous avez toujours été bon pour moi, combien tout enfant je vous aimais déjà d'une affection mêlée de respect et de confiance. Vous souvient-il comme vous me faisiez regretter ce que j'avais pu faire de mal, en me félicitant du bien que j'avais réussi à faire?

» Si aujourd'hui je puis, sans trop de crainte, accepter la responsabilité d'une éducation, c'est à vous que je le dois; les progrès que j'ai faits dans l'étude de moi-même et dans les arts, je les dois au désir de vous plaire; quand vous m'aviez serré la main en me disant de votre voix grave et douce : — Mary, je suis content, — je croyais avoir reçu toute ma récompense, et pourtant vous me prépariez une récompense plus douce encore : celle de pouvoir aujourd'hui rendre à mes parents bien-aimés une faible part de ce qu'ils ont fait pour moi. Merci! cher monsieur; excusez, je n'avais jamais pensé à cela, j'en éprouve pour vous quelque chose de plus tendre, de plus respectueux encore. Avec quelle sérénité je vous ouvre mon cœur tout entier!

» Si des projets formés depuis tant d'années sont devenus impossibles, je n'ai pas du moins à vous écrire : *Oubliez-moi! ne nous aimons plus!* Ce qui a été pour moi, de l'aveu de nos familles, un rêve enchanteur, et pourquoi hésiterais-je à le dire? ce qui a été de l'amour, un saint et profond amour, que les doux et sérieux devoirs de l'épouse devaient consacrer, devient par la rigueur du sort une vive et sincère affection de frère et de sœur. Nous aimons-nous moins? aurai-je moins de plaisir à apprendre vos succès, votre avancement, tout ce qui pourra vous rendre plus heureux et moi plus fière? Encouragez-moi donc, vous aussi, dans la voie nouvelle où la Providence m'a conduite, et un jour, lors de votre retour en Europe, si nous nous rencontrons jamais, vous pourrez encore me tendre la main et me dire : — Mary, je suis content!

» Adieu, cher monsieur Henri, je suis et je resterai de cœur votre bien sincère et bien affectionnée cousine et amie. »

Miss Mary, pendant qu'elle écrivait cette lettre, avait été glacée par le froid du matin. Souvent elle avait involontairement promené ses regards autour de cette chambre nue et dégarnie, et reporté sa pensée vers des jours autrefois si heureux ; plus souvent encore elle avait quitté sa plume pour essuyer ses larmes, cessant alors d'écrire et reprenant courage, afin que sa tristesse ne se révélât pas dans sa lettre à son cousin Henri. Sept heures venaient de sonner ; elle se hâta de plier sa lettre qu'elle effleura de ses lèvres. Chaste et tendre adieu d'une âme pure ! Elle regardait, immobile, ce papier qu'elle tenait encore, et qui devait arriver dans des mains qu'elle ne serrerait plus ; une larme était tombée sur l'enveloppe et y avait laissé sa trace ; miss Mary craignit et désira que ce muet témoignage trahît une douleur qu'elle avait tâché de cacher. La jeune fille fut distraite de l'amertume de sa pensée par un bruit soudain. La clef tourna vivement deux fois dans la serrure de la porte du corridor, puis un pas léger traversa la pièce d'entrée, mais dans une autre direction que celle de la chambre occupée par miss Mary. Elle entendit une porte voisine s'ouvrir, puis une exclamation d'étonnement. Très surprise, elle se hâta d'aller ouvrir sa porte et elle aperçut Alphonsine, arrêtée sur le seuil de l'appartement où la veille avaient été faits tous les préparatifs recommandés par madame de Morville.

— Mais, miss Mary, — s'écria Alphonsine, — où avez-vous donc passé la nuit ?

— Ici, — dit l'institutrice en se retournant et en montrant sa chambre.

— Est-ce donc, mon Dieu, bien possible ? Suis-je aveugle ? ai-je la berlue ? — exclama une troisième voix, celle de madame Pivolet, qui, avide de jouir de son ouvrage, venait d'apparaître à la porte du corridor. — Je suis confondue, foudroyée. Mademoiselle dans cette chambre ! Il faut qu'il y ait de la magie là-dessous, comme, par exemple, un tour de gobelet diabolique et gigantesque. Ça s'est vu.

— Je ne sais pas ce que tu veux dire avec tes tours de gobelet, — reprit Alphonsine avec impatience ; — mais il est inconcevable, il est désolant que miss Mary ait passé la nuit dans cette chambre, où rien n'avait été préparé pour la recevoir.

— C'est-à-dire, mademoiselle Alphonsine, que je ne peux croire ce que je vois, — reprit madame Pivolet. — Tenez, je me tâte, je me pince pour me réveiller ; car je dois dormir, rêver. Ah ! mon Dieu ! je suis peut-être somnambule.

— Pivolet, tu es insupportable.

— Comment ! mademoiselle, vous ne voulez pas me permettre d'être foudroyée en retrouvant ce matin cette pauvre chère demoiselle dans une chambre qui n'est pas la sienne ? Mais figurez-vous donc qu'il n'y avait rien, mais rien de préparé dans cet appartement : pas de bougies, pas de feu, et je me rappelle que les croisées étaient toutes grandes ouvertes ; il pleuvait, il faisait un vent terrible. Ah ! pauvre chère demoiselle ! Elle a dû avoir joliment froid ! Je ne sais même pas s'il y avait des draps au lit. Ah ! oui, je me souviens, on y a mis il y a quelques jours du gros linge, et tout neuf par-dessus le marché : une véritable *râpe !* Pauvre chère demoiselle ! quelle atroce nuit elle a dû passer !

— J'ai peu dormi, en effet, — répondit l'institutrice en souriant.

— Miss Mary, que d'excuses j'ai à vous demander ! — dit Alphonsine d'un ton pénétré en prenant les mains de la jeune fille. — Qu'avez-vous dû penser de ma mère et de moi ? Je vous en conjure, ne croyez pas que nous ayons pu à ce point manquer d'égards envers vous ! Mais, — reprit-elle en se retournant vers la nourrice, — je me le rappelle maintenant, c'est toi qui t'étais chargée de mener miss Mary à sa chambre... Comment se fait-il...

— Ah ! mademoiselle, — s'écria soudain la femme de charge

d'une voix si éclatante que les deux jeunes filles en tressaillirent, — ah! mademoiselle, j'y suis... je devine... la lumière se fait... c'est un éclair, un véritable éclair, je suis éblouie, aveuglée...

— Mon Dieu, Pivolet, que tu es détestable avec tes cris et tes exagérations! — reprit Alphonsine. — Explique-toi simplement, et surtout sincèrement, je t'y engage. Ma mère serait, avec raison, très irritée contre toi si ta négligence était cause de la mauvaise nuit que miss Mary vient de passer.

— Je vous en prie, chère Alphonsine, ne parlons plus de cela, — dit l'institutrice; — il y aura eu quelque malentendu sur la chambre que je devais occuper, voilà tout. Pas un mot de ma petite mésaventure à madame de Morville; je serais aux regrets d'attirer le moindre reproche à votre excellente nourrice.

— Et moi, mademoiselle, — s'écria madame Pivolet, — je tiens à me laver aux yeux de tous, à paraître blanche comme un cygne... au moins. Je ne veux être noircie d'aucun soupçon pour mon service; je préférerais la mort; oui, s'il le faut, je porterai ma tête sur le billot! mais...

— Pivolet, c'est à ma mère que tu auras à répondre.

— Et je répondrai comme Bayard : Sans peur et sans reproche, mademoiselle. Écoutez-moi... voici ce qui est arrivé... suivez bien : Je suis montée avec mademoiselle... ici je passais devant pour l'éclairer... j'étais naturellement en face de mademoiselle... alors je lui ai dit : « Voilà, mademoiselle, votre chambre... ici... à gauche. » Mademoiselle a cru que je lui parlais de sa gauche, à elle, tandis que je lui parlais de ma gauche, à moi; de sorte que... c'est bien clair, j'espère? un enfant au maillot comprendrait cela.... de sorte que mademoiselle, au lieu d'aller à la porte de gauche... de ma gauche, à moi... c'est-à-dire de sa gauche, à elle... non, de sa droite... c'est-à-dire, si... de sa gauche... ou plutôt, non, de ma droite, à moi... est naturellement entrée dans cette chambre.... et... voilà.

— Tout s'explique au mieux, — reprit l'institutrice en souriant : — j'ai tout simplement pris une porte pour l'autre ; aussi, je vous le répète, ma chère Alphonsine, je regretterais que ma maladresse pût causer le moindre désagrément à madame Pivolet. Nous ne dirons pas un mot à madame de Morville de cette *nuit terrible*. Nous allons descendre à votre cabinet de travail pour votre examen, et je vous promets d'être aussi attentive à vous écouter, aussi impitoyable à vous reprendre, que si j'avais dormi le mieux du monde.

Ce disant, elle entraîna gaiement son élève à travers le long corridor. Madame Pivolet, en les regardant s'éloigner, marmottait entre ses dents :

— Ah! tu ne te plains pas, la belle Anglaise! ah! tu fais la fière! ah! tu as de la patience! Bon! bon! tu n'es pas au bout de ton rouleau.

XI

Trois mois environ se sont passés depuis l'arrivée de miss Mary au château de Morville. Le père d'Alphonsine est assis, rêveur, dans un petit salon, attendant l'heure du déjeuner; l'expression de légère souffrance habituelle à sa physionomie, d'ailleurs si ouverte, s'est compliquée d'une sorte de contrainte lorsqu'il se trouve au milieu de sa famille. Seul, et ne subissant pas cette contrainte (c'est dans un de ces rares moments que nous le présentons au lecteur), M. de Morville semble profondément attristé. Il feuillette machinalement un album et murmure ces mots avec un accent de profonde amertume :

— Est-ce possible! à quarante-cinq ans!... moi, père de famille... moi, homme de cœur et d'honneur, après tout... oui, et je n'y faillirai jamais. De cela, l'honneur... heureusement, je peux répondre... C'est ma force.

Puis, haussant les épaules, il ajouta :

— Répondre de soi! audacieuse prétention! Il y a trois mois, aurais-je eu assez d'indignation, ou plutôt assez de railleries pour celui qui m'eût dit qu'aujourd'hui, à mon âge... Ah! je suis bien coupable ou bien fou; oui, fou peut-être, mais coupable, de quoi? Ce secret ne doit-il pas à jamais demeurer enseveli au plus profond de mon cœur? Ah! je mourrais de honte si jamais ma femme, ma fille, et surtout miss Mary, pouvaient deviner mon secret! Non, non! oh! ce serait la plus terrible punition que le ciel pût m'infliger! Me punir! eh! qu'ai-je fait, grand Dieu! quel est mon crime? Est-ce ma faute si je vois, si j'entends, si j'admire, si je suis reconnaissant? est-ce ma faute si une fatalité terrible me force à cette dangereuse intimité de tous les instants? est-ce ma faute si je vois ma fille, ma fille idolâtrée, grandir en talents, en savoir? si son caractère et son esprit gagnent chaque jour en grâces, en élévation, en délicatesse? est-ce ma faute si je vois avec ravissement les adorables qualités de mon enfant de plus en plus développées par une influence aussi éclairée, aussi ferme qu'elle est douce et charmante? Puis-je m'empêcher enfin de vouer une vive et tendre reconnaissance à celle-là qui me rend mon cœur de père si heureux, si fier? Non, non, le contraire de ce que je ressens serait une odieuse ingratitude. Non, je ne suis ni fou ni coupable, je suis juste. Non, je n'ai pas à rougir de mes sentiments; je me trompe, je m'abuse sur leur tendance, rien de plus. Ah! c'est le cœur d'un père qui bat dans ma poitrine!

Et à cette pensée, le nuage qui assombrissait les traits de M. de Morville s'éclaircit pendant un moment ; mais retombant bientôt dans son accablement, le père d'Alphonsine reprit avec un redoublement d'amertume :

— Si ma reconnaissance est paternelle et sainte, d'où vient donc qu'elle me pèse comme un remords? Pourquoi chez moi ce trouble, cette réserve, cette gêne, en présence de ma femme et de ma fille? Pourquoi ces rêveries, ces distractions involontaires, que je puis heureusement expliquer par les suites de mon état souvent maladif, dont ma femme et ma fille ignorent depuis tant d'années la gravité, grâce à mes précautions et à mon empire sur moi-même? Pourquoi ce besoin croissant de solitude?... Triste solitude, que je cherche pour y souffrir sans contrainte!... Et cependant je me sens pour ma femme aussi aimant, aussi dévoué que par le passé. Ah! c'est un abîme, un abîme que mon cœur!

M. de Morville, entendant la voix de sa femme, qui entrait en ce moment dans le salon, tressaillit, se leva, et tâcha de reprendre sa physionomie habituelle.

— Je vous répète, madame Pivolet, — disait madame de Morville à la femme de charge qui la suivait, — je vous répète que vous n'avez pas le sens commun, selon votre habitude, et que de pareilles absurdités peuvent amener des résultats déplorables. J'en fais juge M. de Morville.

— Mais, madame, il est inutile de dire à monsieur...

— C'est fort utile, au contraire; car il vous tancera d'importance pour cette nouvelle extravagance. Il ne vous manquait plus que celle-là !

— De quoi s'agit-il, ma chère Louise? — demanda M. de Morville.

— Mon ami, je traversais tout à l'heure la cour de la ferme; je vois madame Pivolet en conférence très animée avec le père Chênot.

— Le vieux berger?

— Justement; et je l'entends dire à madame Pivolet, qu'il contemplait avec un respectueux ébahissement : « Ainsi, par ce moyen, le sort que l'on a jeté à la mère Chênot sera détruit? — Certainement, et j'en mettrais la main au feu, » répond madame Pivolet.

— Madame... je vais vous expliquer...

— Faites-moi la grâce de me laisser parler, madame Pivolet; je tiens à instruire M. de Morville de cette nouvelle et dangereuse folie.

— Madame... permettez... j'ai ouï dire à ma grand'mère...

— Taisez-vous! — reprit sèchement M. de Morville.

— « De quoi s'agit-il donc, père Chênot? ai-je demandé au vieux berger, » reprit madame de Morville. « Figurez-vous, madame, m'a-t-il répondu, que ma pauvre femme est alitée depuis tantôt un an; elle ne peut point bouger; elle serait attachée dans son lit avec des cordes, qu'elle ne *mouverait* pas davantage. Je lui ai donné les drogues que je donne à mes brebis malades... rien n'y fait! Madame Pivolet m'a demandé tout à l'heure des nouvelles de ma pauvre femme; je lui ai répondu qu'elle avait un mal où l'on ne pouvait rien connaître, puisque je n'y connaissais rien. »

— Alors, moi, — s'écria impétueusement madame Pivolet, — moi, j'ai dit au père Chênot... et je ne m'en cache pas, j'ai le courage de mon opinion, et j'en serais au besoin le martyr, oui, le martyr!...

— Finirez-vous! — reprit M. de Morville avec impatience; — allez-vous recommencer vos sottes exagérations?

— Monsieur, je n'exagère pas, Dieu m'en garde! Voici tout simplement ce que j'ai dit au vieux berger : « Père Chênot, puisque la mère Chênot est malade d'un mal que personne ne connaît, il se pourrait bien qu'on lui ait jeté un *sort*. Il y a des personnes malfaisantes, qui n'ont pas l'air d'y toucher, qui ne vous connaissent pas, et qui pourtant ont le pouvoir de vous jeter des sorts ; on les appelle, ces malfaisantes personnes, des sorcières. »

— Comment ! — s'écria M. de Morville, — vous avez été assez absurde ou assez méchante pour mettre de pareilles idées dans l'esprit de ce pauvre homme?

— De grâce, mon ami, — reprit madame de Morville, — écoute jusqu'au bout. Tu verras à quel point cette nouvelle extravagance pourrait être fâcheuse.

— La vérité, madame, n'est jamais fâcheuse, — dit madame Pivolet ; — j'ai ouï dire à ma grand'mère, la vénérable femme qu'elle était, que sa mère avait vu brûler une vraie sorcière, d'autant plus scélérate qu'elle était belle. Elle allait tous les vendredis au sabbat, à cheval sur un grand manche à balai, à seule fin de pouvoir jeter des sorts affreux sur les bêtes et les gens de la contrée, en remercîment de quoi on l'a fait rôtir, cette maudite ! et c'était joliment bien fait ! Enfin, dans ce pays même, oui, monsieur, dans ce pays même où nous sommes, vous le savez comme moi (et cette révélation a été un trait de lumière pour le pauvre père Chênot, qui est un des anciens de la commune)... il y a, touchant le parc, ce n'est pas moi qui invente cela, il y a un étang qui s'appelle encore l'*Étang de la Femme fouettée*, autre sorcière à qui l'on a administré cette correction après lui avoir fait faire deux ou trois bons plongeons dans l'étang pour lui apprendre à jeter des sorts sur les bêtes et sur les gens. C'est de l'histoire, cela, monsieur. J'ai donc dit tout bonnement au père Chênot : « Il faut que quelqu'un ait jeté un sort à la mère Chênot. Vous n'avez qu'une chose à faire : prendre un gros crapaud pendant la pleine lune, lui attacher les pattes de derrière avec sept brins de chanvre, lui planter dans le dos sept épingles en croix, le mettre sur une pelle rouge, et faire sept fois le tour de votre cabane, en criant sept fois : *Barrabas !* Vous êtes sûr que la mère Chênot sera délivrée du sort qu'on lui a jeté, et vous la verrez trotter comme un lapin; sinon, c'est qu'on lui aura jeté un sort de premier acabit, et alors nous verrons. »

— En vérité, cette créature ne sait qu'inventer pour se rendre de plus en plus insupportable! — s'écria M. de Morville en regardant sa femme.

Puis, se retournant vers madame Pivolet :

— Vous voulez donc lasser ma patience? Vous voulez donc absolument que je vous chasse de cette maison?

— Me chasser! m'exiler à l'étranger! Mon Dieu! parce que, par bon cœur, je tâche de guérir la pauvre mère Chênot!

— Sortez! — s'écria M. de Morville, — sortez! Vous êtes une misérable folle! Allez à l'instant dire à Jacques de monter à cheval; il se rendra au bourg et priera le médecin de venir ici. Je lui dirai votre nouvelle extravagance, afin qu'en allant visiter cette pauvre femme, qu'il soignera désormais, il la rassure, ainsi que son mari, et lui démontre, en la guérissant, la sottise de vos impostures.

— Monsieur, en mon âme et conscience, je crois que le docteur y perdra son latin, tandis qu'un gros crapaud...

M. de Morville interrompit madame Pivolet en lui indiquant la porte d'un geste si impérieux que la femme de charge s'esquiva promptement.

— Tu as raison, Louise, — reprit M. de Morville, — rien de plus dangereux que de répandre de telles absurdités dans ces esprits ignorants et crédules. Il en peut résulter des colères d'un aveuglement brutal.

— Heureusement, tu as pris un excellent moyen de couper court à ces extravagances. Notre médecin, par la guérison de cette pauvre femme, fera justice des stupides imaginations de la Pivolet. Allons, mon ami, que cette nouvelle divagation de cette folle ne t'affecte pas outre mesure. Tu sembles soucieux?

— Non, mais cette folle m'impatiente, m'irrite au dernier point, et je ne sais qui me tient de me débarrasser d'elle.

— Au fond, elle est bonne femme et très fidèle ; elle adore Alphonsine, et notre chère enfant la regretterait. Ne pensons donc plus à cela, et tiens, — ajouta en souriant madame de Morville, — au risque de te paraître *un peu Pivolet*, ou de chercher à l'excuser, je t'avouerai tout bas que je suis presque comme elle. Oui, moi-même, je crois aux magiciennes !

— Que veux-tu dire?

— Oh! mais aux bonnes magiciennes! ou, si tu le préfères, et c'est moins vulgaire, je crois aux bons génies, aux bons anges.

— Aux bons anges?

— Miss Mary, par exemple.

— Eh bien, Louise?

— N'est-ce pas un bon génie, un bon ange, une bonne magicienne, enfin? Ne m'a-t-elle pas jeté un *sort?* N'a-t-elle pas fait de moi, autrefois mère jalouse, la mère la plus raisonnable, la plus sage que tu connaisses? Certainement, car depuis que nous avons le bonheur d'avoir auprès de nous cette charmante jeune personne, m'as-tu vue une fois, une seule fois, me montrer jalouse de l'affection toujours croissante qu'Alphonsine lui témoigne? me montrer jalouse, toujours pour Alphonsine, de la rare beauté de miss Mary? En un mot, sauf un petit retour de mauvaise humeur à propos de la manière dont ton oncle impitoyable a fait recevoir à la Botardière notre pauvre Alphonsine, qui était allée lui souhaiter sa fête, m'as-tu entendue faire la moindre allusion à la perte de cet héritage... perte considérable pour nos enfants, après tout? Non, n'est-ce pas? Aussi te dis-je que miss Mary m'a ensorcelée! C'est le bon génie de la maison... je ne me reconnais plus moi-même. Ses talents si remarquables, dont je craignais d'être envieuse, je les admire, je les aime, parce que notre fille en profite merveilleusement; car, en vérité, mon ami, avoue-le, les progrès d'Alphonsine en toutes choses sont extraordinaires, inconcevables.

— Inconcevables.

— Comme tu dis cela froidement!

— Mais non.

— Mais si, et à ce propos, mon ami, je ne te trouve pas juste envers miss Mary.

— Moi?

— Oui, depuis quelque temps, tu sembles contraint, gêné en sa présence.

— Pas le moins du monde.

— Oh! j'ai de bons yeux. Enfin, lorsque nous la voyons dessiner, ou que nous l'entendons chanter, lors des leçons qu'elle donne à Alphonsine, il n'y a que moi et cette chère enfant, il faut lui rendre cette justice, il n'y a que nous deux qui trouvions toujours à louanger miss Mary. Toi, tu restes dans ton coin, applaudissant seulement du bout des lèvres.

— C'est que je crains, ma chère Louise, connaissant miss Mary d'une extrême modestie, de l'embarrasser par mes louanges.

— Elle doit alors nous trouver, Alphonsine et moi, bien mal élevées, — reprit en riant madame de Morville, — car nos éloges ne tarissent pas.

— Il y a, tu le comprends, chère amie, une certaine différence entre des éloges donnés par des femmes et des éloges donnés... par un homme.

— Un homme! — reprit madame de Morville en riant aux éclats. — Est-ce que tu es un homme pour miss Mary?... Est-ce qu'un père est un homme?

M. de Morville rougit malgré lui; il allait répondre avec un redoublement d'embarras, lorsque Alphonsine entra dans le salon, tenant à la main plusieurs lettres.

— Le facteur ! — s'écria gaiement Alphonsine en distribuant tour à tour les lettres qu'elle tenait à la main ; — une pour toi, maman... elle est timbrée de Saint-Cyr... C'est sans doute de la part de madame de Noirfeuille. Une de Paris, pour toi, mon père... Une autre, encore de Paris... Mais celle-là, je la garde ; elle est de mon cher et gentil frère Gérard... Celle-ci, encore pour toi, mon père... elle vient du château de la Botardière... Mon oncle t'exprime sans doute son regret de ne s'être pas trouvé chez lui lorsque je me suis présentée pour lui souhaiter sa fête. Enfin, cette dernière lettre d'Angleterre est pour miss Mary ; je cours la lui porter... Elle est toujours si heureuse de recevoir des nouvelles de sa famille ! Puis, je lirai ma lettre... Ce cher Gérard, qu'il est gentil de m'avoir écrit !

Et Alphonsine courut en hâte rejoindre son institutrice pour lui remettre la lettre d'Angleterre.

M. et madame de Morville suivirent des yeux la course légère de leur fille. Lorsqu'elle eut disparu, M. de Morville, rompant le cachet de la lettre timbrée de la Botardière, dit à sa femme :

— Voyons comment mon oncle explique et excuse son cruel manque d'égards envers Alphonsine, qui accomplissait un devoir en se rendant près de lui le jour de sa fête.

Et M. de Morville lut ce qui suit :

« Mon neveu (vous pensez bien que ces mots ne sont là que de par votre droit de naissance, puisque je ne puis malheureusement faire que vous ne soyez pas le fils de ma sœur), je ne vais pas chez vous, parce que chez vous je rencontrerais :

» 1° Une *insulte vivante* (l'aventurière de qui les godelureaux, pendant ce damné voyage, ont osé faire de mes cheveux blancs et du noble nom de la Botardière un sujet d'insolente risée) ;

» 2° Parce que chez vous je rencontrerais un *danger* (ce Robert qui, par ses indécentes fusillades, a effrayé Roncevaux, dans la malicieuse préméditation de me faire casser le cou).

» Sachez donc bien, mon neveu, qu'en vous privant de ma présence, je n'ai pas du tout voulu vous engager, vous ou les vôtres, à venir chez moi; si vous vous étiez présenté, j'avais donné l'ordre de ne pas vous recevoir. Il y aurait du moins quelque courage de votre part à venir affronter ce refus; vous avez mieux aimé envoyer votre fille (que la coureuse en question a sans doute déjà complétement pervertie) pour me pateliner, sous le prétexte de fêter en ma personne *saint Joséphin,* mon patron, mais dans le but réel et insidieux de flairer mon héritage.

» Je ne vous cache pas que je suis révolté de ces circonvolutions intéressées autour de ma personne. La loi a des noms pour prévoir et punir lesdites circonvolutions hypocrites à l'endroit des parents riches. Je vous avertis, d'ailleurs, que j'ai fait mon testament; il commence par ces mots :

« Je déshérite mon neveu Adolphe de Morville, ses hoirs et
» ayants droit, de tout ce que la loi me permet de leur ôter,
» déclarant d'avance que si, par un codicille subséquent, je
» venais à lui léguer quelque chose, ce legs serait nul de plein
» droit, ne pouvant être que l'effet des manœuvres que le Code
» définit *captation.* »

» *N. B.* Je vous préviens encore qu'aux vacances prochaines, je défends à Gérard, dont je connais les habitudes braconnières et peu respectueuses (tel père, tel fils), de chasser sur mes terres; mes gardes ont reçu les ordres les plus sévères à cet effet; je n'entends point du tout que, sous prétexte de *népotisme,* on insulte à mes cheveux blancs en tuant mes perdreaux et mes lièvres.

» Adieu. Je continue à être (contre mon gré) votre oncle.

» Odoard-Joséphin de la Botardière. »

M. de Morville jeta la lettre sur la table en disant :

— Heureusement, tout cela est assez ridicule pour n'être pas odieux; espérons que nos autres lettres nous feront oublier ce triste bourru.

M. et madame de Morville décachetèrent chacun la lettre qui lui était adressée. Madame de Morville, après avoir lu la sienne, qui n'était qu'un simple billet, resta pensive, tandis que son mari achevait de son côté sa lecture.

Lorsqu'il eut terminé, sa femme s'approcha de lui :

— Mon ami, — lui dit-elle, — Alphonsine avait raison, cette lettre est de madame de Noirfeuille, c'est une invitation. Il doit y avoir à Saint-Cyr, à la fin de la semaine, grande chasse à courre, comédie, bal; trois jours entiers qui ne seront qu'une suite de divertissements et de fêtes.

— Eh bien, Louise, il faut y aller.

— Sans toi?

— Tu sais que l'automne n'est jamais très favorable à ma santé. Aussi, dans cette saison, je crains toujours un déplacement, un changement d'habitudes.

— Mon ami, j'y suis bien décidée, je ne veux plus aller ainsi seule dans le monde, chez nos voisins. C'était bon du temps de ma jalousie contre cette pauvre mademoiselle Lagrange, je cherchais à m'étourdir; mais aujourd'hui je suis si complétement heureuse, que je n'ai plus besoin de distractions.

— Louise, veux-tu me laisser le regret de te priver de plaisirs que tu aimes, d'entretenir avec des parents, des amis, des relations qu'une retraite absolue refroidit toujours quand elle ne les détruit pas? Mon amie, je t'en prie, tu m'épargneras un chagrin en allant chez madame de Noirfeuille passer ces trois journées, auxquelles j'assisterai ensuite par tes récits.

— Écoute, mon ami : depuis le départ de mademoiselle Lagrange, Alphonsine couche près de moi; chaque soir, je rentre en possession de ma fille; c'est ainsi que par le bon génie de miss Mary, car elle a été au moins autant mon institutrice que celle d'Alphonsine, je me suis guérie de ma jalousie. Aussi m'en coûterait-il trop de me séparer de ma chère enfant.

— Il ne s'agit que d'une séparation de trois jours. Pendant ton absence, Alphonsine reprendra son ancienne chambre près de miss Mary.

— Vraiment, je préférerais ne pas aller à cette fête.

— Louise, n'exagérons rien. Il y a trois mois, quand tu ne voulais plus d'institutrice entre ta fille et toi, je cédais à ton désir malgré moi, certain que la tâche dont tu voulais te charger serait au-dessus de tes forces. Heureusement, miss Mary est venue. Depuis trois mois tu n'as pas un seul jour quitté ta fille; aujourd'hui, le monde, dont tu es si aimée, te réclame. Pourquoi refuser cette invitation?

— Tu veux que je l'accepte? — dit en riant madame de Morville, — prends garde! — je suis capable de m'amuser beaucoup, mais beaucoup, à Noirfeuille. Tu sais avec quelle cordialité nous y sommes toujours reçus.

— Et c'est pour cela que je te prie, et qu'au besoin, — ajouta M. de Morville en souriant, — je t'ordonne de ne pas manquer cette occasion de te divertir un peu.

— Tu le veux?

— Je l'exige.

— J'obéirai, *tyran* que tu es! Mais quelle est cette lettre que tu viens de lire, et dont tu ne parais pas satisfait?

— C'est presque une mauvaise nouvelle à t'apprendre.

— Quoi donc?

— Un projet dont nous avions souvent et depuis longtemps espéré la réussite.

— Ce projet de mariage avec M. de Favrolle?

— Il faut y renoncer.

— Ce serait regrettable. Mais quelle est la cause de ce changement ?

— Tiens, lis.

Madame de Morville prit la lettre et regarda avec un empressement inquiet la signature ; elle était de M. de Favrolle, ancien colonel du régiment où avait servi M. de Morville.

— Est-il donc arrivé quelque malheur dans cette famille, mon ami ?

— Non, grâce au ciel ! Mais lis.

Madame de Morville lut à mi-voix la lettre qui suit :

« Mon vieux camarade, je n'écris ni souvent ni longuement, tu le sais ; le plus beau modèle d'éloquence m'a toujours paru le rapport d'un chef de poste qui écrit sur sa feuille : *Néant*; mais, malgré mes principes de rhétorique et ma paresse, je t'écrirai au moins une page. Tu vas voir qu'entre gens d'honneur la chose en vaut la peine.

» Te rappelles-tu un de ces châteaux en Espagne comme en font ces bonshommes de pères ? — *Tu as un fils ? — Tu as une fille ? — Marions-les. — Ça va !*

» Eh bien, pas du tout, mon vieux camarade, *ça ne va plus*. Voici la seconde fois que mon diable de Théodore me désoriente complétement. Autrefois il n'avait pas voulu entrer à l'école militaire. Pour lui, enfant de la balle, c'était pourtant une assez belle carrière que l'état d'officier. Enfin, j'ai pris mon parti, réfléchissant qu'après tout, mon fils resterait près de moi. D'ailleurs il n'était pas oisif : il aimait les arts ; il barbouillait des paysages, des figures, et de plus il était gai comme un *rapin* ; j'aimais tout ça. Il m'a demandé, il y a un an, à aller étudier l'école hollandaise avec un de ses camarades ; rien de mieux. Mais à son retour, quel désappointement !

Je crois, le diable m'emporte! que l'on m'a changé mon fils en Hollande; je ne le reconnais plus! Il ne rit plus, il ne parle plus, et du soir au matin il charbonne des têtes de femme, sous prétexte de *Vénus*, de *Diane* et autres divinités. J'ai tort de dire des têtes, c'est toujours la même figure : aujourd'hui de face, demain de profil, après-demain de trois quarts, et ainsi de suite. Il n'en sort pas; je ne peux pas dire qu'elle soit laide, cette tête, tant s'en faut, mais elle finit par me devenir insupportable. En un mot, je crois ce garçon amoureux fou : de qui? me demanderas-tu, mon vieux camarade. A cela, je te répondrai qu'un de ses amis m'a affirmé que le malheureux, à son retour de Hollande, s'était affolé d'une grisette du quartier latin. Tu comprends que là-dessus j'ai fait à mon fils de la morale de régiment, je l'ai trouvé muet comme un tambour crevé; j'ai voulu opérer une habile diversion en lui parlant de nos projets de mariage avec ta fille. Pitoyable manœuvre, mon vieux camarade! repoussé avec une horrible perte! Il s'est barricadé dans un refus inabordable et insurmontable.

» Or, je me vois forcé de te donner avis de ma route, afin que tu disposes de ta fille. Décidément, elle mérite mieux que mon maniaque! Il y a des instants où, vraiment, je l'enverrais à tous les diables, si ce n'était au fond le meilleur garçon du monde, et si, malgré moi, je n'avais pitié de lui en le voyant si triste et si changé. Ainsi donc, il nous faut renoncer, mon vieux camarade, à l'espoir d'être tous deux grands-pères le même jour; c'est dommage! ça m'aurait amusé de t'embrasser en te disant : *Grand-papa!*

» Adieu! il faut que je t'aime beaucoup et que je sois fièrement honteux de mon fils pour t'avoir dévidé un pareil écheveau. Si par hasard tu avais parlé de moi à ta femme, dis-lui que je suis son très humble serviteur. Donne-moi ta main, je la secoue comme un vieux de la Bidassoa. »

— Tu le vois, — reprit M. de Morville, — il nous faut renoncer à ce mariage, et j'en suis désolé.

— Cette rupture est sans doute regrettable, mon ami. Cependant, je m'en console presque en songeant qu'après des projets arrêtés, nous aurions pu, ensuite de quelques entrevues du fils de M. de Favrolle et d'Alphonsine, nous trouver dans une position plus désagréable encore.

— Comment cela?

— Est-ce que tu n'aurais pas pu être obligé d'écrire à M. de Favrolle : « Décidément, mon cher ami, ton fils ne plaît pas à ma fille, et comme le bonheur d'Alphonsine doit passer avant tout, je te prie de rappeler Théodore et de supposer que nous n'avons jamais souri à ce mariage. » Aurais-tu préféré que la rupture vînt de notre part?

— Non, — reprit M. de Morville en réfléchissant, — et peut-être vaut-il mieux que les choses se soient ainsi passées.

Nous laisserons madame de Morville achever de consoler son mari de cette contrariété, et nous suivrons Alphonsine, qui va lire la lettre de Gérard, ce jeune frère, rhétoricien de Louis le Grand, que nous ne connaissons pas encore. La correspondance de ces deux jeunes gens était un naïf échange de leurs sentiments, et se bornait aux nouvelles du cercle étroit au milieu duquel ils vivaient, l'un au collége, l'autre au château de Morville.

. . . .

« ... Réellement, ma chère Alphonsine, écrivait Gérard, tu me fais envie avec ta gaieté folle qui s'amuse de tout; je n'aurais jamais cru que la seule année qui sépare nos naissances pût amener un jour tant de différence dans nos manières de voir. Tu en es encore à de vrais enfantillages, tandis que la raison me vient chaque jour, et chaque jour ma pensée m'emporte bien loin du collége. Au milieu de ces devoirs insipides, de ces grandes phrases calquées sur les auteurs des temps passés qui ne m'inspirent qu'un médiocre enthousiasme, je songe presque malgré moi à l'avenir, à la position que je prendrai dans le monde. Il y a quelque chose en moi qui devient de plus en plus discordant avec ce qu'on dit, avec ce qu'on fait ici; les jeux auxquels je me livrais avec passion me font pitié; je passerais mes récréations tout seul, si de temps en temps je ne prenais part à des entretiens sérieux qu'ont entre eux quelques élèves de philosophie. (J'entrerai l'année prochaine en philosophie.) Excuse cette parenthèse à la... *la Botardière*.

» Tu es bien heureuse, toi, Alphonsine, avec ta miss Mary, qui donne tant d'intérêt à tes travaux ! Moi, je ne trouve, parmi nos professeurs et nos maîtres, personne qui puisse lui être comparé; combien je serais curieux de la connaître ! Ne t'imagine pas, cependant, que je croie à la ressemblance du portrait que tu me traces d'elle; dans tes lettres, il a toute l'exagération d'une *petite fille* enthousiaste de sa maîtresse d'école; tu ne connais qu'elle, et faute d'avoir réfléchi sur le monde, tu la doues de toutes les perfections; du reste, je jugerai de tout cela par moi-même, et nous verrons bien !... Tu devrais décider notre bon père à ne pas me laisser ici toute l'année; il me semble que sous la direction de mon père, et avec le secours de sa bibliothèque, je travaillerais plus fructueusement qu'au collége; tâche donc que l'on me rappelle près de vous le plus tôt possible.

» Embrasse bien pour moi mon père et ma mère, et dis bonjour à Pivolet. Mon grand-oncle la Botardière *rage*-t-il toujours ?

» *P. S.* Tu ne te moqueras plus de ma voix rauque qui ne pouvait ni monter ni descendre : mon maître m'a déclaré que j'avais un franc *baryton*, et que je pourrais chanter les parties écrites pour Tamburini. »

Alphonsine fit peu attention à la teinte mélancolique qui commençait à poindre dans la correspondance de son frère; elle prit seulement note des partitions qu'elle devait demander à Paris, se faisant une joie de pouvoir bientôt chanter avec Gérard.

Nous achèverons d'épuiser la correspondance apportée ce jour-là au château de Morville, en allant dans la chambre de miss Mary.

Elle est assise près de sa table à écrire, son beau front appuyé sur ses deux mains. Elle regarde une lettre ouverte placée sur son bureau. Elle pleure silencieusement.

Cette lettre de Henri Douglas, alors dans l'Inde, où il servait comme officier d'artillerie, a été envoyée par lui à madame Lawson; celle-ci, respectant la correspondance des deux fiancés, a envoyé à sa fille cette missive, qui s'est ainsi croisée avec celle que miss Mary, le lendemain de son arrivée au château de Morville, avait écrite à Henri Douglas.

Tel est le contenu de cette lettre :

« Chère miss Mary, votre lettre m'a cruellement affligé. Quoi ! votre digne et honoré père a été obligé de vendre Lawson-Cottage, où je vous ai vue si heureuse, et d'occuper un modeste emploi pour faire vivre sa famille ! Au moment où il touchait à l'âge du repos, le voici donc forcé de chercher ses seules ressources dans un travail insuffisant peut-être aux besoins de ceux qu'il aime et qu'il doit protéger !

» Votre détermination d'accepter les fonctions d'institutrice pour venir de votre côté en aide à votre famille m'a profondément touché; c'est une courageuse pensée; j'ai reconnu là votre cœur et votre caractère. Cette fois encore, je vous dis du fond de l'âme : — Miss Mary, je suis content, je suis fier de vous !

» Cependant, je dois vous parler avec mon habituelle sincérité, chère miss Mary. C'est une position très délicate que celle d'une *institutrice*, lorsqu'elle réunit, comme vous, les charmes de la figure à ceux de l'esprit et des talents.

» A Dieu ne plaise que je veuille vous effrayer, vous décourager! mais je vous dois la vérité. Certain de votre fermeté, de votre droiture, je vous signale les écueils, vous les éviterez quand vous les connaîtrez. J'ignore encore quelles sont les personnes auprès desquelles vous êtes appelée à vivre : votre première lettre me renseignera sans doute sur ce point. Quoi qu'il en soit, et sans préjuger ce qui ne serait qu'une rare et providentielle exception, je vous dois dire d'avance, chère miss Mary, quelles sont, *ordinairement*, les conséquences de la situation toute particulière où se trouve l'institutrice au milieu de la famille où elle est admise; je me fais, en cette occasion, *pessimiste;* vous devinez pourquoi.

» L'un des dangers de votre nouvelle position, qui vous semblera puéril et me semble à moi fort grave, est celui-ci :

» Vous aurez sans doute à vivre entre la jalousie des serviteurs de la maison, et, sinon le dédain, du moins la supériorité relative des maîtres; les premiers, ne comprenant pas alors vos mérites, se révolteront du service qu'on leur impose à votre égard, quand vous n'avez pas le droit de les commander, c'est-à-dire de les payer. Les maîtres, s'ils vous reconnaissent des qualités brillantes, en feront montre avec orgueil, sans vous accorder un degré de plus de considération : ils vous croiront suffisamment rémunérée par vos appointements. Je redouterais peut-être davantage pour vous l'animosité des serviteurs que la fierté des maîtres : *il n'est pas de petits ennemis;* puis il est des humiliations incessantes, mais parties de si bas que l'on est obligé de les souffrir en silence, si douloureuses qu'elles soient.

» Digne sans hauteur, affectueuse sans familiarité, réservée sans froideur, tenez-vous donc strictement renfermée dans l'accomplissement rigoureux de vos devoirs; isolez-vous d'abord prudemment au milieu de la famille où vous entrerez; votre franchise et votre bonté vous porteraient, dès les premiers jours, à la considérer comme votre propre famille : vous pourriez éprouver des mécomptes cruels pour un cœur comme le vôtre.

» Cette défiance est pénible, je le sais; elle créera une sorte de vide autour de vous, mais elle est nécessaire.

» Si enfin, pour comble de malheur, vous ne vous sentiez pas prise d'une grande tendresse pour l'enfant qui vous sera confiée, si les douceurs de cette maternité intellectuelle ne compensaient pas les mille contrariétés, les amers chagrins que vous aurez peut-être à subir, n'hésitez pas, chère miss Mary, quittez une maison où vous seriez entrée sous de si tristes auspices; votre existence deviendrait insupportable.

» Il est un autre grave danger que je dois aussi vous signaler : à moins que la mère de votre élève n'ait pas d'autre enfant, et qu'elle soit veuve, vous devrez vivre dans l'intimité d'une famille peut-être nombreuse; vous aurez alors des relations journalières avec les parents de la jeune fille à qui vous consacrerez vos soins. Il n'est pas impossible que quelques-uns de ces hommes, spéculant sur votre isolement au milieu d'un monde où vous serez toujours traitée en étrangère, vous regardent comme une proie dévolue à leurs caprices par l'abandon ou par l'ennui où ils vous croiront plongée; ils ne s'inquiéteront pas de savoir si votre foi est promise, si votre cœur est pur; ils vous verront seule, sans appui; ils se plairont à vous supposer navrée de l'infériorité de votre condition; ils s'imagineront faire une *œuvre charitable* en vous offrant pour consolation leurs hommages séducteurs; peut-être même, s'ils sont plus pervertis encore, régleront-ils leur audace sur la triste nécessité où vous êtes de garder une place que vous perdriez en révélant leurs poursuites!...

» Tels peuvent être les dangers de votre nouvelle situation, chère miss Mary. Je n'ai pas craint de rembrunir le tableau, voici pourquoi :

» Si vous avez le bonheur de rencontrer une famille capable de vous apprécier, pauvre chère âme, et il est de ces cœurs d'élite, votre reconnaissance pour eux sera d'autant plus vive que vos appréhensions auront été plus grandes.

» Si, au contraire, vous devez être exposée à d'indignes obsessions, vous serez du moins prévenue des périls que je vous signale, et votre ignorance des mauvaises passions du monde vous eût caché le danger peut-être jusqu'au jour où votre fierté eût été profondément blessée.

» Maintenant, chère miss Mary, quelques mots sur ce qui me regarde : je me crois, je me sens aussi engagé envers vous, aujourd'hui que la ruine a frappé sir Robert Lawson, votre père, que lorsqu'il possédait Lawson-Cottage et ses belles prairies. Notre mariage est convenu entre nos parents; nous sommes fiancés. Rien n'est changé dans ma résolution, rien ne doit être changé dans la vôtre. J'honore trop mon père pour me permettre seulement de supposer qu'il voie maintenant le moindre obstacle à notre union. J'ai toujours respecté son autorité, parce qu'il m'a toujours commandé ce qui était juste; je suis encore tout prêt à lui obéir avec joie, lorsqu'il me dira : — Mon fils Henri, épousez la fille de cet honnête homme qui a sacrifié sa fortune à l'amitié et à l'honneur; soyez fier d'entrer dans une si noble famille !

» Mon père m'a commandé de ne retourner en Europe que lorsque j'aurais le grade de commandant d'artillerie. Je reste ici afin de mériter cet avancement; dès que je l'aurai obtenu, j'irai demander à votre père l'autorisation d'aller vous chercher dans la famille où vous serez institutrice.

» Ne tombez donc plus dans cette faute de raisonnement dont je suis étonné, sachant la solidité de votre esprit : ne croyez donc plus qu'un *honnête homme*, fiancé d'une *honnête jeune fille* qu'il aime non moins tendrement qu'il en est aimé, puisse jamais reprendre son engagement, sous ce misérable prétexte *qu'elle est devenue pauvre.*

» Adieu, Mary, je vous aime.

» Henri Douglas. »

— Pauvre Henri ! — pensait miss Mary, — quelles auront été sa surprise et sa joie en recevant ma lettre, où je tâchais de lui peindre l'excellente famille auprès de laquelle je vis depuis trois mois ! Combien il reconnaîtra l'injustice de ses appréhensions ! Ah ! pour combler son bonheur, je veux, aujourd'hui même, lui écrire : « Soyez content, cher monsieur Henri, les heureuses espérances de ma première lettre ont été réalisées, dépassées ! L'on m'entoure ici des plus tendres égards, des soins les plus délicats. Chacun s'efforce de me faire oublier que je suis une étrangère dans la famille. M. de Morville, sa femme, sa fille, sont pour moi des parents, des amis. » Seulement, — ajouta l'institutrice en soupirant, — je ne lui dirai pas, à ce cher Henri, que son excellent jugement ne pouvait complétement s'égarer. Hélas ! il y a beaucoup de vrai dans ce qu'il redoutait pour moi de l'animosité de certains serviteurs contre la pauvre institutrice ! Mais Henri, ainsi que tous ceux qui m'aiment, doivent toujours ignorer les larmes amères que je verse souvent ici en secret. Non, il n'est pas de *petits ennemis;* une basse et aveugle méchanceté peut à la longue rendre insupportable une vie en apparence aussi paisible qu'heureuse.

XII

Madame de Morville devait partir ce jour-là pour se rendre à l'invitation de madame de Noirfeuille. Miss Mary, Alphonsine et sa mère, réunies pour le déjeuner dans la salle à manger, s'étonnaient de ce que M. de Morville ne fût pas encore descendu de chez lui.

— Enfin, voilà mon père! — dit Alphonsine en entendant un pas sur l'escalier et se levant pour aller au-devant de M. de Morville lorsqu'il entra. Il était pâle; ses yeux semblaient rougis par des larmes récentes et creusés par la souffrance.

— Qu'as-tu donc, mon ami? — lui dit vivement madame de Morville; — tu as donc été malade cette nuit?

— Moi, Louise? mais non, grâce au ciel! — répondit M. de Morville, en tâchant de sourire et en baisant le front d'Alphonsine. Puis il salua d'une façon amicale miss Mary en passant devant elle, et il s'assit à sa place habituelle pendant que l'on gardait un silence inquiet.

— Que se passe-t-il donc ce matin?— dit M. de Morville avec une gaieté forcée. — On se tait, on se regarde...

— C'est que vraiment, mon ami, — dit avec hésitation madame de Morville, — je te trouve très changé depuis hier soir.

— Allons, décidément, je ne suis plus ni jeune ni vaillant, — répondit M. de Morville en souriant; — je ne puis faire une petite débauche de veillée sans que tout le monde s'en aperçoive. J'avouerai donc un crime que je ne saurais plus cacher. Oui, j'avouerai qu'entraîné par le charme d'une lecture des plus attachantes, et désirant faire quelques extraits de ce livre, je me suis couché fort tard. En vain j'ai cherché à tout réparer ce matin en restant au lit, je n'ai pu dissimuler les traces de mon crime de *lèse-santé*.

Aucune réponse ne suivit d'abord ces paroles, ainsi qu'il arrive lorsque l'on doute de ce qu'on entend. Le silence fut interrompu par madame de Morville.

— Mon ami, — dit-elle, — je ne partirai pas ce soir.

— Ah ! Louise, c'est punir trop sévèrement une imprudence que je ne croyais pas coupable. Quoi ! mon châtiment serait de te priver d'un plaisir !

— Je ne puis consentir à m'éloigner dans l'inquiétude où je suis sur ta santé.

— Aimes-tu mieux rester en me causant un chagrin ? Et d'ailleurs, chère Louise, qui te parle d'emporter une inquiétude ? Il n'est que dix heures, et ce soir tu partiras complétement rassurée, je te le promets; et en tout cas, ne me laisseras-tu pas la plus charmante petite garde-malade que valétudinaire ait jamais rêvée ?

Et il sourit en regardant sa fille, qui vint se jeter à son cou.

— Oh ! mère, — dit Alphonsine, — ne crains rien, je te réponds de lui.

— Et je me déclare guéri d'avance, — reprit M. de Morville.

— Aussi, pour payer ma guérison, je prierai miss Mary de te donner congé jusqu'au dîner, mon enfant; tu aideras ta mère dans ses derniers préparatifs de voyage.

Cette scène avait été observée par miss Mary avec un intérêt mêlé d'inquiétude sur la santé de M. de Morville; car elle aussi était frappée de l'expression de souffrance qu'elle remarquait sur les traits du père d'Alphonsine; mais vers la fin du repas, madame de Morville s'étant laissé convaincre par les instances de son mari, rien ne fut changé aux projets de départ, à la condition toutefois que le mieux dont se félicitait déjà M. de Morville continuerait; et Alphonsine accompagna sa mère chez elle pour l'aider à ses préparatifs de voyage.

Miss Mary, profitant des heures où elle pouvait vivre pour elle-même, alla se promener dans le parc, rêvant à sa famille et à son fiancé, cet homme si loyal, si dévoué, dont elle était séparée par la moitié du monde. Derrière une charmille qu'elle côtoyait, en marchant ainsi pensive, elle crut entendre une toux étouffée; mais, tout entière à ses souvenirs, la jeune fille continua sa promenade. Ayant atteint l'extrémité de l'allée, elle revint sur ses pas de l'autre côté de la charmille; sa marche légère, amortie par l'épaisseur du gazon, ne faisait aucun bruit, de sorte que, sans avoir pu être entendue, elle se trouva en face d'un enfoncement circulaire où se trouvait placé un banc de marbre; là elle vit avec effroi M. de Morville à demi étendu et pressant sur sa bouche un mouchoir trempé de sang.

Miss Mary allait pousser un cri; mais M. de Morville, s'élançant vers elle, lui prit le bras en disant à demi-voix :

— Silence! au nom du ciel!

— Mais il vous faut du secours, monsieur!

— Gardez-vous d'appeler!...

— Madame de Morville...

— C'est à elle surtout que je veux cacher ce qui m'arrive...

— Ainsi, monsieur, vous l'avez trompée tantôt en vous disant moins souffrant?

— Il y a vingt ans que je la trompe ainsi...

Miss Mary fit encore un mouvement pour aller vers le château; mais M. de Morville, levant sur elle des regards suppliants, lui dit d'une voix affaiblie :

— Par pitié, ne me quittez pas!

Miss Mary, partagée entre la crainte et la commisération,

s'assit à côté de M. de Morville, impuissante à le secourir et péniblement émue en le voyant souffrir.

— Combien de pardons j'ai à vous demander, miss Mary ! — lui dit-il après quelques minutes de silence. — Quel triste spectacle je vous donne ! Mais, je le sens, la crise touche à sa fin. Grâce au ciel ! ce n'est que le résultat, à peu près périodique à cette saison de l'année, d'une blessure reçue il y a longtemps, et à laquelle, vous le voyez, j'ai pris le parti et l'habitude de survivre. Mais remettez-vous, de grâce, du trouble que je vous ai causé.

— Lors même, monsieur, que je pourrais oublier les bontés dont je suis comblée par votre famille, la vue de vos souffrances excuserait mon trouble. Mais d'où vient votre persistance à laisser ignorer à madame de Morville un accident dont les suites peuvent être si graves ?

— J'ai eu le bonheur de pouvoir cacher jusqu'ici à ma femme et à ma fille ces symptômes d'un mal sans danger, je le crois, mais dont la tendresse de ceux que j'aime se serait alarmée. Et puis, que voulez-vous, je ne sais pas de plus triste position que celle d'un homme qui, après avoir sollicité et obtenu l'affection et la main d'une femme, lui donne, en retour, d'incessantes angoisses pour une vie qu'elle croit sans cesse menacée. Cet affreux égoïsme, je ne l'ai pas eu ; non, je n'ai pas eu le courage de condamner une jeune femme à d'incessantes alarmes, et de la retenir ainsi loin d'un monde qui lui plaît et qu'elle charme. Dites, miss Mary, près du fauteuil d'un valétudinaire, quelle vie eût été la vie de madame de Morville et de ma fille ? Chaque matin interroger mes traits pour savoir s'il sera permis de sourire ce jour-là dans la maison ! Non, non, encore une fois, je n'ai pas voulu imposer une telle existence à ma famille. Grâce à mes précautions, à mon empire sur moi-même, j'ai pu leur épargner jusqu'ici la connaissance de ce triste secret. Vous l'avez surpris, miss Mary ; je vous en supplie, ne le révélez pas. Votre pitié pour quelques souffrances passagères jetterait à jamais l'inquiétude dans ces deux cœurs, si tendres, si dévoués pour moi. N'ajoutez pas un remords à mes chagrins.

— Un remords! dites-vous, monsieur?

— Si l'on pénétrait le mystère de ma vie retirée, le monde, si sévère à exiger l'accomplissement des devoirs, dont pourtant il se raille trop souvent, n'accuserait-il pas madame de Morville de dissipation folle, d'indifférence coupable?... Le chagrin de mon isolement s'accroîtrait de tout le blâme que j'aurais attiré sur elle. Aussi, de grâce, je vous le répète, pas un mot sur cet accident, dont les suites n'auront pas de gravité.

Quelle femme n'eût apprécié la délicatesse de cette abnégation? Miss Mary comprenait trop la sainteté de la famille pour cacher son émotion, et M. de Morville aperçut une larme dans les yeux de la jeune fille.

— Vous me plaignez, — lui dit-il d'une voix contenue, en tâchant de sourire. — Vous avez tort de me plaindre, à moins que ce ne soit pour le passé; car si, à l'avenir, j'ai besoin de quelques secours, j'ai du moins, maintenant, quelqu'un à qui je pourrais demander ce secours sans effrayer personne de ma famille. Ainsi, vous me promettez le secret, miss Mary?

— Je vous le promets, monsieur, — répondit l'institutrice d'une voix grave et pénétrée. — Je vous le promets jusqu'à ce que vous m'autorisiez, vous me priiez même, d'instruire madame de Morville de ce secret, que personne plus qu'elle n'a le droit de connaître, car votre réserve à son égard est presque une offense.

— Que dites-vous, miss Mary?

Mais l'institutrice, prêtant l'oreille, ajouta :

— J'entends la voix d'Alphonsine; elle me cherche.

— De grâce, allez au-devant d'elle, miss Mary; qu'elle ne me voie pas dans cet état de faiblesse et de pâleur. N'ayez aucune inquiétude ; cette crise a été douloureuse, mais elle m'a soulagé. Je vous jure que je me sens mieux.

L'institutrice, entendant son élève se rapprocher davantage, la rejoignit et l'emmena d'un côté opposé à la charmille.

M. de Morville avait dit vrai. Il éprouva un soulagement momentané causé par la violence même de la crise dont il avait souffert. Ses traits reprirent peu à peu leur calme habituel, et sa femme, si inquiète le matin, partit dans la soirée complétement rassurée.

Lorsque la voiture eut disparu au tournant de l'avenue du château, M. de Morville embrassa sa fille et remonta chez lui, Alphonsine et son institutrice allèrent reprendre leurs travaux habituels. Ce soir-là, miss Mary fut moins attentive aux questions de son élève : elle écoutait, craignant à chaque instant que quelque bruit d'alarme ne vînt lui annoncer que l'état de M. de Morville empirait. Cet homme, jusqu'alors si bienveillant pour elle, souffrant seul et en secret, de crainte d'inquiéter et d'attrister sa famille, lui inspirait une commisération profonde, presque filiale. Elle pensait à la solitude où il allait vivre durant l'absence de madame de Morville, solitude qui commençait pour lui le soir même de ce jour où il avait tant souffert, où il souffrait peut-être encore, loin de sa fille occupée de ses leçons.

Aussi, interrompant elle-même le travail de son élève, elle lui dit :

— Alphonsine, vous avez dit, ce matin, à votre mère qui hésitait à partir : « Sois tranquille, maman, je veillerai sur mon père ; je te réponds de lui ! » Cette pensée était bonne, pourquoi ne pas l'exécuter ?

— Mon Dieu ! miss Mary, — dit Alphonsine en regardant son institutrice avec anxiété, — est-ce que mon père serait malade ?

— Sans être malade, il est languissant depuis plusieurs jours; le départ de votre mère lui enlève les quelques heures d'intimité dont le soir il jouissait près d'elle; ne pourriez-vous faire demander à M. de Morville s'il lui plairait que vous vinssiez travailler près de lui?

— Vous le permettriez?

— De grand cœur, mon enfant.

— Quelle bonne idée ! — s'écria joyeusement la jeune fille. — Mais vous, miss Mary?

— Moi, naturellement, je vous accompagnerai, pour que nos travaux ne soient pas interrompus.

Quelques instants après, un domestique rapportait de la part de M. de Morville l'acceptation empressée de l'offre qui lui était faite, et Alphonsine procédait à ce qu'elle appelait son *déménagement*, avec cet empressement et cette gaieté qui font à cet âge une fête d'un changement de place. Bientôt l'on fut installé dans le cabinet de M. de Morville, lui au coin du feu, miss Mary en face d'Alphonsine, assise à une table sur laquelle était placée une lampe distribuant aux trois personnes une lumière adoucie par un abat-jour vert.

— Je ne veux pas, miss Mary, — dit M. de Morville en souriant, — troubler Alphonsine et la faire *gronder* : aussi, pendant sa leçon, je vais reprendre le livre avec lequel je comptais passer ma soirée en tête-à-tête; je serai *bien sage*, mais bien heureux, chère enfant, — ajouta-t-il en tendant la main à sa fille, — de te sentir ainsi près de moi.

— Ah! mon père, quelle charmante soirée ! — dit Alphonsine en rangeant son petit *ménage* de travail sur la table et en achevant de s'installer. Puis elle ajouta : — Bon père, dans nos conventions de silence, j'ai oublié de me réserver le droit d'adresser des questions à miss Mary sur mes devoirs. Est-il encore temps de le réclamer?

— Certainement, mon enfant.

— C'est que j'ai justement à interroger miss Mary sur une chose qui m'embarrasse beaucoup.

L'institutrice, afin de procurer une douce distraction à M. de Morville, voulut qu'Alphonsine trouvât elle-même la solution qu'elle cherchait, et la conduisant ainsi de déductions en déductions par d'ingénieux détours, elle lui fit parcourir l'ensemble des connaissances qu'elle avait acquises.

D'abord M. de Morville n'écouta pas; mais bientôt il fut frappé de quelques questions complétement en dehors de la routine des études ordinaires : ce n'était pas ainsi qu'il avait appris; il prêta l'oreille avec une attention croissante. Si miss Mary interrogeait avec habileté, son élève répondait d'une manière nette, précise, éclairée. La mémoire seule ne suggérait pas les réponses d'Alphonsine; son jugement, rempli de sagacité, tenait une large part dans l'appréciation qui suivait toujours le fait en discussion.

M. de Morville, de plus en plus intéressé, se retourna sur son grand fauteuil, pour mieux contempler, dans sa joie et dans son orgueil, cette enfant dont les progrès devenaient si rapides, et qui s'exprimait avec tant de justesse et d'intelligence. Il regardait Alphonsine dans une sorte de doux recueillement; elle n'était ni belle ni même jolie, mais son pur et frais visage était empreint de cette candeur sereine, de cette félicité charmante qui valent la beauté. La jeune fille, pour être plus prompte à la repartie dans la discussion avec son institutrice, s'était levée; sa taille accomplie se dessinait avec avantage; son œil noir, grand et doux, brillait ce soir encore plus vif et plus gai que de coutume; son teint s'était animé d'un léger incarnat, et s'il survenait quelques questions difficiles, la jeune fille, par un mouvement d'une grâce naïve, levait les yeux au plafond, en rejetant en arrière de son front ses longues boucles de cheveux châtains, comme s'ils eussent gêné sa pensée.

M. de Morville, absorbé dans la contemplation de son enfant, oubliait cette contrainte pénible, amère comme un remords, qu'il éprouvait depuis quelque temps en présence de miss Mary; il écoutait Alphonsine avec avidité, s'inquiétant tout bas de la question proposée, triomphant en lui-même de la réponse trouvée; puis, se tournant vers miss Mary, il semblait lui dire du geste et du regard :

— Merci, merci à vous, à qui je dois cette jouissance pour le cœur d'un père.

En ce moment entra madame Pivolet. Elle n'avait pas été prévenue de cette soirée improvisée; aussi éprouva-t-elle une sorte de stupéfaction en voyant miss Mary installée avec Alphonsine dans le cabinet de M. de Morville, qui ne les quittait pas du regard.

La femme de charge avait dans ses attributions le soin de visiter le linge de M. de Morville : l'on ne s'étonnera donc pas de la voir traverser lentement le cabinet pour entrer dans la chambre à coucher.

Lorsque madame Pivolet eut disparu, Alphonsine, ignorante de son triomphe, dit timidement à M. de Morville :

— Mon père, est-ce que j'ai bien répondu?

— A merveille, mon enfant; tu as dépassé toutes mes espérances.

— Que je suis contente! — s'écria la jeune fille en s'élançant dans les bras de miss Mary. — Ah! mon père, — continua-t-elle en restant ainsi gracieusement suspendue au cou de son institutrice et en tournant sa figure rougissante de bonheur vers M. de Morville, — tu ne sais pas que si je t'ai satisfait, c'est à cette chère miss que je le dois : c'est si doux d'apprendre avec elle!... Elle vous fait tout aimer, tout adorer... devoirs, études, piano, dessin, histoire, tout enfin, jusqu'à l'arithmétique! Juge un peu, vous faire adorer l'arithmétique! Que veux-tu! elle vous ferait aimer tout ce qu'elle voudrait; mais aussi, je la défie bien d'empêcher qu'on l'aime!

— Alphonsine, — reprit miss Mary en riant, — ce n'est pas moi qui vous ai appris de pareilles flatteries.

— Ma fille dit tout simplement ce que nous pensons tous, — reprit M. de Morville, qui jusque-là n'avait pas encore parlé à miss Mary.

Il allait ajouter quelques paroles de remercîment, lorsqu'il entendit du bruit à la porte de son cabinet.

— Qui donc est là? — reprit-il étonné.

— C'est Pivolet, — dit Alphonsine; — tu ne l'as pas vue passer tout à l'heure?

— Que faites-vous là, madame Pivolet? — reprit M. de Morville en se retournant vers la porte.

— Monsieur, — répondit la femme de confiance en paraissant, les bras chargés d'une pile de linge, — c'est moi; je m'occupe de mon devoir, je remplis mon devoir.

— Vous pourriez remettre cette occupation à demain.

— Monsieur, — répondit madame Pivolet d'un ton solennel, — l'on n'est jamais certain du lendemain.

— Bon! — reprit M. de Morville, ayant retrouvé quelque gaieté dans les douces jouissances qu'il venait d'éprouver; — vous qui connaissez si bien les secrets de la magie, vous devez être aussi quelque peu nécromancienne et prévoir l'avenir : demain n'est donc pas un secret pour vous.

— Comment, Pivolet, — reprit Alphonsine en riant aux éclats, — tu es magicienne?... C'est délicieux!

— Monsieur votre père m'a menacée de l'exil, mademoiselle, si je me servais de mes recettes magiques pour conjurer le mauvais sort qu'une diabolique et malfaisante personne a jeté sur la femme d'un pauvre homme, — reprit madame Pivolet d'un ton contraint et dolent; — je ne peux donc répondre à votre question, mademoiselle... l'exil est suspendu sur ma tête... je la courbe... je la prosterne...

8

— Si la femme du vieux berger n'était pas en voie de guérison, madame Pivolet, — reprit M. de Morville, — et si, par conséquent, le père Chênot n'avait reconnu l'extravagance de vos sorcelleries... je ne plaisanterais pas du tout, vous le savez, sur un tel sujet... Mais lorsque les folies ne sont pas dangereuses, j'ai pour elles quelque indulgence.

— Qui vivra verra, monsieur, — dit madame Pivolet d'un ton mystérieux. — La femme du père Chênot n'est pas guérie, tant s'en faut; mais je ne veux pas m'exposer à l'exil, aussi je resterai bouche close.

— Et vous aurez raison, madame Pivolet.

— Je suis née pour obéir et me taire, monsieur; vous, pour commander et parler : je m'incline, — répondit la femme de charge, en faisant à son maître une profonde révérence ; puis, jetant un coup d'œil sournois et oblique sur miss Mary, elle ajouta :

— Qui vivra verra. Je retourne à la visite de mon linge... Qui vivra verra.

Et elle rentra dans la chambre à coucher.

— Miss Mary, — reprit M. de Morville en souriant, — madame Pivolet est entrée fort à propos pour votre modestie... Elle a interrompu les remercîments que je vous adressais... Mais rassurez-vous, ce sera, si vous le permettez, à madame votre mère que j'écrirai tout ce que nous ressentons pour vous.

— Oh! mon père, quelle bonne et charmante idée! — dit Alphonsine en embrassant son institutrice, qui lui rendit ses caresses avec effusion; — je suis certaine que miss Mary ne refusera pas ces louanges-là. Son père, sa mère, ses sœurs, dont elle me parle souvent, seront si heureux de savoir comme elle est aimée ici! S'ils songent à miss Mary, elle n'est pas ingrate, elle est toujours avec eux par la pensée... oh, non! Aussi, quelquefois j'accuse miss Mary de n'être pas ici, mais en

Irlande, dans *son* Irlande! Alors, tu ne sais pas, père, pour obtenir mon silence sur ces excursions clandestines, elle m'emmène avec elle. Mon Dieu, oui, tandis que tu nous crois tranquilles dans notre chambre, nous faisons de charmants petits voyages dans la verte Erin, dont miss Mary prononce le nom avec enthousiasme et attendrissement.

— Hélas! mon enfant, — reprit M. de Morville, — c'est que dans ce noble pays, si malheureux et si beau, miss Mary a laissé une famille pour qui elle s'est généreusement dévouée.

Les deux jeunes filles étaient restées enlacées; miss Mary ne releva pas sa tête, appuyée sur le front d'Alphonsine, où avaient posé ses lèvres; mais étendant sa main vers M. de Morville, elle sembla repousser à la fois un éloge et un souvenir douloureux.

Un profond silence régna pendant quelques instants. Madame Pivolet sortit de la chambre voisine et traversa l'appartement sans être remarquée, ainsi que ces personnages menaçants du drame que le spectateur voit marcher dans le fond du théâtre, mais qui passent inaperçus des autres acteurs de la pièce.

Alphonsine, rompant la première le silence, dit à M. de Morville :

— En parlant à miss Mary de *son* Irlande, je crains de l'avoir affligée.

— Non, non, chère enfant! — répondit la jeune Irlandaise avec effusion, et tâchant de cacher les larmes qui lui venaient aux yeux, — ces souvenirs du pays et de la famille sont toujours doux pour le cœur.

— Vrai, chère miss Mary, vous ne me gardez pas rancune? — reprit Alphonsine en souriant; — eh bien! prouvez-le-moi.

— Oh! de tout mon cœur... Que faut-il faire?

— M'accorder ma récompense accoutumée, si toutefois vous êtes contente de moi ce soir...

— C'est à M. de Morville de répondre, — dit miss Mary; — il a assisté à nos leçons, et, pour vous, son appréciation vaudra, je l'espère, la mienne, chère enfant.

— Je trouve qu'Alphonsine a mérité toutes les récompenses possibles, — reprit M. de Morville. — Mais cette récompense, quelle est-elle?

— Quand mes devoirs sont finis, et que miss Mary est contente, — reprit Alphonsine, — pour clore la journée, elle me lit un morceau qu'elle a choisi, et aujourd'hui, elle m'avait promis de me lire les adieux et le départ de Jocelyn.

— Cela me fait regretter de n'avoir pas ici l'ouvrage de Lamartine, — dit M. de Morville; — j'aurais eu, comme toi, ma part de récompense... et pourtant je n'y ai d'autre droit que le bonheur dont j'ai joui ce soir.

— Mais moi, qui suis fille de précaution, — dit gaiement Alphonsine en tirant le volume de son panier à ouvrage, — j'ai apporté ce cher *Jocelyn*... très résolue, je te l'avoue, à mériter le plaisir qui m'était promis.

Et elle présenta le volume à son institutrice, qui hésitait à le prendre.

— Je vous le demande en grâce, miss Mary, — dit M. de Morville, — ne vous refusez pas au désir d'Alphonsine. Qu'en me quittant ce soir, cette chère enfant n'ait aucun regret d'être venue passer sa soirée près de moi.

Miss Mary prit le livre et le feuilleta pour chercher le passage annoncé.

— Tu te souviens, père, — dit Alphonsine en prenant une petite chaise et s'asseyant entre son père et son institutrice, — Jocelyn a appris que sa sœur est obligée de renoncer à un mariage qu'elle désirait; le peu de fortune de la famille, partagée entre deux enfants, rend sa dot trop faible. Cet excellent frère, afin que sa sœur ait une dot convenable, déclare à sa mère qu'il veut se faire prêtre et renoncer au monde; mais pour se rendre au séminaire, il attend que sa sœur soit mariée. Son seul désir est de trouver dans le bonheur de sa sœur la récompense du dévouement qu'il s'impose et dont personne n'a le secret. Nous en sommes là, et je me rappelle les deux vers qui terminent son récit du mariage de sa sœur :

> Et je disais tout bas, dans mon cœur satisfait :
> Ce bonheur est à moi, car c'est moi qui l'ai fait !

A ces mots, M. de Morville se souvint de plusieurs traits de touchante ressemblance entre la position de Jocelyn et celle de miss Mary, car elle abandonnait aussi sa famille pour lui venir en aide; il se prépara donc à écouter la lecture du poëme avec un redoublement d'intérêt, docile au petit signe d'intelligence que lui fit Alphonsine pour lui recommander le silence.

Miss Mary, d'un ton plein de naturel, commença la lecture de cette dernière journée que le futur prêtre passe dans la maison paternelle, où toute chose semble vouloir sympathiser avec ses tristes adieux. La voix douce et sonore de la jeune Irlandaise se prêtait merveilleusement à cette lecture, et son accent devint d'une mélancolie navrante lorsqu'elle dit ce passage :

> Quand on se rencontrait, on n'osait se parler,
> De peur qu'un son de voix ne vînt vous révéler
> Le sanglot dérobé sous le tendre sourire,
> Et ne fît éclater le cœur qu'un mot déchire.
> On allait, on venait; mère, sœur, à l'écart,
> Préparaient à genoux les apprêts du départ,
> Et chacune, les mains dans le coffre enfoncées,
> Cachait, avec ses dons, une de ses pensées.
> On s'asseyait ensemble à table, mais en vain,
> Les pleurs se faisaient route et coulaient sur le pain.

8.

La pauvre miss Mary luttait courageusement contre son émotion ; elle ne voulait pas paraître chercher une allusion personnelle dans ce tableau tracé par notre grand poëte ; mais plus son accent exprimait la réalité de ces sentiments, plus ces sentiments, si analogues à sa position, la pénétraient elle-même, et il lui fallait un rare courage pour retenir ses larmes.

M. de Morville et sa fille écoutaient avec un indéfinissable attrait ces vers sublimes ; miss Mary, en servant d'interprète au génie, exprimait ses pensées, ses regrets, ses douleurs.

Alphonsine, d'abord suspendue aux lèvres de son institutrice, partagea bientôt son émotion ; ses larmes coulèrent, et à ces deux derniers vers du suprême adieu :

> Son baiser lentement sur mon front descendit,
> Et je n'entendis pas ce qu'elle répondit,

La jeune fille sanglotant appuya sa tête sur les genoux de Mary, tandis que M. de Morville ne pouvait lui-même retenir ses pleurs.

L'institutrice, fermant alors à moitié le livre, laissa tomber une de ses mains charmantes sur la brune chevelure de son élève, et leva vers le ciel ses yeux remplis de larmes.

Le silence fut long et profond.

Ces trois personnes s'étaient comprises sans échanger une parole. Alphonsine, dont les impressions étaient plus mobiles, devait, la première, vaincre cette émotion, et elle s'écria d'un ton de regret en regardant la pendule :

— Dix heures !

— Déjà ! — dit à son tour M. de Morville.

— Et j'ai encore une grande leçon d'histoire à étudier pour demain matin ! — dit Alphonsine.

— Je prierai miss Mary de t'excuser, mon enfant, — lui répondit son père en la baisant au front; — j'ai d'ailleurs encore à lui adresser une prière.

— Laquelle, monsieur?

— Miss Mary, j'ai passé une si bonne soirée! Combien je serais heureux si celle de demain lui ressemblait!

— Rien de plus facile, monsieur; nous reviendrons, si vous le désirez.

— Nous le désirons tous, — dit joyeusement Alphonsine.

— Merci du fond du cœur, miss Mary! — dit M. de Morville; — merci!

Et il reconduisit les deux jeunes filles jusqu'à la porte de son appartement.

Lorsque M. de Morville revint et qu'il se trouva seul, il se jeta dans un fauteuil, cacha sa figure entre ses mains, et murmura douloureusement :

— Ma fille! mon bon ange a disparu... Sa chaste candeur ne m'impose plus... ma tendresse paternelle ne me distrait plus de cette passion insensée; je vais rester seul avec les souvenirs de cette journée... de cette soirée... Ah! malheur à moi!... malheur à moi, si jamais je trahissais mon funeste secret!

XIII

Pendant l'absence de madame de Morville, les leçons du soir furent données par miss Mary à Alphonsine dans l'appartement de son père; ces relations nouvelles redoublèrent l'intimité de ces trois personnages de notre récit. En présence de sa fille, son *bon ange*, comme il l'appelait, M. de Morville, tout entier à l'amour paternel, n'eût pas osé flétrir, dégrader ces joies sacrées en y mêlant quelque pensée mauvaise; mais dans la solitude qu'il cherchait et où il n'avait pas à redouter la présence d'Alphonsine ou de son institutrice, il s'abandonnait à cette passion aussi profonde que cachée avec une sorte de joie amère, contemplant comme à plaisir les douloureux ravages qu'elle faisait dans son âme.

L'institutrice était douée d'un caractère trop élevé, d'un caractère trop pur; elle croyait trop au bien et à la sainteté de la famille pour concevoir le moindre soupçon d'un amour qui l'eût épouvantée; d'ailleurs rien ne trahissait cet amour, ni dans les paroles ni dans les regards de M. de Morville. Si, malgré sa contrainte pleine de respect et son attention à peser, pour ainsi dire, chacun de ses mots, il lui échappait une expression trop vivement affectueuse, miss Mary l'attribuait naturellement à la reconnaissance paternelle.

M. de Morville partageait souvent les promenades de sa fille et de son institutrice; Alphonsine allant, venant, courant, sautant avec la folle gaieté de ses seize ans, laissait ainsi parfois son père et miss Mary tête à tête pendant quelques instants.

Un jour M. de Morville, profitant de l'une de ces absences momentanées d'Alphonsine, dit à miss Mary, en lui parlant de madame de Morville :

— Lorsque, jeune encore, j'eus quitté le service, et que je songeai à me marier, je ne rêvais que cette existence où deux cœurs, unis dans un commun bonheur, trouvent tout en eux-mêmes, et demandent à peine au dehors de rares distractions. Cette vie de félicité intime m'échappa dès les premiers jours de mon mariage : le monde avait peu d'attraits pour moi; une autre cause que vous connaissez, miss Mary, le désir de cacher à ma famille le délabrement de ma santé, m'éloignait encore des plaisirs bruyants. Au bout d'un an, j'avais compris qu'il me fallait renoncer à la douce existence que je m'étais promise; mais j'étais trop honnête homme, mais j'aimais trop ma femme pour lui imposer mes goûts. Son seul tort était de ne pas comprendre la vie de la même manière que moi; je fis, pour assouplir mon caractère, de généreux efforts : j'étais assez emporté...

— N'étiez-vous pas du sang des la Botardière ? — dit miss Mary avec un sourire de malice.

— Je n'étais pas tout à fait doué de la même impétuosité que mon terrible oncle, — reprit M. de Morville avec un sourire forcé, s'étonnant de n'avoir pas captivé davantage l'intérêt de la jeune fille, — mais j'avais une certaine chaleur de sang que l'état militaire ne devait pas tempérer ; je m'imposai une inaltérable douceur; l'habitude du commandement fit place à une infatigable condescendance. Que vous dirai-je ? à force d'empire sur moi-même, je suis devenu tel que vous me voyez, miss Mary. Cependant, est-ce la violence faite à mes goûts, à mon naturel ? je ne sais; mais lorsque je ne suis pas sous l'heureuse influence de la présence de ma fille, je cède parfois à des accès de morne découragement, je n'ose pas plus parler à madame de Morville de ces crises morales que des crises maladives auxquelles je suis sujet. Vous le voyez, miss Mary, avec de rares éléments de félicité, ma vie est quelquefois digne de pitié.

L'institutrice, continuant de marcher à côté du père de son élève, ne répondit rien.

M. de Morville, assez inquiet de ce silence, le rompit le premier, et dit avec une anxiété contenue :

— Miss Mary, j'abuse peut-être de l'attachement que vous avez toujours témoigné à notre famille, en vous parlant de ces vagues chagrins; j'aurais dû vous remercier simplement des heureux moments que je passe chaque soir entre ma fille et vous ; je regretterais de vous avoir attristée par une semblable confidence, vous qui avez personnellement tant de sujets de regrets et de chagrin.

Et il s'arrêta pour attendre une réponse.

— Excusez-moi, monsieur, d'avoir gardé le silence, — dit miss Mary en continuant de marcher ; — si je ne vous parlais pas, c'est que je m'adressais une question.

— Laquelle, miss Mary ?

— Si madame de Morville eût été à ma droite, comme vous êtes à ma gauche, et qu'elle eût entendu vos confidences, monsieur, je me demandais ce qu'elle aurait pu dire à son tour.

— Je crois n'avoir jamais mérité... je ne mériterai jamais un reproche de madame de Morville.

— Tout à l'heure, en me parlant de vos vagues chagrins, très vagues en effet, permettez-moi de vous le dire, monsieur, puisque le ciel vous a donné une femme comme la vôtre, une fille comme Alphonsine, vous étiez ému ; j'ai cru deviner des larmes dans votre voix ; mais il y a un moment où madame de Morville eût versé, elle aussi, des pleurs plus amers peut-être que les vôtres...

— Que voulez-vous dire, miss Mary ?

— Lorsque vous faisiez allusion à ces crises maladives qui ajoutaient à votre éloignement du monde, si madame de Morville eût insisté, si elle eût appris la vérité que vous m'avez confiée, croyez-vous donc qu'elle n'eût pas accueilli avec surprise et douleur la révélation de ce triste mystère ? N'eût-elle pas eu raison de vous demander compte de votre silence au moment de votre mariage ? Vous n'avez rien caché de ce qui concernait votre fortune à la famille de madame de Morville, et à elle, à elle... vous ne lui avez pas dit ce qui intéressait une vie dont vous lui offriez la moitié !

— Mais alors les retours de ces crises étaient éloignés; elles n'avaient rien d'alarmant; je voulais, avant tout, épargner à ma femme des soucis et des inquiétudes, — reprit M. de Morville, ainsi rejeté bien loin des idées auxquelles, sans calcul, il se laissait entraîner.

— Et de quel droit, monsieur, rendez-vous ainsi madame de Morville presque coupable à son insu?

— Coupable! — s'écria M. de Morville.

— Oui, monsieur, coupable! Est-ce que les soins qui peuvent vous soulager, les distractions qui peuvent vous sortir de ce découragement, ce n'est pas à madame de Morville que vous devez les demander? Est-ce que parfois, lorsque vous la suppliez de prendre part aux plaisirs du monde, votre pensée, injuste malgré vous, je le veux, ne compare pas les fêtes dont elle s'amuse à l'abandon où vous êtes? Alors, malgré vous, votre affection pour elle se refroidit peut-être, et ce refroidissement, le mérite-t-elle? Oh! non, ne le croyez pas. Instruite du mal que vous lui cachez, elle eût été pour vous encore plus tendrement dévouée, encore plus ingénieusement aimante! Pourquoi donc doutez-vous d'elle, monsieur, avant de l'avoir éprouvée?

— Miss Mary! — s'écria encore M. de Morville, — je n'ai jamais douté du cœur de ma femme.

— Aussi, monsieur, n'est-ce pas elle que j'accuse. Car enfin, ce secret, qu'un hasard m'a révélé, à moi, ne pouvait-il pas être connu de personnes étrangères, et divulgué, envenimé par la médisance? De sorte qu'en entrant dans ces salons où madame de Morville se rend avec la sérénité d'une conscience irréprochable, on aurait murmuré autour d'elle : « Son mari souffre seul, et elle est ici! Son mari se meurt peut-être, et elle se pare, elle cause, elle rit, elle s'abandonne aux joies de ce monde!... » Mais savez-vous, monsieur, que cela est cruel d'exposer une femme de cœur à de pareilles calomnies?

— Miss Mary, vous êtes sévère. Le motif de mon silence envers madame de Morville...

— Part d'un sentiment rempli de générosité, je le sais, monsieur. Mais puisque vous m'autorisez à vous parler en toute sincérité...

— Oh! je vous en conjure.

— Il y a quelque chose de blessant pour madame de Morville dans votre générosité même. C'est presque la croire au-dessous de ses graves devoirs de mère et d'épouse, que de lui refuser, à son insu, le bonheur de les remplir. A qui, mon Dieu! devons-nous confier nos douleurs, nos chagrins, sinon à ceux même que le ciel a placés près de nous pour les partager, pour les adoucir, pour les consoler? Croyez-moi, monsieur, ne gardez plus une telle réserve envers madame de Morville, promettez-moi...

— Pourquoi vous interrompre, miss Mary?

— Parce que, à mon âge et dans ma position, monsieur, je n'ai aucun droit à attendre une promesse de votre part.

— Hésiteriez-vous, du moins, à me conseiller?

— Non; aussi, je vous en supplie au nom de votre affection pour madame de Morville, ne lui faites pas l'injure de lui cacher plus longtemps le secret que j'ai appris par hasard.

— Miss Mary, — répondit M. de Morville d'un accent pénétré, — je vous donne ma parole d'honnête homme qu'à ma première crise, je confierai tout à ma femme.

En ce moment, Alphonsine, après une course légère qui l'avait conduite jusqu'au bout de l'allée où se promenaient son père et miss Mary, revint vers eux.

— Monsieur, — dit tout bas miss Mary à M. de Morville en lui montrant la jeune fille, — voici encore quelqu'un dont j'oubliais de réclamer la part dans vos souffrances.

Alphonsine reçut le même jour une lettre de son frère;

après l'avoir lue, elle la plaça sur sa table de travail, puis, se remettant à son dessin, elle ne put s'empêcher de dire avec une sorte d'impatience :

— Est-il singulier, ce Gérard !

— Alphonsine, — reprit miss Mary, — vous dites cela d'un air presque fâché.

— C'est vrai ! ses lettres ne sont plus du tout ce qu'elles étaient. L'année dernière, il me racontait d'une façon si drôle toutes les folies qu'on disait au collége, les tours qu'on jouait aux maîtres, et jusqu'aux *bêtises* qu'il inventait lui-même, car il était souvent très en fonds; aujourd'hui (dans sa correspondance du moins), il a toujours un air mécontent, chagrin. Je croyais lui causer un grand plaisir en lui annonçant que mon père consentait à ce qu'il sortît du collége; je lui apprenais aussi que ma mère, dans son prochain voyage à Paris, le prendrait pour le ramener ici avec elle. C'est à peine si ce méchant frère me dit quelques mots de ces bonnes nouvelles. Et ce n'est pas tout, il y a quelque chose de plus grave.

— Vraiment, Alphonsine? Voilà qui devient sérieux.

— Ne plaisantez pas, chère miss Mary; c'est très vilain ce que m'écrit Gérard. Figurez-vous qu'il me raille sur les soirées que nous passons auprès de mon père; il dit que nous devons joliment l'ennuyer avec nos études.

— Allons, — dit miss Mary en souriant, — c'est un peu d'envie.

— Au fait, c'est fort possible. Et quant à la chagrine humeur que je lui ai reprochée, savez-vous, miss Mary, ce que mon frère me répond?

— Que répond M. Gérard?

— Qu'il devient homme, et qu'à mesure que sa raison se forme et se développe, toutes les choses lui apparaissent sous un autre jour. Je vous demande un peu, miss Mary, M. Gérard qui devient homme ! quelle prétention, à dix-sept ans et demi !

9

Ah! si c'est là le commencement d'un homme, devenir chagrin, grognon, qu'est-ce qu'il sera donc quand il sera homme tout à fait?

— Chère enfant, — reprit l'institutrice en souriant de la boutade de son élève, — je crains que votre dessin ne se ressente un peu de votre impatience contre M. Gérard.

— Mon dessin! cela me fait justement souvenir d'une autre très mauvaise plaisanterie de monsieur mon frère. Est-ce ma faute, à moi, si ses maîtres sont, comme il le dit, laids et bourrus? On croirait qu'il est jaloux de ce que je sois aussi heureusement partagée qu'il l'est mal. N'ose-t-il pas mettre en doute tout ce que je lui raconte de vous, miss Mary! Enfin, aujourd'hui, dans sa lettre, ne va-t-il pas jusqu'à m'écrire, d'un ton très impertinent qui m'a révoltée : « Est-ce que vraiment elle sait un peu dessiner, TA miss Mary?... » Comprenez-vous cela?

— Voilà qui devient très inquiétant pour mon amour-propre de professeur, — reprit en riant l'institutrice; — mais, chère enfant, pourquoi toujours parler de moi dans votre correspondance avec votre frère?

— De quoi donc puis-je parler, sinon de mon père, de ma mère, de vous, miss Mary, de tous ceux enfin qui m'entourent et que j'aime?

— Rassurez-vous; lorsque M. Gérard sera ici, vous ferez la paix avec lui, et j'espère qu'il la fera aussi avec moi.

— Ah! je connaîtrais bien un moyen de nous venger de lui. Il s'agirait d'une conspiration.

— Dois-je en être?

— Certainement.

— Si je dois y jouer mon rôle, dites-moi en quoi consisterait le complot.

— Il s'agirait d'un portrait.

— Le portrait de qui ?

— De moi, miss Mary.

— Et pour qui ?

— Pour mon frère. Je suspendrais le portrait, sans en rien dire, à la cheminée de la chambre de Gérard, et il l'y trouverait le jour de son arrivée.

— Et ce portrait, qui le ferait ?

— Vous, chère miss Mary, et alors je dirais à M. Gérard : « Eh bien ! monsieur, trouvez-vous *qu'elle sait un peu dessiner*, MA *miss Mary ?...* » J'espère que ce serait une bonne vengeance !

— Excellente, et digne de votre cœur, chère enfant. Je ne verrais aucun inconvénient à entrer dans le complot, mais encore faudrait-il que votre mère me demandât votre portrait pour M. Gérard.

— Oh ! s'il ne s'agit que de cela, ma bonne petite miss Mary, ce méchant frère aura sa surprise, et il ne demandera plus si vous savez dessiner. Quel bonheur ! Je vois d'ici son air penaud, en tenant mon portrait à la main et le regardant avec admiration.

. . . .

Madame de Morville, de retour de son excursion chez madame de Noirfeuille, ne trouva rien de changé dans les paisibles habitudes de cette vie de famille à laquelle nous avons tâché d'initier le lecteur. M. de Morville fut, comme toujours, tendre, prévenant pour sa femme ; Alphonsine fit gaiement à sa mère une gentille petite guerre sur son absence prolongée de quelques jours au delà du terme fixé. Miss Mary avait compris l'espèce de jalousie maternelle de madame de Morville ; elle sut, à force de tact et d'ingénieuses délicatesses, continuer de se faire pardonner les merveilleux progrès de son élève.

Les jours, les mois s'écoulèrent ainsi ; M. de Morville, trop homme d'honneur et trop pénétrant pour jamais rien attendre de sa folle passion, trop sûr de lui-même pour la trahir, profitait de toutes les occasions qui lui permettaient, en présence de sa femme ou de sa fille, de jouir de la présence, de l'esprit et des talents de miss Mary. Puis, seul, il s'abandonnait sans contrainte aux rêveries cruelles de cet amour sans espoir, dont il rougissait, et que personne heureusement ne devinait.

L'institutrice, partagée entre l'affection toujours croissante qu'elle portait à son élève et les souvenirs de sa famille et de Henri Douglas, vivait dans ce petit monde aussi heureuse qu'elle pouvait l'être loin de ceux qu'elle avait laissés à Dublin, et supportant avec une résignation stoïque les conséquences de la ligue formée contre elle par madame Pivolet et les serviteurs de la maison. Ces souffrances, cachées aux yeux de tous et que l'on connaîtra plus tard, étaient cruelles et incessantes ; mais trop fière, trop généreuse pour se plaindre, miss Mary s'efforçait de paraître heureuse, et continuait son œuvre de dévouement ; son charme agissait puissamment sur madame de Morville, ainsi peu à peu guérie de sa jalousie maternelle, miss Mary insistant toujours auprès d'Alphonsine pour que celle-ci passât tout le temps de ses récréations avec sa mère. Il faut le dire aussi, les compliments que madame de Morville recevait de ses voisins sur les remarquables progrès de sa fille, qu'elle adorait ; la flatteuse envie qu'excitait dans sa société la *possession* d'une institutrice aussi distinguée que miss Mary ; la modestie pleine de tact et de bon goût avec laquelle celle-ci savait toujours s'effacer, afin de faire valoir son élève, satisfaisaient assez l'orgueil maternel de madame de Morville pour qu'elle ne vît plus dans la jeune Irlandaise *une rivale* d'Alphonsine.

S'agissait-il d'une promenade dans les environs, ou d'assister à une fête de campagne avec quelques personnes venues au château, miss Mary avait toujours un excellent prétexte pour rester étrangère à ces distractions, se retirer chez elle et laisser Alphonsine à la surveillance de sa mère, épargnant ainsi à madame de Morville le jaloux déplaisir de voir son *institutrice* entourée d'hommages qui lui eussent paru un vol fait à sa *fille*. Nous le répétons, grâce à son excellent et judicieux esprit, miss Mary avait su éviter tous les écueils (apparents du moins) de sa condition, et trouver ce milieu si difficile entre la douceur qui attire et la dignité qui impose.

Vers le commencement de juin, madame de Morville devait aller à Paris pour y chercher son fils et le ramener au château, où il devait passer ses vacances ; la veille de ce départ, pendant qu'Alphonsine l'aidait dans quelques préparatifs de voyage, sa mère lui dit gaiement :

— Es-tu capable de garder un secret ?

— Oh ! maman, peux-tu en douter ?

— Ce secret, tu le garderas, même pour miss Mary ?

— C'est plus difficile ; mais à nous deux, elle et moi, nous ne le laisserions pas échapper, je t'en réponds.

— Aussi bien ton institutrice doit être tôt ou tard dans la confidence, ainsi, mon Alphonsine, je te laisse liberté entière à son égard. Mais de tout ceci pas un mot à ton père. C'est lui que nous devons surprendre.

— Alors, sois tranquille !

— Cet hiver et ce printemps, j'ai reçu, tu le sais, de nos amis et de nos parents, de nombreuses invitations ; j'ai pensé à donner ici une fête le jour même de mon retour de Paris avec Gérard... Je suis déjà convenue de tout avec madame Pivolet et le jardinier ; ce sera charmant ; ton père ignorera tout... jusqu'au moment de l'arrivée des invités.

— Oh ! tu as raison... ce sera charmant !

— Nous nous arrangerons pour faire remonter Gérard dans sa chambre pendant la fête; alors seulement il trouvera le délicieux portrait que miss Mary a fait de toi... pour prouver à ce médisant que ton institutrice *sait un peu dessiner*.

— De mieux en mieux !

— Mais je voudrais que tu eusses aussi un joli rôle dans cette fête... et que tu y fusses admirée, mon Alphonsine.

— Moi, bon Dieu ! *admirée !* n'y songe pas !

— J'y songe beaucoup, au contraire, et je m'enorgueillis d'avance de l'effet que tu produiras.

— Moi ? produire de l'effet ! En vérité, maman, je tombe des nues.

— Mais écoute-moi donc : à la dernière grande soirée que nous a donnée madame de Noirfeuille, sa fille, Flavie, qui est beaucoup moins bonne musicienne que toi, car elle n'a pas une miss Mary pour institutrice, a joué sur le piano un morceau qui a eu le plus grand succès; si tu avais vu avec quel bonheur madame de Noirfeuille, cette heureuse mère, recevait les félicitations de tout le monde sur le talent de sa fille, tu comprendrais, chère enfant, que je veux jouir à mon tour d'un pareil triomphe. Tu as fait, grâce à miss Mary, des progrès extraordinaires, et l'on n'aura pas assez d'applaudissements pour ma petite virtuose.

— Mais, maman, je n'ai jamais touché du piano devant personne !

— Tant mieux ! tant mieux ! l'effet sera beaucoup plus grand et plus inattendu; il me semble que j'entends déjà dire de tous côtés : « Quel talent possède mademoiselle de Morville ! qui aurait jamais cru cela en la voyant si modeste ! c'est vraiment extraordinaire ! » Et les applaudissements de recommencer. Alors, moi, tu juges, mon Alphonsine !... ma seule crainte est de pleurer comme une folle.

— Pauvre chère maman, comme tu m'aimes!

— Je t'aime; rien de plus simple. Toutes les mères font comme moi, mais toutes les mères n'ont pas le droit d'être orgueilleuses de leurs filles.

— Hélas! chère maman, j'ai grand'peur que tu ne t'abuses sur le triomphe que tu attends de moi.

— Pourquoi cela?

— Tu veux que je joue du piano en public?

— Je ne rêve qu'à cela.

— Pourtant, maman...

— Alphonsine, je t'en prie! je le veux...

— Malheureusement, la musique que je sais n'est pas de nature à faire le moindre effet; le monde qui s'amuse n'aime pas beaucoup, je crois, les sonates de Mozart ou de Beethoven.

— Je n'entends pas grand'chose à la musique, mais je suis sûre que miss Mary ne t'a pas appris que d'ennuyeux morceaux d'étude.

— Que veux-tu, maman? elle ne songe pas à me faire briller, mais à m'instruire.

— Alors, à quoi bon tant étudier?

— Mais pour apprendre, pour savoir.

— Savoir, savoir, à la bonne heure... Mais du moins faut-il que le monde sache que vous savez.

— Oh! mon Dieu! pourvu que toi et mon père vous soyez satisfaits, moi, je n'en demande pas davantage, ni miss Mary non plus.

— C'est possible; mais moi, je suis plus exigeante.

— Alors, je demanderai à miss Mary qu'elle veuille bien m'indiquer un morceau.

— Il me semble qu'au moins pour ce que je désire, tu peux t'en rapporter à moi.

— Pour la musique?

— Certainement, pour la musique. J'ai, je crois, le droit d'avoir mon goût comme une autre?

— Oui, maman.

— Je te parlais de Flavie, la fille de madame de Noirfeuille. Je l'ai entendue jouer une œuvre d'un grand effet qui est encore toute nouvelle. Ce morceau est de Thalberg.

— Ah! mon Dieu! de Thalberg! — dit Alphonsine en joignant les mains avec épouvante, — de Thalberg!! Mais tu ne sais donc pas que toutes les compositions de cet auteur sont de la plus grande difficulté, et exigent une habileté d'exécution que je ne posséderai jamais! J'ai la main trop petite dans ces exercices, qui sont de vrais tours de force; ce n'est pas ma faute. Miss Mary n'est pas flatteuse, tu le sais; aussi me disait-elle dernièrement encore qu'en travaillant, je deviendrais bonne musicienne, mais jamais une exécutante.

— Il ne s'agit pas de ce que pense miss Mary, et d'invoquer son autorité pour contrarier mon désir.

— Maman, excuse-moi; je n'ai pas voulu te fâcher.

— A la bonne heure! Mais il est inconcevable que je trouve chez toi cette résistance. La fille de madame de Noirfeuille, dont l'institutrice est bien loin d'avoir le talent de miss Mary, a produit le plus grand effet dans le morceau de Thalberg. Tu peux, si tu le veux, obtenir le même succès, et ce sont, de ta part, des objections sans fin! C'est insupportable! La première chose que miss Mary devrait t'apprendre, ce me semble, c'est d'obéir à ta mère!

Alphonsine, à ces reproches, ne put retenir quelques larmes. Madame de Morville, regrettant ses brusques paroles, attira sa fille dans ses bras et la plaça, toute grande qu'elle était, sur ses genoux en l'embrassant avec effusion. La pauvre enfant oublia son chagrin passager pour répondre aux tendresses de sa mère. Ce léger nuage passa, et Alphonsine, souriant à demi malgré les larmes qui roulaient encore dans ses yeux, dit à sa mère :

— Aussitôt que tu seras arrivée à Paris, tu m'enverras le morceau que tu aimes, et je l'étudierai pour le *grand jour*.

Madame de Morville partit, et n'envoya la partition qu'au bout de plusieurs jours. C'étaient des variations de Thalberg sur le *Moïse* de Rossini. Miss Mary fut affligée de ce choix en parcourant ce déluge de notes qui parfois exigent que les deux mains apportent successivement au même chant le concours de leur agilité; mais Alphonsine ayant raconté son entretien avec sa mère à miss Mary, celle-ci se résigna et fit étudier le *Moïse* à son élève.

. . . .

Le voyage de madame de Morville ne dura que quelques jours; elle fut bientôt de retour avec son fils Gérard.

XIV

Gérard, arrivé de Paris le matin à six heures avec sa mère, s'était aussitôt rendu dans l'appartement de son père, où se trouvait Alphonsine. Les premiers embrassements échangés, la jeune fille, avec une curiosité naïve, examina son frère, qu'elle n'avait pas vu depuis un an.

— Mais vois donc, mon père, comme Gérard est devenu grand ! — disait-elle en se redressant et approchant son épaule gauche de l'épaule droite du jeune homme. — Tu te laisses donc pousser la moustache, mon frère? Elle est gentille, elle est fine, mais ce n'est pas encore ce qui s'appelle une *forêt*... Viens donc un peu au jour, près de la fenêtre. Maman, tu n'as pas remarqué? ses yeux sont maintenant d'un bleu foncé. Je les aime mieux de cette nuance. C'est très distingué, des yeux bleus avec des cheveux bruns.

Gérard se prêtait complaisamment à l'examen de sa sœur. C'était un jeune et beau garçon de bientôt dix-huit ans, d'une taille svelte, et dont le teint mat et uni se colorait d'un rose vif à la moindre émotion.

Madame de Morville et son fils allèrent prendre quelque repos en attendant le déjeuner. C'était seulement à cette heure que Gérard devait voir miss Mary, dont il n'avait pas prononcé le nom une seule fois depuis son arrivée; mais, en revanche, Alphonsine lui avait souvent répété d'un air triomphant :

— Tu vas enfin la connaître, MA *miss Mary!* tu verras! tu verras!

Afin de *mieux voir*, sans doute, Gérard fit subir de notables changements à sa toilette, rejetant soigneusement tout ce qui pouvait rappeler le *collégien*; aussi, lorsqu'il parut dans le salon sans oser chercher du regard si miss Mary s'y trouvait, Alphonsine lui dit en riant :

— Comme te voilà beau, Gérard! tu n'as plus l'air d'un lycéen, tu as l'air d'un véritable jeune homme. Quelle jolie cravate! Cette veste de basin blanc à boutons de nacre est très élégante; et des bottes vernies, Dieu me pardonne! des bottes vernies; te voilà au grand complet! Eh bien, sans te flatter, je t'aime beaucoup mieux ainsi qu'avec ton uniforme bleu, ton chapeau rond, tes gros souliers lacés et tes bas de coton couleur d'azur.

A ces souvenirs rétrospectifs que sa sœur évoquait en riant de tout son cœur, Gérard devint d'autant plus cramoisi qu'en levant les yeux il aperçut miss Mary à deux pas de lui. Il la salua profondément.

— Monsieur Gérard, — lui dit-elle cordialement, — votre chère sœur m'a si souvent parlé de vous, de vos études, de vos parties de jeu, et même de vos *pensums,* que nous sommes déjà de vieilles connaissances.

Ces allusions au passé du collége ne flattèrent pas extrêmement Gérard; aussi fut-il pendant le repas très froid avec l'institutrice, qu'il regardait cependant à la dérobée toutes les fois qu'il le pouvait tenter sans être vu de sa sœur. A la fin du déjeuner, madame de Morville prononça un mot qui, pour le moment, glaça la joie que sa fille éprouvait du retour de son frère.

— Alphonsine, — lui dit-elle, — et *Moïse?*

— Ah! maman, — répondit la pauvre enfant en soupirant, — je l'ai étudié chaque jour de toutes mes forces, et aujourd'hui encore je vais le travailler avec miss Mary. Elle te dira que je fais de mon mieux.

— Je rends pleine justice au zèle et aux efforts d'Alphonsine, — répondit l'institutrice, — mais cette partition...

— Je la connais, — répliqua vivement madame de Morville en interrompant miss Mary; — ce morceau doit produire beaucoup d'effet; je tiens absolument à ce que ma fille le joue, et elle le jouera.

Après le déjeuner, Alphonsine prit le bras de son frère, et l'emmenant à l'écart, lui dit à mi-voix d'un air rayonnant:

— Eh bien?

— Quoi? — reprit Gérard de l'air du monde le plus naïf, — que veux-tu dire, Alphonsine?

— Et miss Mary?

— Ah! miss Mary...

— Oui, comment la trouves-tu?

— Mais pas mal, — répondit le jeune garçon en cherchant à prendre un air railleur et dégagé ; — non, vraiment, elle n'est pas trop mal... *pour une maîtresse d'école.*

. . . .

Le secret ayant été scrupuleusement gardé auprès de M. de Morville, ce fut seulement à l'heure du dîner, au retour d'une longue promenade adroitement ménagée par sa femme, qu'il apprit, en voyant de nombreux préparatifs, qu'une fête devait avoir lieu le soir au château. Il applaudit à l'idée de madame de Morville, quoique, dans la disposition d'esprit où il se trouvait, il eût préféré la solitude au tumulte du monde.

Gérard, après s'être introduit furtivement chez madame de Morville avec un terrible battement de cœur, afin de soustraire à la toilette maternelle un bâton de cosmétique dont il espérait un grand secours pour donner à sa moustache et à sa barbe naissante une couleur plus foncée, plus *mâle*, Gérard était rentré dans sa chambre pour s'habiller ; il chiffonna cinq ou six cravates, dont il ne trouva pas le nœud assez bien fait, et il creva deux paires de gants paille, se rappelant les sinistres prédictions du gantier : « Monsieur, vous prenez des gants beaucoup trop petits. » Enfin, après s'être promené une demi-heure de long en large dans sa chambre afin de *briser* des souliers neufs et trop étroits, il jeta un dernier regard sur son miroir, et descendit avec une peur horrible de se rencontrer tête à tête avec miss Mary. Aussi poussa-t-il un long soupir d'allégement en se voyant précédé dans le salon par son père et par sa mère.

Alphonsine parut bientôt portant, avec sa grâce naïve une délicieuse toilette que sa mère lui avait rapportée de Paris.

Miss Mary était vêtue d'une simple robe de mousseline blanche à manches courtes, qui découvrait à demi ses épaules ; elle n'avait ni un ruban ni une fleur dans ses cheveux, dont les soyeuses et longues boucles encadraient son visage. Cependant madame de Morville resta douloureusement frappée d'une admiration jalouse en contemplant la jeune Irlandaise, dont le charme ne devait pourtant pas la surprendre. Mais soit que, si léger qu'il fût, le changement de toilette de miss Mary rendît plus éclatante encore son éblouissante beauté, soit que madame de Morville regardât pour ainsi dire *son* institutrice avec les yeux des personnes qui, ne la connaissant pas, allaient bientôt s'extasier sur cette ravissante personne, la mère d'Alphonsine éprouva un vif ressentiment d'envie. Toisant alors miss Mary d'un regard presque irrité, elle ne put s'empêcher de lui dire avec une sorte d'aigreur mal dissimulée, faisant allusion à la coupe de la robe, qui laissait nus les bras charmants et les non moins charmantes épaules de la jeune fille :

— Une robe montante et à manches longues eût peut-être été plus convenable, mademoiselle Lawson.

— Vous avez sans doute raison, — répondit la jeune fille avec douceur, — mais je n'ai pas d'autre robe habillée que celle-ci.

A cette réponse, qui rappelait la pauvreté de miss Mary, madame de Morville ne sut que répondre; mais elle se prit à maudire secrètement la fâcheuse idée d'avoir voulu donner cette fête, dans laquelle son institutrice, qui, jusqu'alors, nous l'avons dit, s'était toujours ingéniée à se tenir à l'écart, pouvait, par cela même, produire une grande sensation.

La pauvre Alphonsine, absorbée par cette redoutable arrière-pensée qu'elle était condamnée au thème de *Moïse*, s'approcha lentement du piano pour y déposer la fatale partition; elle n'entendit pas la désobligeante observation de sa mère sur la toilette de miss Mary, et dit d'une voix presque suppliante :

— Maman, c'est toujours bien convenu, je jouerai le *Moïse?*

Et elle ne put réprimer un gros soupir en jetant sur son institutrice un regard désespéré qui semblait dire :

— Intercédez une dernière fois pour moi afin de m'arracher à ce supplice.

L'institutrice comprit la torture de son élève et dit à demi-voix à madame de Morville :

— Mon devoir d'institutrice et mon affection pour Alphonsine m'autorisent à vous parler, madame, en toute sincérité.

— Eh bien, mademoiselle?

— Eh bien, madame, je crains que l'exécution du *Moïse* par Alphonsine laisse quelque chose à désirer.

— Alors, mademoiselle, — reprit sèchement madame de Morville, — c'est que vous ne l'aurez pas fait suffisamment travailler.

— Le succès d'Alphonsine, s'il eût été possible, m'eût rendue trop heureuse pour que je n'y aie pas donné tous mes soins, madame, — répondit l'institutrice de plus en plus surprise de l'aigreur croissante de madame de Morville, qui jusqu'alors l'avait traitée avec tant de bienveillance. — Alphonsine, croyez-moi, madame, n'a rien à se reprocher dans cette circonstance.

— Alors, mademoiselle, je suis forcée de croire qu'il y a de votre part insouciance, je ne voudrais pas dire mauvais vouloir, parce que c'est moi qui ai choisi ce morceau.

— Madame, permettez...

— Mademoiselle, je ne permettrai jamais que l'on se fasse une sorte de malin plaisir de mettre ma fille en opposition avec moi...

— De grâce!... madame...

— Et puisque vous parlez de vos devoirs, mademoiselle, sachez que le devoir d'une institutrice est de se rendre agréable aux personnes qui lui accordent leur confiance.

Et madame de Morville, voyant son fils et son mari aller au-devant de quelques personnes invitées à la fête, les rejoignit, laissant miss Mary encore plus surprise qu'affligée des dures paroles de madame de Morville, qui heureusement n'étaient pas parvenues aux oreilles d'Alphonsine.

Les salons du château de Morville se remplissaient ; tous ces voisins de six ou sept lieues à la ronde, accueillis avec cordialité, se connaissant tous, se recevant les uns les autres, soit à Paris, soit à la campagne, et se retrouvant avec un nouveau plaisir, donnaient à cette réunion un air de famille qui pouvait excuser l'entêtement de madame de Morville à faire une exhibition du talent musical de sa fille.

Gérard rencontrait à chaque pas des jeunes gens qui, jusqu'alors, l'avaient un peu traité en écolier, mais qui, le sachant *hors de page* et voyant son menton ombragé d'une barbe naissante, l'admettaient à leur entretien, ne lui cachant pas leurs observations bienveillantes ou critiques sur les femmes ou les jeunes filles qui passaient successivement devant eux. Au moment où, tout fier de son *initiation*, Gérard entrait avec ses nouveaux amis dans un autre salon, il fut arrêté près de la porte par un élégant nommé M. de Blancourt, jeune homme fort à la mode, même ailleurs qu'en Touraine. La distinction de ses manières, l'aisance avec laquelle il parlait aux femmes, les coquetteries qu'elles déployaient pour lui, enfin sa réputation d'homme à bonnes fortunes, venue même jusqu'aux oreilles de Gérard, lui inspiraient une profonde admiration pour M. de Blancourt.

L'ex-lycéen fut donc très glorieux d'entendre M. de Blancourt lui dire, en le prenant familièrement par le bras :

— Mon cher Gérard, quelle est donc cette jeune personne que je vois ici pour la première fois ? tenez, là-bas ; elle est coiffée en cheveux et porte une robe de mousseline blanche. Vous ne la voyez pas? Mademoiselle votre sœur lui parle en ce moment.

Gérard se leva un instant sur la pointe des pieds et regarda dans la direction que lui indiquait M. de Blancourt; puis, retombant sur ses talons, il répondit négligemment:

— Cette jeune personne?... c'est l'institutrice de ma sœur.

Et il allait s'éloigner, mais M. de Blancourt le retint encore.

— Comment! — dit-il à Gérard avec l'accent de la plus vive admiration, — cette ravissante créature est institutrice? Jamais duchesse n'a eu meilleure grâce et plus grand air! Quelle délicieuse figure! quelle adorable taille! Et ce teint si rose et si pur! Elle doit être Anglaise; c'est une véritable figure de keepseake. Non, de ma vie je n'ai rien vu de plus charmant et de plus distingué!

Puis, souriant et regardant fixement Gérard, qui rougit jusqu'au blanc des yeux sans savoir pourquoi, M. de Blancourt lui dit à mi-voix:

— Ah! c'est l'institutrice de la maison! Heureux garçon!... Mais, hélas! aux innocents les mains pleines.

Et M. de Blancourt, s'étant empressé d'aller saluer une jeune et jolie femme qu'il venait de voir entrer dans le salon, laissa Gérard étrangement troublé.

Quelques *chut! chut!* partant du salon principal, et deux ou trois accords frappés sur le piano, annoncent que l'heure du supplice d'Alphonsine, condamnée à la partition de *Moïse*, est arrivée. Autour de l'instrument se sont groupées les mères, qui, toujours en apparence du moins, conspirent pour le succès des jeunes filles; puis, les amies d'Alphonsine, formant une franche cabale, et lui disant de leurs petits airs de tête résolus:

— Courage ! N'aie pas peur ! Cela ira bien !

A côté de la patiente est miss Mary, qui ne peut, en ce moment terrible et solennel, se séparer de son élève, dont elle partage l'angoisse. Enfin l'on fait silence; madame de Morville donne le signal. Alphonsine tourne un regard désespéré vers son institutrice, qui vient, sous le piano, de lui serrer la main, et l'exécution du *Moïse* commence.

Il faut être très célibataire, et ne ressentir aucune pitié à l'endroit des pauvres enfants voués au piano par la volonté de leurs parents, pour les condamner à des partitions aussi féroces que celle de *Moïse*. L'illustre Thalberg est marié maintenant, nous serions tenté de croire qu'il a des enfants, car nous n'avons pas entendu dire depuis quelques années qu'il ait continué à éditer de semblables instruments de torture. Hélas ! qui ne serait épouvanté en voyant ces pauvres doigts qui se distendent, se disloquent pour obtenir des écarts que la nature défend? qui ne frissonnerait à la vue de ces bras qui se croisent, de ces mains qui se poursuivent, se chassent, usurpent l'une sur l'autre, s'enchevêtrent et se contournent de mille façons? Pendant cette effrayante gymnastique, la jeune condamnée n'a pas le temps de penser à la musique; aussi, nous ne surprendrons pas le lecteur en lui apprenant que les traits de la pauvre Alphonsine revêtirent une indicible souffrance, et que l'on ne pouvait distinguer le chant du morceau qu'elle jouait à travers les terribles ornements dont il était hérissé.

Quelqu'un souffrait peut-être plus cruellement encore qu'Alphonsine, c'était Gérard; aimant tendrement sa sœur, il accusait près de ses voisins le choix de la partition, disant avec autant de dépit que d'embarras :

— Toutes ces institutrices sont ainsi; afin de faire croire qu'elles ont du talent, elles donnent à leurs élèves des morceaux au-dessus de leur force. Ma pauvre sœur est, comme les autres, victime de cette manie vaniteuse.

Madame de Morville se sentait blessée doublement, et comme maîtresse de maison, et comme mère; sa jalouse irritation contre miss Mary augmentait en raison de l'insuccès d'Alphonsine et des chuchotements produits par la beauté rare de son institutrice; surprenant pour ainsi dire au vol les regards d'admiration que les hommes jetaient sur la jeune Irlandaise, madame de Morville contraignait à peine son dépit et maudissait la fête.

Cependant, lorsque la torture d'Alphonsine fut terminée, on entendit quelques rares applaudissements : c'étaient, hélas! les autres pauvres jeunes condamnées au piano, qui, par esprit de corps, soutenaient une de leurs compagnes; lorsque Alphonsine se leva et vit leurs mains qui battaient encore, elle leur dit à demi-voix avec une naïveté charmante :

— Vous applaudissez à ma délivrance, n'est-ce pas? Vous avez raison. Enfin, c'est fini!

La chère enfant n'éprouvait pas dans sa défaite le chagrin de la vanité déçue ou de l'audace qui échoue; obligée d'obéir, elle avait fait tous ses efforts pour obéir de son mieux et n'avait pas réussi. Rien de plus. D'ailleurs, elle avait trouvé une douce consolation dans ces mots de miss Mary, dont elle ne pouvait mettre en doute la sincérité :

— Pauvre chère enfant, vous avez mieux joué que je n'aurais osé l'espérer!

A part le groupe des autres jeunes condamnées au piano, tout le monde était resté froid, embarrassé. Gérard, péniblement affecté, avait quitté le salon.

Madame de Morville se trouvait dans une position étrange. Non-seulement son orgueil maternel était cruellement blessé par le *fiasco* de sa fille, mais elle redoutait pour elle-même une sorte de ridicule, pensant que l'on jugerait peut-être de miss Mary par son élève, et que cette fameuse mademoiselle Lawson, cette perle des institutrices, ce trésor incomparable qu'elle avait le bonheur de posséder, et dont elle parlait si souvent à ses voisins, serait très médiocrement appréciée en raison du peu de succès d'Alphonsine. Aussi, cédant, selon son habitude, à un premier mouvement dont elle ne calcula pas les conséquences, elle se leva brusquement, s'approcha de miss Mary, et lui dit à demi-voix avec hauteur :

— J'espère, mademoiselle, que vous allez vous mettre au piano, et prouver ainsi que je n'ai pas fait dans l'institutrice de ma fille un si mauvais choix qu'on pourrait le croire en ce moment, si l'on jugeait de la maîtresse par son écolière.

— Ah ! madame, — dit miss Mary d'une voix suppliante, — épargnez-moi cette obligation.

— Mademoiselle Lawson, — reprit à haute voix et d'un ton impérieux madame de Morville, — mettez-vous au piano, nous vous écoutons.

— Oui, oui, mademoiselle, nous écoutons, — reprit le groupe de jeunes condamnées, dans l'impitoyable espérance d'échapper au supplice qu'elles redoutaient, en y envoyant à leur place une autre patiente.

Alphonsine, avant d'aller rejoindre ses compagnes qui l'appelaient pour qu'elle se plaçât au milieu d'elles, se pencha vers son institutrice, qui hésitait encore, et lui dit tout bas :

— Je vous en prie, miss Mary, faites-moi oublier !

La jeune Irlandaise, quoique blessée du ton impérieux avec lequel madame de Morville lui avait ordonné de se mettre au piano, obéit cependant, très décidée à éviter toute apparence de lutte entre elle et son élève. Aussi, loin d'exécuter un morceau à effet, elle commença un simple adagio d'Haydn.

M. de Morville, complétement étranger au supplice imposé à sa fille sous prétexte de *Moïse*, et qui n'avait pas assisté à l'exécution, rentrait en ce moment dans le salon, et personne, par convenance, ne lui parla de l'insuccès de sa fille. Il put donc, sans préoccupation, s'abandonner au plaisir qu'il éprouva dès les premiers accords que miss Mary fit entendre, plaisir bientôt partagé par tout l'auditoire. Les portes du salon, où la circulation était libre un moment auparavant, s'encombrèrent d'amateurs tendant le cou et l'oreille. Gérard lui-même, se trouvant dans une pièce voisine, subit l'impression générale, et le silence scrupuleux qui régna soudain lui permit d'entendre les notes les plus finement perlées.

Le charme de cette musique qui a un sens, qui formule une idée que tout le monde saisit, comprend et aime, avait pénétré partout; de faibles amateurs, battant naguère la mesure à contre-temps, s'étonnaient de leur instinct rhythmique et balançaient leur tête en cadence. On était surpris de trouver tant de plaisir à une chose si simple; on fut plus surpris encore quand on vit que le compositeur s'était arrêté juste au moment où son idée était complète, sans se permettre d'ajouter une mesure au delà de la phrase. On n'applaudissait pourtant pas encore, beaucoup de personnes ne risquant jamais leur approbation avant de savoir le nom de l'artiste dont elles hésitent à proclamer le succès; mais au bourdonnement approbateur qui s'éleva de tous côtés, l'on ne pouvait se faire illusion sur le succès de miss Mary.

Alphonsine, contenant à peine sa joie, se retourna vivement vers ses compagnes, le visage rayonnant, et semblant leur dire :

— Ce n'est rien encore, vous allez entendre la suite.

Madame de Morville devait, ce jour-là, passer d'un regret à un autre. Miss Mary n'avait plus seulement un triomphe de beauté; son rare talent excitait un enthousiasme général; cet enthousiasme, c'était elle-même, madame de Morville, qui l'avait provoqué, en ordonnant, avec une hauteur imprudente, à miss Mary de toucher du piano. Ce double succès blessait cruellement l'orgueil de la mère d'Alphonsine, mais il lui fallait en silence subir ce nouveau tourment ; pouvait-elle reprocher à son institutrice d'avoir exécuté ses ordres ?

La bienveillance de son auditoire ne rendit pas miss Mary plus ambitieuse ; elle commença une série de trois valses de Beethoven dont chacune n'a pas plus de quatre lignes. A la fin de la première, Gérard se leva en s'écriant :

— C'est délicieux !

Et se rapprochant de la porte où il aperçut M. de Morville, il lui dit :

— Mon père, qui donc est au piano ?

— Miss Mary, — répondit M. de Morville presque sans détourner la tête, car la seconde valse commençait. Tout le monde était sous le charme d'un plaisir indicible, et lorsque, après un dernier accord, miss Mary quitta le piano, un applaudissement général retentit ; on s'était levé, on s'interrogeait au sujet de ce talent si pur, si élevé, si nouveau ; plusieurs personnes s'empressèrent d'aller complimenter l'institutrice. Miss Mary était confuse et presque affligée de ces louanges. Elle pressentait le dépit qu'elles devaient causer à madame de Morville, dont les traits révélaient une contrariété d'autant plus vive que plusieurs personnes de ses amies lui disaient à l'envi :

— Vous avez raison, c'est une perle que VOTRE institutrice !

— Un vrai trésor !

— Combien vous êtes heureuse d'avoir à vos ordres une pareille virtuose !

— Vous devez la payer fort cher ?

Miss Mary, espérant profiter de ce moment de léger tumulte pour quitter le salon et ne pas ainsi rester en évidence, avait compté sans Alphonsine ; celle-ci, aussi joyeuse, plus joyeuse de ce succès que s'il eût été le sien, accourut auprès de miss

Mary, l'embrassa tendrement, et resta quelques instants auprès d'elle, les bras gracieusement enlacés autour de sa taille et la tête penchée sur son épaule; la chère enfant, oubliant complétement son échec, ne pensait plus qu'au triomphe de miss Mary. Parmi ceux qui, réunis autour de l'institutrice, la félicitaient à l'envi, se trouvait M. de Blancourt; il mettait autant d'empressement que de bonne grâce dans ses compliments.

Gérard, partageant l'enthousiasme général, s'approchait en rougissant de miss Mary, cherchant d'avance la phrase qu'il allait lui adresser, lorsqu'il aperçut M. de Blancourt auprès de la jeune fille qui lui répondait avec modestie. Gérard, le cœur serré, admira moins l'aisance et les manières de l'élégant jeune homme, il le traita mentalement de fat et s'arrêta tout triste, se demandant s'il aurait l'audace de glisser quelques timides éloges après les louanges, probablement fort spirituelles, de M. de Blancourt, ou bien s'il s'exposerait à passer pour impoli aux yeux de miss Mary en gardant un silence qui pouvait paraître affecté. Il restait en proie à cette perplexité, lorsqu'un domestique, à qui Alphonsine venait de dire quelques mots, s'approcha et pria M. Gérard, de la part de mademoiselle, de vouloir bien aller chercher chez lui un objet qu'elle avait oublié sur sa cheminée devant la pendule.

Gérard, presque heureux de cette issue ouverte à son indécision, s'éloigna rapidement.

Parmi tous les auditeurs de miss Mary, nul n'avait été plus complétement subjugué que M. de Morville; non-seulement il n'avait pas encore entendu les petits chefs-d'œuvre qu'elle venait de délicieusement exécuter, mais il était sous l'influence de cette émotion électrique qui semble se dégager d'un enthousiasme général et double la puissance des sensations. Le succès de miss Mary était pour M. de Morville une sorte d'excuse à sa folle et secrète passion. Aussi, lorsque Alphonsine, l'apercevant de loin, lui tendit la main, il se rendit à cet appel, heureux de pouvoir se joindre à sa fille pour payer son tribut d'éloges à l'institutrice. Il allait s'éloigner des deux jeunes filles; Alphonsine le retint avec un sourire malicieux, et lui dit :

— Père, je t'en prie, reste encore un moment.

Il n'eut pas longtemps à attendre : quelqu'un fendait la foule avec empressement et marchait au groupe dont M. de Morville faisait partie. C'était Gérard, tenant un petit cadre à la main.

— Ah! mon père, — dit-il en s'approchant; — ah! ma sœur, quelle charmante surprise!

— Quoi donc? — dit M. de Morville.

— Fais donc semblant de n'être pas du complot, — dit Gérard à son père en lui présentant l'objet qu'il tenait à la main.

— Le portrait d'Alphonsine! — s'écria M. de Morville.

— Oui, son portrait, son portrait ravissant d'exécution. Vois, c'est Alphonsine; elle vit, elle respire.

— En effet, — reprit M. de Morville en examinant le portrait. Puis il s'écria : — Je ne connais qu'une personne dont le talent soit à la hauteur de cette œuvre.

— Qui donc? — demanda Gérard, tandis que le portrait circulait de main en main dans un groupe formé autour de l'institutrice. — Oui, mon père, dis-moi donc, de grâce, quel est l'auteur de ce portrait?

Alphonsine prit la main de son institutrice, fit à Gérard une petite révérence mutine, et dit en riant :

— Voilà l'auteur de mon portrait, monsieur mon frère!

— Miss Mary! — s'écria Gérard.

— Oui, monsieur, — répondit Alphonsine.

Et elle ajouta tout bas, mais de façon que la jeune Irlandaise pût l'entendre aussi :

— J'espère que maintenant vous ne m'écrirez plus : *Est-ce qu'elle dessine un peu,* ta *miss Mary?*

L'institutrice sourit à cette malice de son élève, et Gérard, se voyant trahi par sa sœur, confus, mécontent de lui-même, ne put que balbutier quelques paroles d'excuses et de remercîments, en rougissant plus qu'il n'avait encore rougi; il ne put même contenir un léger mouvement d'impatience en reprenant le portrait de sa sœur des mains de M. de Blancourt, qui le lui rendit en lui disant à l'oreille :

— Vous êtes, pardieu! un heureux mortel : cette délicieuse créature fait pour vous en secret le portrait de votre sœur, et c'est presque le vôtre, car vous lui ressemblez. Ah! jeune homme! jeune homme! si vous saviez...

Puis s'interrompant, il ajouta :

— Mais, hélas! hélas! je vous l'ai dit : Aux innocents les mains pleines.

Gérard, à cette seconde allusion sur son innocence, se campa fièrement sur la hanche, se rappelant fort à propos que, depuis deux ans, l'illustre Bertrand lui donnait des leçons d'escrime, et il chercha quelque mot très impertinent à répondre à M. de Blancourt. Mais tandis que le pauvre Gérard cherchait encore son impertinence, le jeune élégant lui tournait le dos, et il l'entendait dire à miss Mary :

— Mademoiselle, lorsqu'on est aussi excellente musicienne que madame Malibran, il n'est pas permis de peindre le portrait comme madame de Mirbel... D'honneur, c'est accaparer les supériorités en tous genres, et humilier les femmes qui n'auraient pour elles que la plus exquise beauté.

— Mon Dieu! est-il heureux, ce M. de Blancourt, de trouver tout de suite de si jolies choses! — pensa le pauvre Gérard avec un douloureux découragement en entendant ces banalités de l'irrésistible élégant. — Je dois paraître stupide à miss Mary. Je n'ai pas seulement pu lui dire un mot sur ses talents, ni même la remercier du portrait de ma sœur.

. . . .

. . . .

Au concert succéda un bal. Madame de Morville avait fait venir un orchestre de Tours; un grand nombre de danseurs s'étaient promis d'inviter miss Mary, mais leur désappointement fut grand, car ils cherchèrent en vain dans les salons.

— Madame, — avait dit l'institutrice à madame de Morville en l'attirant pendant quelques instants à l'écart dans un boudoir reculé, — permettez-moi de me retirer. Je me sens fatiguée, souffrante. Le bal se prolongera sans doute fort tard; veuillez trouver bon que je n'y assiste pas.

— Vraiment, chère miss Mary, vous ne voulez pas rester au bal? — se hâta de répondre madame de Morville, sans cacher sa joyeuse surprise; et prenant un ton affectueux qui contrastait avec les dures paroles qu'elle avait adressées à la jeune fille quelques moments auparavant : — Je trouve très bon que vous n'assistiez pas à cette fête, chère miss Mary, si tel est votre désir. Seulement, puisque vous voulez bien me demander mon consentement, permettez-moi d'y mettre une condition.

— Laquelle, madame?

— Vous oublierez, vous me pardonnerez, n'est-ce pas, le petit mouvement de méchante humeur que je n'ai pu vaincre, et dont vous aurez été blessée sans doute; l'insuccès d'Alphonsine sera peut-être mon excuse à vos yeux.

— Madame...

— De cet insuccès je suis cause, chère miss Mary; j'ai hâte de le reconnaître. J'avais, en véritable ignorante, choisi ce malheureux morceau de *Moïse*, et exigé, toujours avec l'entêtement de l'ignorance, que ma fille exécutât cette partition.

Vos prévisions se sont réalisées. Alphonsine, malgré vos excellentes leçons, malgré sa bonne volonté, la pauvre enfant, a dû échouer dans cette tâche au-dessus de ses forces. Je n'ai eu ni le bon sens ni le bon goût de m'avouer le ridicule de mon choix musical, et je me suis oubliée jusqu'à vous adresser de dures paroles, dont j'ai honte à cette heure. Pardonnez-les-moi, chère miss Mary.

— Ah! madame, de grâce, pas d'excuses. Je ne me souviens que de ce que vous avez dû souffrir en ne voyant pas Alphonsine répondre, dans cette circonstance, à ce que vous pouviez attendre d'elle, sans qu'il y eût pourtant à la blâmer.

— Miss Mary! miss Mary! — dit mademoiselle de Morville en accourant toute joyeuse auprès de sa mère et de l'institutrice. — Mais vous vous cachez donc? tout le monde vous demande, vous cherche : j'ai pour vous je ne sais combien d'invitations pour la première contredanse... et la première valse; le bal durerait deux jours que vous ne pourriez suffire aux sollicitations de tous vos danseurs... en espérance.

— Chère enfant, je suis très égoïste, — reprit en souriant miss Mary; — c'est vous qui serez victime de cette furie dansante : je n'ai jamais aimé le bal, et madame votre mère veut bien trouver bon que je rentre chez moi.

— Comment, miss Mary, vous n'acceptez pas au moins quelques contredanses?

— Pas une.

— Pas une? Oh! si, il en est une que vous accepterez certainement, chère miss Mary : Gérard n'ose pas vous inviter; il m'a avoué que vous lui faisiez peur, et il m'a chargée de vous inviter pour lui.

— Eh bien, je vous promets, chère enfant, de danser avec M. Gérard autant de contredanses qu'il voudra m'en demander.

— Oh! merci, merci, chère miss Mary, — s'écria la jeune fille pendant que sa mère regardait l'institutrice avec une surprise mêlée d'anxiété. — Je cours porter cette bonne nouvelle à mon frère. Va-t-il être heureux, ce pauvre Gérard!

— Un mot, Alphonsine, — dit miss Mary en prenant son élève par la main. — Je promets les contredanses, mais nous les danserons entre nous, demain, quand vous voudrez. Bonsoir, chère enfant; amusez-vous beaucoup.

Et miss Mary disparut, malgré les supplications de son élève.

La jeune Irlandaise, avec son tact habituel, avait deviné la jalouse angoisse de madame de Morville au moment du bal, craignant que sa fille fût encore une fois éclipsée par son institutrice. Aussi, lorsque celle-ci lui fit part de son désir de ne pas assister à la fête, madame de Morville, cédant d'ailleurs à son bon naturel, avait exprimé sincèrement son regret de s'être livrée à un premier mouvement d'irritation.

Le bal se prolongea jusqu'au jour. Alphonsine y prit part avec la gaieté de son âge. Gérard ne dansa pas; il se promena une partie de la nuit dans le parc. Au lever du soleil, il vit s'éloigner les dernières voitures des invités.

— Enfin! — dit-il avec un grand soupir d'allégement. — Les voilà partis! Pourvu que cet odieux M. de Blancourt ne vienne pas voisiner ici! Je ne sais pourquoi j'ai maintenant cet homme en horreur.

XV

La fête donnée au château de Morville avait eu, pour des raisons diversement personnelles, des conséquences si peu agréables pour quelques-uns de ses habitants, qu'ils revinrent avec bonheur aux paisibles habitudes de leur vie de famille.

Un matin, quelques jours après le bal, M. de Morville se trouvant avec sa femme, son fils, sa fille et miss Mary, dit à madame de Morville :

— En appelant Gérard auprès de nous, pendant les deux années qu'il doit passer ici avant d'aller faire son droit à Paris, je me suis imposé des devoirs envers lui. Il faut qu'il complète son instruction; s'il se livrait seul au travail, il y prendrait moins de goût; nous travaillerons donc ensemble, ce que j'aurai un peu oublié, je le rapprendrai avec lui; ses succès me seront doublement chers, puisqu'ils seront un peu mon ouvrage. Gérard a adopté mes projets, et nous trouverons tous deux autant de plaisir que d'intérêt à ces occupations.

Madame de Morville et Alphonsine applaudirent de grand cœur à ce dessein qui leur assurait pour longtemps la présence d'un fils et d'un frère. M. de Morville reprit :

— Mais je ne suffirai pas seul à ma tâche; je puis guider Gérard dans ses lectures classiques; je puis même évoquer mes mathématiques de Saint-Cyr, mais je n'ai jamais étudié que le dessin géométrique : ce n'est pas vers cette étude que

Gérard est porté par son goût; il m'a même avoué qu'il aurait des velléités de peinture. Vous le voyez donc, miss Mary, — continua M. de Morville en s'adressant directement à l'institutrice, — il faut que vous veniez à notre secours. Permettez à Gérard d'assister aux leçons de sa sœur, de profiter de vos excellents avis; ce ne sera là que le moindre des services dont nous vous sommes et vous serons toujours si obligés; mais il ajoutera encore, s'il se peut, à notre reconnaissance.

Miss Mary donna son adhésion à ce projet par un signe de tête affirmatif. Alphonsine, ravie de l'idée d'avoir désormais dans son frère un émule et un compagnon de travail, ajouta, l'infatigable qu'elle était :

— Ce n'est pas tout, il manque encore un article au traité que le père et le fils ont passé ensemble.

— Et quel article?

— Le voici : M. Gérard assistera pareillement à la leçon de chant de mademoiselle Alphonsine, et mettra à sa disposition, soit pour l'exercer à accompagner, soit pour l'aider dans les duos et les trios, la voix de baryton dont il a l'agrément de jouir depuis peu de temps.

Est-il besoin de dire que miss Mary se rendit, avec son obligeance accoutumée, au désir d'Alphonsine?

Les projets formés furent ponctuellement suivis. On en retirait tout le profit désirable, la famille vivait dans une harmonie parfaite; madame de Morville semblait avoir complétement renoncé à ses crises de jalousie; elle avait même prié l'institutrice, dont elle appréciait de plus en plus l'excellent esprit et le rare bon sens, de donner quelques sages avis à Gérard, dont l'humeur se montrait parfois inégale, chagrine et taciturne, conjurant l'institutrice d'user sur son fils de l'empire qu'elle semblait prendre de jour en jour sur lui.

Rien, en effet, de plus empressé, de plus docile que Gérard dans ses relations avec miss Mary; ses progrès en musique, en dessin, avaient été aussi rapides, aussi remarquables que ceux de sa sœur.

— Les arts, — disait-il, — avaient réellement plus d'attrait pour lui que les travaux littéraires et classiques dont il s'occupait avec son père.

Cependant si miss Mary, en se promenant avec Gérard et Alphonsine, car il était de toutes les récréations, lui faisait sentir qu'il devrait, par plus d'efforts, reconnaître les soins que son père prenait de son instruction, Gérard promettait une semaine exceptionnelle d'études classiques, et il tenait parole, mais à la condition que l'heure de la leçon de dessin se prolongerait, et que miss Mary lui ferait étudier un solo ou quelque morceau dont il compromettait l'ensemble.

Parmi les heureux changements survenus dans le caractère de Gérard, sa famille avait remarqué sans inquiétude que, de tapageur et emporté qu'il était, il était devenu calme et rêveur.

Cette rêverie était même allée, mais en secret, jusqu'à un essai poétique dont le jeune auteur fit confidence à miss Mary. La forme était virgiléenne, une élégie en dialogue ; moins pastorale que son modèle classique, mais un peu plus amoureuse. Miss Mary se récusa comme juge, engageant instamment l'auteur à communiquer cette première tentative à son père, dont il devait attendre d'excellents avis. Gérard n'ayant pas redit à l'institutrice l'avis de M. de Morville, il ne fut plus question d'élégies. Cependant le jeune poëte essaya encore une romance dont il composa la musique. Miss Mary, à sa prière, chanta la mélodie sans dire les paroles, et lui corrigea avec beaucoup de soin les fautes d'harmonie. Gérard fut encore moins heureux pour son premier dessin *d'après nature*. Un jour l'institutrice crut remarquer que, placé pendant la leçon en face de sa sœur, dont il était séparé par une large table où reposait le pied des modèles, Gérard tournait très souvent les yeux du côté où elle, miss Mary, se tenait ordinairement assise près d'Alphonsine; le crayon du jeune artiste paraissait courir alors sur un papier plus petit, posé à l'extrémité supérieure du carton ; le hasard voulut que miss Mary, en rendant à Gérard son dessin après quelques observations, laissât tomber le carton. En tombant il s'ouvrit, et tous les papiers qu'il contenait volèrent sur le parquet. Alphonsine s'empressa de les ramasser avant que Gérard eût pu quitter sa place ; il allait en saisir un que sa sœur tenait et regardait en souriant, lorsque celle-ci, esquivant l'élan de la main du jeune garçon, s'écria joyeuse et riante :

— Oh ! miss Mary, votre portrait !

— Donne donc, Alphonsine ! — disait Gérard en rougissant jusqu'aux oreilles ; — rends-moi donc ce papier. Tu es insupportable !

Les réclamations de Gérard furent trop tardives ; déjà le dessin était sous les yeux de l'institutrice, qui réclamait le droit de vérifier si son élève lui faisait honneur.

— Il y a quelque chose... quoique ce ne soit pas flatté, — disait Alphonsine, regardant par-dessus l'épaule de sa maîtresse, tandis que Gérard, muet de confusion, était retourné à sa place.

— L'ensemble est assez bon, — répondit miss Mary en souriant, — mais les détails ne sont pas suffisamment arrêtés.

Ce disant, l'institutrice, se servant de son crayon, parut accuser plus vigoureusement les contours et les plans du visage. Au premier trait, Alphonsine se récria ; mais miss Mary se tournant vers elle avec un malicieux clignement d'œil :

— Est-ce que vous ne me permettez pas, chère Alphonsine, de faire à l'esquisse de M. Gérard des corrections qui sont doublement dans mon droit, et comme modèle et surtout comme **maîtresse de dessin ?**

En parlant ainsi, la coiffure du portrait et le portrait lui-même s'étaient transformés sous le crayon facile de miss Mary. Alphonsine tenait une main sur sa bouche afin de comprimer une terrible envie de rire; son frère, muet et désolé, n'osait lever les yeux.

L'œuvre de métamorphose entreprise par miss Mary était achevée.

— C'est admirable de ressemblance! — s'écria Alphonsine; — c'est merveilleux!

Et, saisissant le papier, elle le posa un moment sous les yeux de son frère, en lui criant à l'oreille :

— Pivolet! c'est une vraie Pivolet! une superbe Pivolet! prise sur le fait. Vois, comme elle est majestueuse! Elle a l'air de méditer quelque nouvelle imagination. C'est délicieux!

Puis, enlevant l'esquisse dont Gérard avait détourné le regard avec une douloureuse confusion, elle sortit en courant.

La leçon terminée, miss Mary rangea les cartons avant de quitter le cabinet d'étude. Étonnée du silence et de l'immobilité de Gérard, elle se retourna : le pauvre coupable n'avait pas quitté sa place; de grosses larmes coulaient sur ses joues; il semblait si humilié, si désolé, que miss Mary regretta l'innocente malice qu'elle s'était permise, et dit au frère de son élève avec grâce et bonté, en lui tendant cordialement la main :

— Monsieur Gérard, faisons la paix. Je vous promets d'expier mon méchant tour en m'occupant dès demain du portrait de madame votre mère, que je vous offrirai en pendant de celui d'Alphonsine. Peut-être, à ce prix, me pardonnerez-vous d'avoir pris un instant les traits de madame Pivolet.

— Ah! miss Mary, — s'écria Gérard en saisissant la main charmante que l'institutrice lui tendait fraternellement; —

ah! miss Mary, que de bonté! Si vous saviez... ce portrait que j'ai fait de vous... c'est que, malgré moi...

— Comment, monsieur Gérard! — reprit en riant la jeune fille,—vous avez fait mon portrait malgré vous? Cela, je vous l'avoue, atténue un peu vos torts. Aussi, — ajouta-t-elle avec un grand sérieux, — je vous promets, cette fois, de ne pas vous donner de *mauvais point*.

Et miss Mary quitta la salle de dessin, où elle laissa Gérard.

— Ah! — s'écria-t-il avec désespoir, — je ne serai jamais pour elle qu'un écolier! Mon Dieu! mon Dieu! je voudrais mourir!

Alphonsine, emportant l'esquisse métamorphosée en Pivolet, eut bientôt rejoint la femme de charge à la lingerie.

— Tiens! regarde et admire, — dit-elle à sa nourrice, — j'espère que tu es contente?

— Vraiment, c'est vous qui avez dessiné cela, mademoiselle Alphonsine? — dit la Pivolet en souriant à son image avec complaisance. — On est mauvais juge de soi-même, mais il me semble que c'est fort ressemblant.

— Tu me supposes un talent que je n'ai pas encore.

— C'est donc M. Gérard qui est l'auteur du portrait? — demanda la femme de charge.

— Le fond est de lui, si tu veux, — reprit Alphonsine, — mais la main savante qui a donné la ressemblance, la vie, à ce magnifique portrait, c'est la main de miss Mary.

— Vraiment! elle daigne faire le portrait d'une pauvre femme comme moi? — répondit madame Pivolet avec une hypocrite bénignité; — c'est d'un bon cœur, et comme les bonnes actions sont tôt ou tard récompensées... Enfin, suffit!... patience; qui vivra verra.

— Quoi? qu'est-ce qu'on verra? Tu n'as plus maintenant que ce mot-là à la bouche.

— Mademoiselle, je ne peux vous en dire davantage. On me traiterait de tireuse de cartes. Rappelez-vous comme votre père m'a rabrouée parce que je disais que les médecins ne guériraient pas la femme du vieux berger, vous savez, la mère Chênot?

— Oui, la mère Chênot, — reprit en riant Alphonsine; — on lui avait jeté un sort, n'est-ce pas?

— Un si terrible sort, mademoiselle, que ce que je prédisais est arrivé : les visites du médecin n'ont rien fait; la mère Chênot est toujours clouée sur son lit.

— Pour une raison toute simple : c'est que sans doute la guérison doit être lente.

— Bon! bon!

— Ainsi, tu persistes à croire, ma pauvre Pivolet, que l'on a jeté un sort à la femme du vieux berger? A ton âge, croire de pareils contes!

— A mon âge, on sait beaucoup de choses.

— Mais, folle que tu es, sais-tu seulement ce que c'est qu'un sort? Et puis, qui veux-tu qui ait jeté un sort à cette malheureuse femme?

— Qui?

— Oui.

— Vous me demandez qu'est-ce qui a jeté un sort à la mère Chênot?

— Oui, voyons.

— Une personne malfaisante et diabolique, comme toutes les personnes qui jettent des sorts au pauvre monde. Cela vous fait rire?

— Oh! de tout mon cœur.

— Suffit, je m'entends; qui vivra verra.

— Pivolet, je ne te reconnais plus; tu deviens d'une réserve, d'une sagesse effrayantes, — reprit en riant la jeune fille. — Tu es maintenant d'une avarice désolante en ce qui touche ces superbes inventions dont tu étais si prodigue. Tu ne nous causes plus de ces délicieuses surprises qui nous divertissaient si fort. Depuis quelque temps, tu es taciturne comme un véritable conspirateur.

— Patience ! mademoiselle, qui vivra verra. Je garde ce portrait de mademoiselle miss Mary, ça me fera souvent penser à elle, — ajouta la femme de charge avec un sourire étrange; — ça m'empêchera de l'oublier. Je vais la clouer à quatre épingles sur le papier de ma chambre.

— Comment ! — reprit Alphonsine en riant aux éclats, — tu vas clouer ma pauvre miss Mary à quatre épingles ?

— Vous avez raison, mademoiselle, ce n'est pas assez de quatre épingles, il en faudrait cent, il en faudrait mille, et les bien enfoncer jusqu'à la tête !

— A la bonne heure ! — dit Alphonsine en redoublant d'hilarité, — je reconnais là ma Pivolet d'autrefois !

— Qui vivra verra, — grommela la femme de charge en hochant la tête.

La venue de miss Mary, qui cherchait son élève, interrompit l'entretien d'Alphonsine et de madame Pivolet, qui, voyant les deux jeunes filles s'éloigner, murmura d'un air profondément courroucé :

— Oui, oui, la belle Anglaise ! ce n'est pas seulement ton portrait que je perce à coups d'épingle, c'est toi-même ! Tu es trop fière pour avoir l'air de les sentir, ces coups d'épingle, et trop fière encore pour jamais t'en plaindre, ce qui me va comme un gant. D'abord, je t'ai forcée à te servir toi-même, en stylant Thérèse à te rendre son service insupportable... coup d'épingle ! Tu aimes à prendre ta tasse de thé le matin : tantôt je ne mets pas de sucre dans ton sucrier, tantôt je fourre de petites ordures dans ta boîte à thé... coups d'épingle ! Les draps que je te donne; j'ai soin de les rendre très humides, et de leur donner une très mauvaise odeur en les *repassant*, la veille, avec une éponge légèrement imbibée d'eau de vaisselle... coup d'épingle! Jacques est chargé de cirer tes brodequins ; il me les apporte de temps à autre, quand ils sont neufs, et j'y fais près de la semelle une petite fente avec une pierre à fusil bien tranchante : ça imite la coupure d'un caillou, et comme tu es trop fière pour porter des brodequins rapiécés, je te ruine en chaussures, la belle Anglaise, vu que tu es obligée de t'entretenir sur tes gages. Tu en as encore été le mois passé pour trois paires de brodequins... coups d'épingle, coups d'épingle ! Tu es nippée tout juste ; tu as si peu de linge, quoique tu te donnes des airs de duchesse, que l'on est obligé de savonner pour toi, à la maison, toutes les semaines. Or, je me suis entendue avec Marianne pour qu'elle mette tant d'eau de Javelle dans ton blanchissage, que ton linge en devienne comme de l'amadou, tant il sera brûlé, après quoi Marianne l'étend bien gentiment sur des haies d'épines pour le faire sécher; aussi elle te le rend *brodé à jour!*... coup d'épingle ! Il s'ensuit que la semaine dernière tu as été obligée d'acheter de quoi te faire une douzaine de chemises neuves, et, par avarice, tu les as coupées et cousues toi-même pendant tes nuits. Je l'ai bien vu à tes bougies ; aussi, j'ai dit à Jacques de ne plus remettre de bougies dans tes flambeaux durant deux ou trois jours. C'est ça qui t'aura dû vexer... coup d'épingle ! Enfin, avant-hier, il t'en a remis ; mais nous avons eu bien soin de tremper les mèches dans l'eau avant que tu viennes te coucher. Ça aura encore été pour toi une nuit de perdue... coup d'épingle! Et pour le repas, c'est encore là que je te pince ! grâce à mon ami Julien, le maître d'hôtel : c'est lui qui sert, et il ne te donne jamais que les plus mauvais morceaux des mets que tu n'aimes pas, et il oublie toujours de te servir de plats que tu aimes... Le *plum-pudding*, par exemple, ce ragoût de ton pays, que nos maîtres ont eu la bassesse de commander au cuisinier pour te flatter, tu n'en as pas une fois sur quatre de ce ragoût anglais; et quand, par hasard, monsieur, madame ou mademoiselle s'aperçoivent que tu n'es pas servie et qu'on te dit : « Comment, miss Mary, vous ne mangez pas de pudding? » toi, plutôt que d'avoir l'air d'être oubliée, tu réponds avec ton orgueil endiablé : « Je vous remercie, je n'ai plus faim. » Mais, au fond, tu rages de gourmandise... coup d'épingle! coup d'épingle! Voilà ce que c'est que de faire la princesse avec les domestiques, et de les humilier par des pourboires qui ressemblent à des aumônes! N'as-tu pas eu le front de leur donner à chacun cinq francs pour leurs étrennes? tandis que cette bonasse de mademoiselle Lagrange donnait dix francs et était très familière... Ça n'a pas empêché qu'on ne lui ait fait aussi des misères, parce que nous n'aimons pas, nous autres, ces amphibies d'institutrices, qui ne sont ni chair ni poisson, ni maîtres ni domestiques, et qui nous méprisent par leur position; mais ce que la Lagrange endurait, c'était des roses auprès de ce que tu endures, et ce que tu endures, ce sera des roses auprès de ce qui t'attend... Mais le jour n'est pas venu; je sais ce que je sais; j'ai bon œil et bonne oreille... rien ne m'échappe, à moi. Patience! patience! la chose n'est pas mûre, et je ne veux pas me faire mettre à la porte... Mais suffit!... qui vivra... verra!

Madame Pivolet, en jetant ce regard rétrospectif sur le passé, n'exagérait rien.

Miss Mary, depuis son séjour au château de Morville, avait été en butte à ces mille petites vexations sur lesquelles elle avait gardé le silence, autant par dignité que par compassion pour ces serviteurs qu'un mot d'elle aurait pu faire à l'instant renvoyer de la maison. Les seules persécutions dont elle avait été péniblement affectée étaient celles-là qui l'obligeaient à de continuelles dépenses pour son entretien; car, pour remplacer les objets méchamment perdus ou détériorés, il lui fallait prendre sur ses appointements qu'elle mettait religieusement de côté pour sa famille. Le cœur lui saignait en songeant que ces inutiles dépenses réduisaient d'autant la somme déjà presque insuffisante qu'elle envoyait chaque mois à son père. Jamais, d'ailleurs, miss Mary, crainte de les affliger sur son sort, n'avait instruit ni les siens ni Henri Douglas des sourdes et continuelles hostilités dont elle était l'objet au château de Morville de la part des gens de la maison. Souvent, bien souvent, elle avait durant la nuit dévoré des larmes amères; mais en présence de M. et de madame de Morville ou de leur fille, elle apportait toujours un visage paisible et content.

Ainsi s'accomplissait la première partie des prédictions de Henri Douglas.

L'avenir devait prouver que le fiancé de miss Mary n'avait que trop prévu toutes les cruelles épreuves auxquelles la jeune institutrice devait être soumise.

XVI

Vers le commencement de septembre, environ trois mois après la fête donnée au château de Morville, l'on devait faire chez madame de Noirfeuille une grande ouverture de chasse suivie d'un bal. Madame de Morville avait été invitée avec toute sa famille, ainsi que miss Mary, cette *perle* des institutrices, cette charmante virtuose que l'on espérait posséder.

Miss Mary n'accepta pas cette invitation pour deux raisons : d'abord, afin de ne pas exciter la jalousie maternelle de madame de Morville, qui s'était montrée si cruellement blessée du succès de son institutrice, lors du concert où elle avait dû forcément se faire entendre ; ensuite, parce que depuis quelque temps sa santé s'était altérée. Si dédaigneuse que fût la jeune fille des sournoises méchancetés dont elle était incessamment l'objet, si grand que fût son empire sur elle-même, ces milliers de *coups d'épingle*, ainsi que disait madame Pivolet, finirent par devenir une plaie douloureuse pour la pauvre étrangère. A ces ressentiments pénibles se joignit la nostalgie, le *mal du pays*. Puis, sans se rendre compte de cette impression, il lui semblait, si cela se peut dire, que l'atmosphère s'épaississait de jour en jour autour d'elle. Elle se sentait gênée, oppressée ; son instinct lui disait que sa position dans cette maison devenait fausse. Jamais cependant M. de Morville ne lui avait adressé une parole qui s'écartât des plus respectueuses convenances, et elle ne pouvait soupçonner cette folle passion que le père d'Alphonsine dissimulait avec tant de soin et d'empire sur lui-même. Plus clairvoyante à l'égard de Gérard, miss Mary s'était aperçue, sans trop s'en émouvoir, et presque en s'en félicitant, de l'heureuse influence qu'elle exerçait sur le frère d'Alphonsine ; car de cette influence l'institutrice avait jusqu'alors su tirer un excellent parti. D'abord, Gérard, pour mériter l'approbation de miss Mary, s'était perfectionné dans ses études, puis il s'était encore insensiblement façonné à ces manières polies et prévenantes, à ces délicatesses de savoir-vivre dont on ne se déshabitue jamais lorsqu'elles sont prises au début de notre carrière. Cependant, sans croire aucunement avoir inspiré de l'amour à cet adolescent, l'institutrice commençait à éprouver une sorte d'embarras dans ses relations avec lui, elle se voyait obligée de le traiter moins en enfant. En un mot, sans l'impérieuse nécessité où elle se trouvait de conserver son emploi pour venir en aide à sa famille, miss Mary eût quitté cette maison, non sans un vif regret de se séparer d'Alphonsine. Ces inquiétudes, ces craintes vagues mais pénibles, jointes aux causes que nous avons énumérées, finirent par altérer la santé de la jeune fille. Mais elle garda courageusement le secret de ses souffrances. Elle n'avoua qu'une légère indisposition, raison suffisante à excuser son refus d'accepter l'invitation de madame de Noirfeuille.

M. de Morville, de son côté, objecta ses habitudes réglées, si nécessaires à sa santé; d'ailleurs il ne chassait plus depuis longtemps. Quant à Gérard, en sa qualité de *Nemrod* débutant, il préférait, disait-il, au lieu d'aller se perdre dans une foule de tireurs consommés qui lui voleraient sa gloire et son plaisir, ouvrir sans faste, avec un des gardes de son père, la chasse sur les terres de Morville, sûr ainsi de n'être pas un objet de raillerie, d'avoir les conseils d'un chasseur expérimenté et de rapporter du gibier. Telle fut, du moins, l'excuse, après tout plausible, donnée par Gérard pour ne pas accompagner sa mère et sa sœur.

Il fut donc convenu que madame de Morville et Alphonsine iraient seules chez madame de Noirfeuille. M. de Morville, Gérard et miss Mary resteraient au château pendant les dix jours que les fêtes de l'ouverture de la chasse devaient se prolonger. Nous dirons plus tard comment ces fêtes devaient aussi servir de prétexte à certaine rencontre depuis longtemps préparée en secret par M. et madame de Morville.

Alphonsine faisait, en cette circonstance, son entrée dans le monde; elle demandait des avis à sa mère, à miss Mary, et, quinze jours à l'avance, elle rêvait aux plaisirs qui l'attendaient.

Une seule chose cependant attristait la chère enfant : miss Mary semblait souffrante; sa pâleur, son affaiblissement, qu'elle ne pouvait cacher malgré son courage, inquiétaient la famille de Morville; mais l'institutrice assura que son indisposition était fort légère. L'absence d'Alphonsine, ajoutait l'institutrice, lui permettrait de prendre des vacances d'une huitaine de jours, et ce repos absolu rétablirait certainement sa santé.

Alphonsine, après avoir tendrement embrassé miss Mary, partit avec sa mère; de ce moment l'institutrice ne quitta plus sa chambre. Chaque matin, et plusieurs fois dans la journée, M. de Morville envoyait s'informer de la santé de la malade, et quoique celle-ci se fût plusieurs fois refusée à prendre les conseils d'un médecin, elle consentit à recevoir celui que M. de Morville lui envoya.

— Miss Mary, — dit le docteur, — sans être gravement indisposée, a cependant une assez forte fièvre. Cette fièvre est inquiétante, surtout comme symptôme, plusieurs maladies dangereuses débutant de la sorte. Mais si la fièvre cesse, l'indisposition n'aura aucune suite.

Gérard, n'ayant que par son père des nouvelles de l'institutrice, profitait des prétextes d'absence que lui offrait son prétendu goût pour la chasse. Il partait le matin et ne rentrait que le soir, ne voulant être accompagné de personne; s'excusant sur sa maladresse, il revenait toujours son carnier vide. Le dîner se passait silencieux et triste entre M. de Morville et son fils; tous deux soucieux, préoccupés, semblaient craindre de se mutuellement interroger sur la cause de cette préoccupation qui ne pouvait cependant leur échapper ni à l'un ni à l'autre. Le rapport du médecin sur la santé de miss Mary faisait seul les frais de l'entretien. Le dîner terminé, Gérard se disait harassé de fatigue, et M. de Morville remontait chez lui.

Les jours se succédaient ainsi. La santé de miss Mary commençait de donner de vives inquiétudes au médecin; il parlait de la possibilité d'une fièvre typhoïde. La jeune fille avait écrit de son lit à M. de Morville pour le supplier de ne pas instruire sa femme et sa fille de la gravité de son indisposition, craignant d'alarmer Alphonsine et de nuire ainsi à ses plaisirs. M. de Morville se conforma aux désirs de miss Mary. D'ailleurs, dans de telles circonstances, la présence de sa femme et de sa fille l'eût embarrassé. De temps à autre Alphonsine écrivait à son frère, et lui parlait avec un naïf enthousiasme des plaisirs qui se succédaient autour d'elle, lui faisant aussi le portrait de plusieurs hôtes du château de Noirfeuille. A ce propos, elle lui écrivait ainsi dans l'une de ses dernières lettres :

« Parmi les personnes invitées chez madame de Noirfeuille, il en est une surtout qui a beaucoup plu à ma mère; elle le connaissait déjà de réputation (cette personne est *un monsieur*). Ce qui m'a peut-être fait partager l'avis de maman sur *ce monsieur*, c'est que j'ai su qu'il avait été ton camarade de collège; mais comme il a cinq ou six ans de plus que toi, il était dans les *grands* quand tu étais encore dans les *petits*. N'espère pas que je te dise son nom; je suis en train de jouer aux mystères, même avec l'inconnu, qui, au reste, ne le sera pas longtemps pour toi, car ma mère l'a invité, quand il quittera le château de madame de Noirfeuille, à venir passer avec toi quelques jours, afin que vous renouveliez connaissance. L'on nous avait dit que depuis un an l'*inconnu* était livré à une sombre tristesse; mais il n'y paraît plus beaucoup maintenant, et sauf une certaine mélancolie qui contraste avec la bruyante gaieté des autres personnes et ne me déplaît pas du tout, il est impossible de se montrer plus aimable, plus prévenant que *le monsieur*. Aussi je trouve que ma mère a eu une très bonne idée en l'invitant à venir passer quelque temps avec nous. Mon père sera instruit de cette invitation par le même courrier qui te porte cette lettre; mais n'interroge pas mon père sur le nom que je te cache : il a *ordre* de ne te rien dire et de garder encore deux autres secrets.

» Adieu, sois très tourmenté de ta curiosité ; c'est un moyen de te faire désirer notre retour. Dans la lettre que j'ai écrite à miss Mary, j'ai oublié de lui dire que tout le monde ici me charge de compliments pour elle. J'en suis toute fière, et je les envoie avec ma pensée à cette bonne et charmante amie, qui m'a rendu l'étude si douce et les années de travail si heureuses. Dis-lui enfin, comme toujours, que je l'aime du fond du cœur. »

M. de Morville reçut par le même courrier cette lettre de sa femme :

« J'espère, mon ami, que tout réussira selon nos désirs; ainsi que je te l'ai déjà dit dans ma dernière lettre, je crois que nous devons de plus en plus nous applaudir de notre résolution ; elle était prudente ; et, au pis aller, si rien ne s'était conclu, nous aurions ménagé la susceptibilité de ton vieil ami et de son fils, dont je suis vraiment enchantée. Mais, Dieu merci ! nous ne pouvons plus avoir cette crainte. M. Théodore de Favrolle a été d'une parfaite franchise, et hier nous avons causé *à fond*. Voici à peu près ce qu'il m'a dit :

» — Je ne vous le cache pas, madame, j'ai été pendant plus d'une année en proie à une passion profonde, passion aussi insensée qu'elle a été malheureuse et inutile, puisque la personne qui me l'avait inspirée l'a toujours ignorée. Mon père, à cette époque, m'a plusieurs fois parlé de projets de mariage : j'ai toujours refusé, d'abord parce que j'étais amoureux, puis parce qu'il me semblait indigne d'un honnête homme de se marier n'ayant pas le cœur libre. Le temps, la réflexion aidant, j'ai reconnu la folie de cet amour ; il s'est peu à peu éteint, et il ne m'en reste qu'une extrême lassitude de la vie de garçon, un ardent désir de goûter les douces joies de la famille. Mon père, me voyant dans ces dispositions, est revenu à son projet favori, mon mariage avec mademoiselle de Morville. J'ai accepté cette espérance avec bonheur, si toutefois je pouvais être agréé par mademoiselle votre fille, ne doutant pas qu'elle réunît toutes les qualités désirables. Mon espoir a été dépassé; aussi je regarderai comme le plus beau jour de ma vie celui où j'aurai l'honneur d'entrer dans votre famille. Mon père, d'accord avec vous et M. de Morville, a cru qu'avant de faire connaître vos projets à mademoiselle Alphonsine, il serait bon qu'elle me vît et me connût, non comme prétendant, mais comme étranger, afin de ménager ma susceptibilité dans le cas où je n'aurais pas le bonheur de plaire à mademoiselle votre fille. J'ai senti la parfaite délicatesse de ce procédé, madame; je vous en suis profondément reconnaissant. Mon invitation chez l'un de nos amis communs, M. de Noirfeuille, était un excellent prétexte à cette rencontre. Puisse-t-elle m'avoir été favorable!

» J'ai répondu à M. de Favrolle ce qui était vrai : c'est que Alphonsine, adroitement interrogée par moi, le trouvait fort de son goût, et avait été touchée des prévenances qu'il lui avait témoignées. La pauvre enfant, assez insoucieuse jusqu'ici de la coupe de ses robes et de sa coiffure, se recherche maintenant dans sa toilette. Elle s'occupe beaucoup de ce que pense ou dit d'elle M. de Favrolle, et son premier regard est toujours pour lui dès qu'il entre dans le salon. Somme toute, mon ami, ils se conviennent parfaitement. Ce matin encore, M. de Favrolle me suppliait de faire part de nos vues à Alphonsine, m'assurant que l'épreuve avait assez duré, et qu'une fois accueilli par nous comme prétendant, il jouirait d'un peu plus de familiarité auprès d'Alphonsine, et pourrait alors lui parler à cœur ouvert. Tout cela était exprimé en si bons termes et avec un accent si pénétré que, malgré ma promesse de ne pas donner ma parole sans te consulter, j'ai été sur le point de dire *oui* à M. de Favrolle.

» J'attends donc, pour dire ce *oui*, ton autorisation par le prochain courrier. Je l'attends avec d'autant plus d'impatience, qu'une certaine madame Desmazures, qui a une fille à marier, me semble avoir jeté son dévolu sur M. de Favrolle. Elle l'obsède, elle le pourchasse, et comme sa fille est fort jolie et nullement timide, j'aimerais mieux que nos projets de mariage fussent convenus et proclamés ouvertement; cela mettrait un frein à l'ardeur de cette madame Desmazures.

» Voici enfin une autre preuve que M. de Favrolle est loin de déplaire à Alphonsine. Tu le sais, la pauvre enfant n'a de sa vie dit de méchancetés sur personne; eh bien, elle tourne à l'aigreur lorsqu'elle parle de cette madame Desmazures, et surtout de sa fille, qui fait à M. de Favrolle des agaceries de la dernière inconvenance : c'est au point que, ce matin, j'ai trouvé notre chère enfant tout en larmes. Je lui ai demandé la cause de ce chagrin; elle a prétexté une migraine; mais je me suis souvenue qu'hier soir cette impertinente petite Desmazures, au moment où l'on allait danser au piano, avait eu l'effronterie de venir dire à M. de Favrolle, qui causait avec nous :

» — Eh bien! monsieur de Favrolle, vous oubliez que je vous ai accordé la première contredanse ?

» Ce pauvre M. de Favrolle, ainsi provoqué à brûle-pourpoint, a bien été obligé d'accepter l'invitation de cette impudente; mais il m'a dit tout bas :

» — Je vous prie de croire, madame, que si j'avais voulu danser, j'aurais prié d'abord mademoiselle Alphonsine de me permettre de l'engager.

» Notre chère enfant a été toute la soirée d'une tristesse mortelle (car je crois, entre nous, qu'elle sera très jalouse). Ce matin, je te le répète, je l'ai trouvée tout en larmes!

11.

» Tu le vois, mon ami, il faut nous hâter de prendre un parti. Les Noirfeuille me supplient de leur accorder quelques jours encore. Je n'y vois pas, quant à moi, d'inconvénient. Tu décideras; mais, je te l'avoue, je voudrais assez prolonger mon séjour ici pour faire crever d'envie cette madame Desmazures. N'a-t-elle pas honte de jeter à la tête des gens son effrontée fille, capable d'engager les hommes qui ne songent pas à la faire danser! Une fois M. de Favrolle admis près de nous comme *futur*, toutes les Desmazures du monde, voyant qu'il n'y a rien à faire pour elles, enrageraient. Ce serait leur punition, et, ma foi! j'en jouirais avec délices.

» Adieu, mon ami, embrasse Gérard, et réponds-moi courrier par courrier.

» L. DE M. »

« J'oubliais d'abord de te demander des nouvelles de miss Mary, dont l'indisposition n'aura pas de suites, je l'espère; puis, de te faire part d'une folle idée d'Alphonsine. Tu sais que M. de Favrolle a été le protecteur de miss Mary pendant son voyage de Calais à Paris, et qu'elle nous a souvent parlé de lui devant Alphonsine avec autant d'estime que de reconnaissance. Sais-tu ce que cette chère enfant a imaginé? De cacher à M. de Favrolle qu'elle a miss Mary pour institutrice, afin de jouir de leur surprise à tous deux, lorsqu'ils se reconnaîtraient en se rencontrant chez nous. C'est un enfantillage auquel je ne vois aucune objection; j'ai pris sur moi de promettre à Alphonsine que toi et moi nous serions ses *complices*. Ah! j'oubliais un autre mystère : j'ai encore, selon que nous en étions convenus, invité M. de Favrolle à venir passer quelques jours chez nous. Alphonsine, sachant qu'il a été au collége avec Gérard, désire que tu ne l'avertisses pas de cette invitation, afin de jouir aussi de la surprise de son frère. J'ai encore promis d'être complice ; ne trahis donc pas notre secret, et surtout réponds-moi vite. Les Desmazures me sont insupportables avec leurs impertinentes prétentions. »

M. de Morville consentit à ce que sa femme lui demandait : elle prolongea son séjour chez madame de Noirfeuille, et les projets de mariage entre Alphonsine et M. de Favrolle furent rendus publics. M. de Morville ne vit non plus aucun inconvénient à se rendre *complice* des deux surprises que sa fille voulait ménager à son institutrice et à Gérard.

Miss Mary, après avoir été très gravement malade, entrait en pleine convalescence, lorsque madame de Morville, sa fille et M. de Favrolle revinrent de chez madame de Noirfeuille.

La double surprise eut lieu.

Gérard fut très heureux de reconnaître un ancien camarade de collége dans le fiancé de sa sœur, M. de Favrolle, et celui-ci resta frappé de stupeur en reconnaissant dans l'institutrice de sa fiancée la jeune fille dont il avait été si longtemps et si profondément épris.

XVII

Le parc de Morville était borné au nord par une rivière peu large, mais profondément encaissée ; ses eaux rapides baignaient le pied d'un rocher d'une assez grande hauteur, sorte de muraille naturelle au sommet de laquelle s'élevait un pavillon composé de plusieurs pièces, où souvent la famille de Morville venait s'établir pendant des journées entières pour jouir du vaste et délicieux panorama que l'on découvrait de cet endroit.

A cette époque de l'année, le paysage offrait un aspect morne et triste ; les arbres, dépouillés de leur verdure, formaient des masses noirâtres à l'horizon, voilé par les brumes d'hiver. L'on était arrivé aux premiers jours de février. Quoique la température fût adoucie, le pavillon des *Rochers*, soigneusement chauffé, recevait de nombreuses visites ; mais les visiteurs, au lieu de s'y rendre ensemble, comme des gens qui doublent leurs plaisirs en les partageant, semblaient presque s'éviter en venant dans cette retraite, desservie par deux escaliers, l'un intérieur, l'autre extérieur et conduisant à un belvédère.

M. Théodore de Favrolle était depuis un quart d'heure assis dans la bibliothèque, située au premier étage ; après une longue hésitation, il avait écrit un billet qu'il tenait à la main ; il se leva et alla le remettre à son domestique, qui l'attendait dans un petit vestibule.

— Portez cette lettre, — lui dit-il en lui montrant le nom écrit sur l'adresse ; — vous me rapporterez la réponse, je l'attendrai ici.

Le serviteur s'éloigna. M. de Favrolle se retournait pour rentrer dans la bibliothèque, quand il se trouva en face du frère d'Alphonsine.

Gérard n'était plus cet écolier qui cherchait à se donner des apparences d'une mélancolie souffreteuse, heureusement démentie par le frais coloris de son teint. Non, sur son visage pâle et amaigri se lisaient déjà les traces profondes d'une douleur vraie ; il ne restait rien en lui de l'enfant ou de l'écolier : c'était le jeune homme inaugurant la vie par la souffrance.

— Théodore, je t'attendais, — dit-il à M. de Favrolle.

— Tu m'attendais? C'est donc toi que j'ai entendu tout à l'heure dans l'escalier qui conduit au belvédère?

— Non.

— Cependant j'aurais parié que tu dissimulais ton *ascension* en marchant sur la pointe de tes gros souliers de chasse.

Sans rien dire, Gérard lui tendit un pied chaussé à l'ordinaire et dit :

— C'est un des gens de la maison qui sera monté au belvédère.

— Peu importe, — reprit M. de Favrolle; — mais si tu m'attendais, il y a un quart d'heure que je suis ici, pourquoi n'entrais-tu pas?

— Je t'avais entendu donner l'ordre à ton domestique d'attendre une lettre; je voulais être seul avec toi pour te parler.

— Diable! — répondit M. de Favrolle avec un sourire un peu forcé, — il paraît qu'il s'agit de quelque chose de grave.

— De très grave, — répondit Gérard d'une voix concentrée.

En parlant ainsi, les deux jeunes gens entrèrent dans la bibliothèque, pièce principale du pavillon, éclairée par trois fenêtres s'ouvrant sur la campagne. Dans un coin, l'on voyait un de ces longs hamacs de coton de Lima où l'on cherche le sommeil par un doux balancement durant les chaudes journées de l'été; ailleurs, de larges et profonds fauteuils semblaient vous inviter à la lecture ou à la rêverie. C'était là qu'en des jours plus heureux, la famille de Morville se réunissait souvent pour lire en commun quelque ouvrage de choix, ou pour se livrer, après la promenade, aux doux épanchements d'une conversation intime.

M. de Favrolle s'assit devant une table où se trouvait un

livre ouvert qu'il n'avait pas lu ; Gérard se plaça non loin du fiancé de sa sœur, posa son coude sur la table, appuya son front dans sa main et garda le silence.

— Gérard, — dit M. de Favrolle, — je t'écoute.

— A la fin de l'automne, — reprit Gérard d'une voix grave, — tu as rencontré ma mère et ma sœur chez madame de Noirfeuille ; un ancien projet, formé par mon père et par le tien, a été en partie réalisé ; tu as demandé la main de ma sœur : elle t'a été accordée. Bientôt le bruit a couru que M. Théodore de Favrolle devait épouser mademoiselle de Morville ; ceci se passait, je le répète, à la fin de l'automne dernier.

— A quoi bon ces souvenirs ?

— Écoute encore. Fiancé de ma sœur, ma mère dut t'inviter à venir passer quelque temps ici. Tu avais autrefois rencontré en voyage l'institutrice d'Alphonsine ; celle-ci, par enfantillage, voulut s'amuser de la surprise que te causerait la rencontre inattendue de cette jeune personne. Toute ma famille se rendit solidaire de cet innocent complot. Vint le moment que ma sœur avait ménagé avec tant de soin, et où, riant de tout son cœur, elle vous présenta au déjeuner l'un à l'autre, toi et son institutrice. Le changement qui s'opéra sur tes traits fut subit et profond.

— Tu m'observais donc très attentivement ? — reprit M. de Favrolle avec amertume.

Cette question parut embarrasser un moment Gérard ; cependant il répondit sans lever les yeux :

— Ma sœur avait trop souvent parlé de la surprise qu'elle attendait de cette rencontre, pour que chacun ne fût pas curieux d'examiner les effets de ce double étonnement.

— Alors chacun a pu remarquer avec quelle parfaite indifférence miss Mary m'a accueilli.

— Je ne parle pas de miss Mary, — répondit Gérard avec

une certaine hauteur, tressaillant à ce nom prononcé pour la première fois dans cet entretien; — je parle de toi, Théodore, et la présence de l'institutrice de ma sœur t'a causé, je l'ai vu, un embarras et un trouble profonds.

— Gérard! — reprit M. de Favrolle, — ceci ressemble fort à un interrogatoire, interrogatoire d'autant plus étrange, que je sortais du collége quand tu commençais à y balbutier du latin; en un mot, depuis six ans je suis un homme... et il y a six mois tu étais encore un écolier.

— Il y a quelque temps, de pareilles paroles m'auraient humilié ou irrité, — reprit mélancoliquement Gérard; — aujourd'hui, je te l'avoue, j'ai le cœur rempli de choses si nouvelles, si grandes, que toute vanité puérile est éteinte en moi... oui, et tu peux même dédaigneusement sourire comme en ce moment sans me blesser.

— Soit! — répondit M. de Favrolle, frappé de l'accent de Gérard, — c'est sérieux! parlons sérieusement.

— C'est ce que je fais depuis le commencement de cet entretien. Lors de ton arrivée dans notre famille, la paix et le bonheur y régnaient; à cette heure, quelle différence! Mon père est sombre et accablé, Alphonsine a perdu le pouvoir de le distraire, il me supporte à peine, et quand nous sommes seuls, son silence obstiné me glace et me rend muet; ma mère semble en proie à un secret chagrin; ma sœur n'est plus reconnaissable; chaque jour sa pâleur, sa faiblesse, augmentent; elle reste souvent plongée dans un morne silence dont notre tendresse ne peut l'arracher. En vain le médecin a assuré qu'il ne voit rien d'alarmant dans l'état maladif d'Alphonsine. Moi, cet état m'inquiète, m'effraye.

M. de Favrolle interrompit Gérard en se levant pour aller ouvrir la porte extérieure du pavillon, car il venait d'entendre un bruit de pas qui s'approchaient. En effet, les deux jeunes gens virent bientôt entrer le domestique à qui M. de Favrolle avait remis un message une demi-heure auparavant; mais au moment où il allait parler, son maître, d'un signe, lui imposa silence, et sortit avec lui de la bibliothèque, dont il ferma la porte.

— Et mon billet? — lui dit-il à voix basse, en tournant les yeux vers la pièce voisine, comme pour s'assurer que Gérard ne pouvait l'entendre, — mon billet?

— Je l'ai remis moi-même, monsieur.

— La réponse?

— Mademoiselle Mary sera ici à midi.

— Ici? dans ce pavillon?

— Oui, monsieur; elle a dit : Dans le pavillon du Rocher.

— C'est bien; pas un mot de tout ceci.

Et M. de Favrolle rentra dans la bibliothèque.

Le domestique sortit du pavillon se disant en lui-même :

— Madame Pivolet va pousser des : Ah! mon Dieu! quand je vais lui raconter la chose; fameux!

M. de Favrolle retrouva Gérard dans la position où il l'avait laissé, mais son visage semblait encore plus altéré qu'au début de l'entretien.

— Théodore, — lui dit le jeune homme sans lever les yeux, — si je te demandais quel est ce message que tu parais avoir tant d'intérêt à me cacher, si je te le demandais au nom de notre bonheur à tous, me répondrais-tu?

— Non! — répliqua M. de Favrolle d'un ton sec.

Tous deux gardèrent le silence. Au bout d'un instant, Gérard reprit d'un ton calme :

— Tout à l'heure je te parlais du malheur qui pèse sur ma famille, si heureuse avant ton arrivée dans cette maison; je te parlais du chagrin qui tue lentement ma sœur.

— Franchement, Gérard, — répondit M. de Favrolle après un moment d'hésitation, — tu as mal choisi ton jour pour me faire ces confidences, je ne veux pas dire ces reproches : ils seraient absurdes.

— Je n'ai pas choisi ce jour, — dit gravement Gérard, — non, je ne l'ai pas choisi; j'ai attendu que le malheur des miens, se joignant à ce que je souffrais, eût comblé la mesure; alors je me suis dit : Il est temps! Je t'ai demandé cet entretien et je te dis ceci : Tu es la cause du mal dont ceux qui me sont chers souffrent aujourd'hui.

— Moi?

— Toi!

— Quoi! ton père, ta mère, t'auraient dit...

— Ils ne m'ont rien dit; je les aime, j'ai deviné.

— Tu te trompes.

— Je ne me trompe pas. Mon père, lié avec le tien d'une vieille amitié, retenu par des scrupules pleins de délicatesse, n'ose, non plus que ma mère, te presser de fixer enfin le jour d'une union depuis si longtemps convenue. Ils osent encore moins te dire : Tout est rompu, car ma pauvre sœur t'aime... t'aime, hélas! passionnément. Maintenant, réponds! est-il honorable à toi de persister à reculer indéfiniment l'époque de ton mariage avec Alphonsine? Et si tu es décidé à ne pas l'épouser, as-tu le droit de rester plus longtemps ici?

— Trêve à ces questions! — s'écria M. de Favrolle, — ne me force pas d'y répondre.

— Je ne veux pas de querelle; cela m'éloignerait de mon but. Encore une fois, songes-tu, oui ou non, à rompre un mariage que ton père et le mien ont dû croire définitivement arrêté?

— Ma résolution est toujours la même.

— D'épouser ma sœur?

— Oui.

— Quand?

— Plus tard.

— Fixe une époque, un jour.

— Est-ce lorsque ta sœur est aussi souffrante que tu le dis toi-même, que l'on peut fixer le jour d'un mariage?

— Ce jour désigné, elle renaîtra à l'espérance, à la vie.

— Tu es un enfant.

— Cela n'est pas répondre; ton hésitation tue ma sœur; que cette hésitation cesse, que la pauvre Alphonsine ait foi en tes promesses, et, je te le dis, elle retrouvera la santé, le bonheur.

— Eh bien, je m'entendrai avec ton père pour fixer le jour.

— Soit! allons chez mon père à l'instant.

— Pas aujourd'hui.

— Pourquoi?

— Parce que cela ne me plaît pas.

— C'est une défaite.

— Eh mordieu! défaite, soit! — s'écria M. de Favrolle, poussé à bout par l'opiniâtre insistance de Gérard; — crois-tu donc, à la fin, qu'un échappé de collége m'imposera sa volonté? J'ai été trop bon de t'écouter et de te prendre au sérieux! Ah çà! me crois-tu ta dupe? Est-ce que, sous ces beaux dehors, je ne pénètre pas le fond de ta pensée? Est-ce que, si je te disais: Ne vois pas en moi un rival; je ne songe pas à contrarier tes jeunes amours, tu prendrais si chaudement le parti de ta sœur? Ah! tu te tais maintenant, tu rougis!

— Je n'ai ni à me taire ni à rougir : mon avenir est libre.

— Et ma liberté, à moi! est-elle donc tellement engagée que je ne puisse plus jamais la reprendre?

— Tu l'avoues enfin, tu veux rompre avec ma sœur?

— Tu l'avoues enfin, c'est la jalousie qui te fait si ardemment désirer ce mariage?

— Ah ! c'est trop ! — s'écria Gérard en bondissant de son siège ; puis, se plaçant devant M. de Favrolle, qui venait aussi de se lever, il ajouta : — A bas les masques ! Théodore, tu aimes miss Mary !

— Oui !

— Je l'aime aussi !

— Tant pis pour toi !

— Lorsque deux hommes aiment la même femme, que font-ils ?

— Des fous s'égorgent.

— Alors, je suis fou !

— Et moi, je le deviens.

— A quand donc ?

— A ce soir !

Soudain la porte de la bibliothèque s'ouvrit, et miss Mary parut.

XVIII

Les deux jeunes gens restèrent stupéfaits à la vue de miss Mary ; mais celle-ci, s'avançant vers eux avec un calme parfait, alla ouvrir la fenêtre et leur dit :

— Excusez-moi, messieurs, mademoiselle Alphonsine a désiré venir passer quelques moments ici, afin de jouir de cette belle journée d'hiver.

M. de Favrolle et Gérard échangèrent un regard expressif, pour se demander si l'institutrice avait pu entendre les provocations qu'ils échangeaient lors de son entrée dans la bibliothèque ; mais rien dans l'attitude ou dans la voix de la jeune fille n'indiquait le trouble ou l'inquiétude.

— Monsieur de Favrolle, — dit miss Mary du ton le plus naturel, — ayez la bonté de m'aider à approcher de la fenêtre ce canapé ; mademoiselle de Morville désire se reposer dans ce pavillon.

Tandis que M. de Favrolle rendait à miss Mary le service qu'elle venait de lui demander, elle continua, s'adressant à Gérard :

— Votre sœur fait un tour de parc dans la calèche ; la pauvre enfant est bien faible, bien fatiguée ; vous devriez aller la rejoindre et essayer de la distraire.

Gérard, regardant M. de Favrolle, qui, sans mot dire, s'occupait lentement à placer et à déplacer les coussins du canapé, hésitait à laisser, même pendant un instant, son rival en tête-à-tête avec miss Mary. Celle-ci, s'apercevant de l'hésitation de Gérard, lui dit affectueusement :

— Est-ce que vous ne voudriez pas aller tenir compagnie à Alphonsine ?

Gérard sortit en courant, mais sans refermer la porte.

A peine fut-il dehors que M. de Favrolle s'approchant vivement de miss Mary, qui continuait à tout disposer pour recevoir la jeune malade, lui dit à mi-voix et d'un ton mystérieux :

— J'ai reçu votre réponse, mademoiselle ; vous viendrez, n'est-ce pas ?

— Monsieur, — répondit simplement l'institutrice, — je ne promets jamais que ce que je veux tenir.

— Ainsi vous viendrez à midi ?

— A midi, — répéta miss Mary à voix haute, tandis que son regard ferme et serein faisait baisser les yeux de M. de Favrolle. — En attendant, monsieur, veuillez me laisser seule ici, où mademoiselle de Morville ne tardera pas à venir.

M. de Favrolle, surpris de l'accueil glacial de miss Mary, qui, selon lui, s'accordait mal avec le rendez-vous qu'elle lui accordait, s'inclina en répétant à mi-voix : — A midi !

En ce moment madame Pivolet entra rapidement, sans voir d'abord M. de Favrolle et miss Mary, qui se trouvaient près d'une fenêtre, et se dirigea vers la porte de l'escalier du belvédère. Au mouvement que fit M. de Favrolle pour sortir, la femme de charge détourna la tête et s'arrêta comme surprise de trouver quelqu'un dans la bibliothèque. Le jeune homme était déjà sorti qu'elle restait encore immobile, regardant l'institutrice avec une curiosité malveillante.

— Mademoiselle de Morville continue sans doute sa promenade ? — dit miss Mary.

— Alphonsine ? — répondit madame Pivolet d'un ton brusque. — Alphonsine pleure !

— Elle pleure ! — répéta miss Mary avec inquiétude. — Que lui est-il donc arrivé ?

— Il lui arrive.... que vous ne la ferez plus pleurer longtemps, entendez-vous !

— Que voulez-vous dire, madame Pivolet ?

— A nous deux, maintenant ! — s'écria la femme de charge sans répondre à l'institutrice, et s'avançant vers elle d'un air si menaçant, que, malgré elle, miss Mary fit quelques pas en arrière, avantage dont profita aussitôt la femme de charge pour faire un pas de plus en avant.

Miss Mary, regrettant d'avoir cédé à un premier mouvement de peur involontaire, vit à sa portée une table où elle avait en entrant déposé son panier à ouvrage, comptant s'occuper de sa broderie tandis qu'Alphonsine reposerait sur le canapé.

S'asseyant alors auprès de cette table avec un sang-froid qui stupéfia madame Pivolet, l'institutrice prit sa bande de mousseline à demi brodée, éleva son aiguille au jour pour y passer le fil, et dit à la femme de charge :

— De quoi s'agit-il, madame Pivolet?

La nourrice d'Alphonsine, voyant dès le début l'institutrice changer par une simple attitude une grande scène en conversation ordinaire, fut complétement déroutée; mais la colère, un moment comprimée, faisant enfin explosion, elle s'écria :

— Ainsi vous croyez, vous, qu'on viendra comme ça de l'étranger, d'une île, car, après tout, vous n'êtes qu'une insulaire! mettez-vous bien cela dans la tête, ma chère demoiselle! vous croyez qu'on viendra dans une maison où on n'a jamais entendu parler de vous, prendre la meilleure place à côté des maîtres, à table, au salon, partout! Vous croyez qu'on accaparera à soi toute seule une enfant qu'on a nourrie de son lait comme je l'ai nourrie, moi! et que ça se passera sans que de braves gens qui sont là depuis vingt ans se sentent humiliés et scandalisés! Ah! que nenni, la belle insulaire!

— Madame Pivolet, — répondit miss Mary avec un calme imperturbable, — veuillez, je vous prie, vous retirer un peu de côté, vous êtes devant la fenêtre et vous masquez le jour.

— Si je masque le jour, — s'écria la femme de charge en obéissant néanmoins par habitude à miss Mary, et se rangeant de côté, — si je masque le jour, il y a des insulaires qui masquent leur conduite, qui font les mijaurées, la petite bouche, et qui ont, pour commencer, car nous ne sommes pas au bout, et qui ont, pour commencer, un amant aux Indes! Hé! hé! c'est plus commode; ça vous a un air, et surtout ça ne gêne pas ceux qui voudraient essayer de prendre sa place... à ce chéri d'Inde!

A cette grossièreté, miss Mary demeura impassible, mais son cœur se serra douloureusement en entendant profaner ainsi ce sentiment si pur, si noble, l'unique consolation de ses jours d'épreuves. Les larmes lui vinrent aux yeux; un moment elle eut la pensée de laisser la place à madame Pivolet et d'aller rejoindre Alphonsine, mais, retenue par sa dignité, l'institutrice resta dans le pavillon, continuant de travailler à sa broderie, quoique un léger tremblement agitât sa main.

La femme de charge, d'autant plus irritée du calme dédaigneux de miss Mary qu'elle avait espéré la blesser plus vivement, reprit en redoublant d'amertume :

— Mais comme un amant d'Inde c'est un peu loin... il y a des insulaires qui préfèrent aimer plus près... Alors on enjôle la fille, on flatte la mère, et on lui fait croire qu'on aime tant mademoiselle qu'elle peut quitter sans danger le château, et l'on est déjà si bien d'accord avec le mari, que, dès le premier soir de l'absence de sa femme, vite, vite, on file dans la chambre de monsieur, d'où l'on ne sort que parce qu'il faut bien aller coucher l'enfant qui vous gêne.

Miss Mary croyait avoir eu seule, jusqu'alors, le secret de la triste passion de M. de Morville, passion aussi profonde que réservée. L'institutrice fut donc péniblement affectée de voir ce dangereux secret au pouvoir de la femme de charge, qui reprit :

— Mais bientôt on se dit : « Bah ! un père, c'est coriace, et puis à quoi ça peut-il mener? à une petite pension de retraite; tandis qu'un jeune et joli garçon, novice comme une demoiselle, c'est du solide, c'est riche, ça épouse. » Et après avoir enjôlé le père, on enjôle le fils de la maison.

Le coup était trop rude : miss Mary bondit; mais à peine debout, elle sentit ses jambes se dérober sous elle; la force allait lui manquer, de misérables calomnies allaient l'abattre sous les yeux de cette folle qui, déjà triomphante, lui disait avec un sourire sardonique :

— Eh bien! qu'est-ce que vous avez donc, la belle insulaire? On dirait que vous vous trouvez mal.

— Voyez, je vous prie, si ma pelote de coton n'est pas tombée à terre, — lui répondit de la voix la plus calme la pauvre torturée, qui avait repris son empire sur elle-même.

Madame Pivolet, cédant comme toujours à son habitude d'obéissance, se baissa pour chercher la pelote sous la table, mais, se relevant brusquement, elle reprit comme par réflexion :

— Ah çà! je suis bien bête de vous obéir. Est-ce que je suis votre domestique, moi? Non, non, au contraire, c'est vous que je traiterai comme ma servante, car je sais tous vos secrets, ils sont gentils! Comptons un peu, l'insulaire : premièrement, l'amant d'Inde; deuxièmement, M. de Morville; troisièmement, ce pauvre innocent, M. Gérard; quatrièmement... car il y a un quatrièmement... qui s'appelle M. de Favrolle, que vous avez la petitesse de vouloir enlever à ma pauvre Alphonsine. Mais, jour de Dieu! foi de Pivolet!...

— Osez-vous parler ainsi, malheureuse que vous êtes! — s'écria une voix tremblante de colère.

La femme de charge se retourna et vit entrer Gérard, qui avait entendu ses dernières paroles si grossièrement adressées à miss Mary. Il allait éclater en reproches lorsque d'un geste rempli de dignité l'institutrice apaisa le courroux de Gérard; puis elle lui dit :

— Vous avez quitté votre sœur, monsieur Gérard?

— Oui, miss Mary; mais la promenade semble la fatiguer, et puis Alphonsine est tellement silencieuse et attristée que je ne voudrais pas rester seul avec elle; en ce moment je crains de savoir mal la distraire. Je viens vous prier de vouloir bien m'accompagner auprès d'elle.

Miss Mary accepta cette offre avec empressement. Elle sauvait ainsi sa dignité, en ne paraissant pas fuir devant les absurdes accusations de madame Pivolet; elle accepta donc le bras de Gérard, et, le cœur brisé, l'esprit bourrelé en pensant au funeste usage que madame Pivolet pouvait faire des secrets qu'elle avait pénétrés, la pauvre jeune fille sortit précipitamment du pavillon avec le frère d'Alphonsine.

— Va, va, belle insulaire, — dit la nourrice en suivant miss Mary du regard, — ils saigneront longtemps les coups d'épingle que je t'ai flanqués en plein cœur! Ah! tu viens ici m'enlever l'affection de mon Alphonsine! Patience, tu n'es pas au bout. Ce n'est que le commencement. — Puis, allant doucement vers une des portes du pavillon, elle ajouta : — Cette vieille brute de père Chênot doit être là, au rendez-vous. L'insulaire et ce pauvre innocent de M. Gérard sont, ma foi, sortis bien à temps.

Ce disant, madame Pivolet ouvrit la porte avec précaution et appela :

— Père Chênot! père Chênot!

A ce nom répondit le bruit retentissant de deux gros sabots traînant sur les marches de l'escalier extérieur qui conduisait au belvédère, puis parut un vieil homme, vêtu en berger. Il s'appuyait sur un long bâton; sa figure annonçait un manque absolu d'intelligence, et il regardait madame Pivolet d'un air de déférence hébétée.

— Père Chênot, — dit la femme de charge d'un air mystérieux et solennel, — le moment est venu, il n'y a plus à reculer.

— Non, madame Pivolet.

— Je vous ai donné rendez-vous ici, afin de bien convenir de tout, car le temps presse; je ne savais pas qu'on viendrait dans le pavillon; vous avez bien fait, entendant quelqu'un, de monter au belvédère.

— Oui, madame Pivolet, je me suis ensauvé là-haut, quand j'ai vu que l'on venait ici.

— Êtes-vous bien décidé à la chose?

— Décidé à mort, madame Pivolet! voilà trop longtemps que ça dure. Ma pauvre femme est comme une vieille brebis qui a le *mal de pied* aux quatre pattes; il y a plus de deux ans qu'elle ne *mouve* point de son lit; vous m'avez promis que la chose que vous savez, en délivrant la mère Chênot du sort qu'on lui a jeté, la ferait *mouver*; ça me va.

— Ça doit vous aller d'autant mieux, mon brave homme, que vous avez en vain essayé du crapaud.

— Oui, madame Pivolet, je lui ai enfoncé les épingles dans le dos en criant sept fois *Barrabas* comme un forcené. Eh bien, la mère Chênot n'en a point plus *mouvé* qu'une souche.

— Preuve qu'il faut autre chose pour rompre le sort que la sorcière a jeté sur elle.

— Bien sûr.

— Et voyez, père Chênot, que vous n'êtes pas le seul qui ayez à souffrir des sorts de la sorcière, et si on la laissait faire, le canton, le département, la France, le monde entier serait ensorcelé.

— Ce qu'il y a de certain, c'est que Jean-Louis a perdu son bourriquet.

— Sorcellerie! infernale sorcellerie!

— Et la mère Jeanne a eu sa vache deux fois engonflée en une semaine. Je sais bien qu'il y a des gens du village qui disent que la sorcellerie, c'est des bêtises, et que si la vache de la mère Jeanne a engonflé, c'est pour avoir mangé trop de trèfle vert.

— Ceux qui disent cela, père Chênot, sont bêtes à manger du foin, ou bien ce sont de ces mauvaises gens qui ne croient ni à Dieu, ni à diable, ni à rien du tout.

— Le fait est que Grand-Pierre et Sylvain, qui disent qu'il n'y a pas de sorcellerie, aiment mieux travailler à leur champ le dimanche ou fumer leur pipe à l'ombre que d'aller à la messe.

— Voyez-vous, les renégats! J'en étais sûre. Ils finiront sur l'échafaud. En attendant, moi, je vous donne ma parole la plus sacrée que les maux affreux qui fondent depuis quelque temps sur le village sont de la sorcellerie de la pire espèce.

— Je vous crois, madame Pivolet ; vous lisez dans les livres, et nous ne sommes que de pauvres gens.

— Père Chênot, — reprit la femme de charge d'un air profond, — pour qu'une chose finisse, faut la faire cesser. Est-ce vrai?

— Vous parlez d'or, madame Pivolet.

— Pour faire cesser le sort que la sorcière a jeté sur la mère Chênot, sur le bourriquet de Jean-Louis et sur la vache à la mère Jeanne, il faut forcer la sorcière à retirer ce sort, vous comprenez cela?

— Oui, madame Pivolet, c'est ce que vous me répétez toujours. Mais croyez-vous qu'elle y consentira à retirer son sort?

— Oh! certainement, si vous allez lui dire d'un air craintif : « Faites-moi donc l'amitié de retirer le sort, s'il vous plaît, » la sorcière se moquera de vous. Mais si vous employez les grands moyens, oh! alors, soyez tranquille, elle retirera son sort, et plus vite que ça!

— Bon, bon, nous les emploierons, les grands moyens, madame Pivolet; moi, Jean-Louis, son gars, la mère Jeanne et ses deux filles, nous sommes décidés à tout, ah! mais dame! oui, à tout!

— Et la mare de la *Femme fouettée* est là pour vous prouver que ce n'est pas avec des douceurs qu'on force les sorcières à retirer les sorts qu'elles jettent sur le pauvre monde.

— Je vous dis, madame Pivolet, que nous sommes décidés à tout. Hier, à la veillée, dans ma bergerie, nous nous sommes dit : Tant pis, faut que ça finisse, nom d'un nom!

— C'est pour avoir cette assurance, père Chênot, que je vous ai fait venir ici. Donc, c'est entendu, en avant les grands moyens!

— C'est entendu.

— Vous êtes prêts?

— Nous sommes prêts.

— Ça sera la nuit, parce que les œuvres du démon se font et se défont surtout la nuit.

— C'est clair comme le jour.

— Je vous ferai prévenir par le petit Robin, je l'enverrai à votre bergerie.

— Et moi, en un rien de temps j'aurai rassemblé mon monde.

— Peut-être ce soir.

— Le plus tôt sera le mieux, car tout ce que je demande au bon Dieu et au sort, c'est que ma femme *mouve*.

— Elle *mouvera*, père Chênot, elle *mouvera*, j'en mets ma tête à couper; mais une fois le moment venu, pas de faiblesse, au moins!

— Soyez tranquille.

— La sorcière se débattra.

— On a de la poigne.

— Elle criera.

— On la laissera crier, quoi!

— Elle pleurera, elle gémira, elle prendra sa petite voix flûtée, la scélérate! pour vous dire : « Mes amis, mes bons amis, laissez-moi! ayez pitié de moi! »

— Et on lui répondra : « Et toi, sorcière, as-tu eu pitié du bourriquet à Jean-Louis et de la vache à la mère Jeanne? »

— Père Chênot, — s'écria la femme de charge avec enthousiasme, — vous seriez digne d'être un vieux de la vieille, un vrai grognard! Vous mériteriez la croix d'honneur!

— Oh! je n'en demande pas tant; pourvu que ma pauvre femme *mouve*... je serai content.

Madame Pivolet prêta l'oreille, et entendant le roulement d'une voiture, dit vivement au vieux berger en lui montrant la porte par laquelle il était entré :

— Vite, père Chênot, filez par là, et descendez par le petit escalier. Ainsi, c'est entendu, au premier avis que je vous ferai donner par le petit Robin...

— Nous serons prêts.

— Et une fois la mère Chênot délivrée du sort, elle frétillera comme une anguille, — ajouta madame Pivolet en poussant au dehors le berger, qui disparut; après quoi, elle ferma la porte sur lui.

Quelques instants après, mademoiselle de Morville entrait dans la bibliothèque, accompagnée de Gérard et de miss Mary.

XIX

Mademoiselle de Morville entra dans la bibliothèque, soutenue d'un coté par miss Mary, de l'autre par Gérard. La pauvre enfant n'était plus reconnaissable : ses yeux noirs, brillant d'un éclat fiévreux, paraissaient plus grands encore au milieu de son visage, d'une mate pâleur, creusé par la souffrance. Toujours soutenue par son frère et par son institutrice, elle alla s'asseoir devant la fenêtre sur le canapé; puis, s'y étendant, elle posa sa tête sur les coussins et ferma les yeux, sans donner un seul coup d'œil au paysage qui se déroulait au delà de la rivière.

— Alphonsine, — lui demanda miss Mary, — êtes-vous bien ainsi?

— Ma sœur, as-tu encore besoin de quelque chose? — ajouta à son tour Gérard.

Mais Alphonsine restant encore silencieuse, il ajouta :

— Si tu le préfères, nous retournerons tout à l'heure dans le parc.

— Non, j'aime mieux rester ici, — dit enfin Alphonsine d'une voix affaiblie.

— Ma sœur, veux-tu que je renvoie la voiture? elle reviendra te chercher dans deux heures.

— Non, — répondit la jeune fille en retournant sa tête vers le dossier du canapé. Puis elle reprit avec une sorte d'hésitation impatiente et fébrile : — Renvoie la voiture, je m'en irai à pied. — Gérard se dirigeait vers la porte, mais sa sœur lui dit : — Non, non, j'aime mieux que la voiture reste... je me sens trop faible pour marcher.

Les trois témoins de ces caprices maladifs restaient silencieux. Au bout d'un instant Alphonsine reprit :

— Je voudrais être seule.

Gérard s'éloigna tristement, madame Pivolet le suivit après avoir jeté un regard attendri sur Alphonsine et un regard de colère triomphante sur miss Mary. Celle-ci demeura seule avec mademoiselle de Morville, qui paraissait alors assez calme; ses paupières fermées, son visage reposé, sa respiration régulière, semblaient indiquer qu'elle cédait au sommeil qu'avait provoqué la fatigue de la promenade. Miss Mary, debout et une main appuyée au dossier du canapé où reposait la jeune fille, après l'avoir contemplée avec tendresse, se penchait pour baiser le front d'Alphonsine, lorsque celle-ci, se retournant brusquement sur le canapé, dit d'une voix brève :

— Je ne dors pas. — Et elle ferma de nouveau les yeux en reprenant son immobilité première.

— Vous ne dormez pas, Alphonsine ? — répondit miss Mary douloureusement surprise. — Vous avez senti que j'allais vous embrasser et vous vous êtes éloignée de moi.

— Oui, — dit sèchement la jeune fille sans ouvrir les yeux et sans changer de position, — il est vrai, j'ai voulu m'éloigner de vous.

— Et pourquoi repoussez-vous ainsi mes caresses ?

— Parce que je ne vous aime plus.

— Que dites-vous ? — s'écria miss Mary, ne pouvant croire à ce qu'elle entendait. — Vous ne m'aimez plus !

— Non.

— Et pourquoi ? et depuis quand ? Ce matin encore vous me remerciiez de mes soins avec effusion.

— Ce matin, j'ignorais ce que je sais maintenant.

— Et que savez-vous, mon enfant ?

— Ne m'appelez plus votre enfant... ce mot me fait mal.

— Alphonsine, de grâce ! quelle est la cause de ce changement qui me confond et me désole ?

— Vous me le demandez ?

— Je vous le demande à mains jointes ! Mais, de grâce ! ne me répondez pas ainsi les yeux fermés ; l'on dirait que vous craignez de me regarder.

— Si je ferme les yeux pour ne pas vous voir, c'est que vous me faites peur.

— Vous avez peur de moi, Alphonsine ! Songez à vos paroles, — reprit miss Mary stupéfaite ; puis, à demi-voix, elle ajouta : — Pauvre enfant! peut-être la fièvre trouble sa raison.

— Oh! j'ai toute ma raison, — dit Alphonsine, qui avait entendu les mots murmurés par son institutrice. — Malheureusement, j'ai toute ma raison.

— Alors, Alphonsine, au nom du ciel! parlez-moi franchement; vous me mettez au supplice! Qu'avez-vous?

— Ce que j'ai?... Je suis jalouse!

Et Alphonsine, en prononçant ces mots, qui s'échappèrent de sa poitrine comme un sanglot déchirant, se leva brusquement sur son séant, et ouvrant les yeux, regarda fixement son institutrice.

Celle-ci, terrifiée par ce mouvement inattendu, recula d'un pas en s'écriant avec douleur :

— Vous, Alphonsine, jalouse de moi!

— Oui, jalouse de vous! M. de Favrolle vous aime. Ce matin il vous a écrit, et vous lui avez donné rendez-vous ici. Pivolet me l'a dit. Elle a vu le domestique de M. de Favrolle vous porter sa lettre. Osez nier cela!

— Je ne mens jamais, Alphonsine, — reprit doucement miss Mary. — M. de Favrolle m'a écrit ce matin, et je lui ai donné rendez-vous dans ce pavillon.

— Vous voyez bien, — murmura la jeune fille en fondant en larmes et cachant son visage entre ses mains; — il vous aime, et vous l'aimez!

— Ah! la pauvre enfant! Je comprends tout maintenant, se dit miss Mary. — Pardonnez-moi, mon Dieu! d'avoir été trop absorbée par mes propres chagrins. Ils m'ont empêché de deviner la cause des souffrances de cette chère et innocente créature.

S'agenouillant alors devant Alphonsine, qui cachait toujours entre ses mains son visage baigné de larmes, elle lui dit :

— Mon enfant, écoutez-moi.

— Non, laissez-moi, je vous dis que vous me faites peur... Je ne veux pas vous voir, — murmurait Alphonsine sans pouvoir contenir ses sanglots. — Vous! me tromper ainsi... me faire tant de mal, à moi, qui vous aimais tant! Ah! pourquoi êtes-vous venue en France? Ma mère avait raison de ne pas vouloir de vous!... C'est un jour maudit que le jour où vous êtes entrée dans notre maison!

— Alphonsine, ne me parlez pas ainsi, vous m'ôteriez tout mon courage, et j'en ai besoin; car la tâche que j'ai à remplir est plus lourde que je n'avais pensé. Votre douleur, jusqu'ici renfermée en vous-même, s'est enfin fait jour; dans son premier élan, elle devait être injuste et cruelle. Ah! pauvre enfant, vous m'avez fait bien du mal!

Et les larmes de miss Mary coulèrent malgré elle.

— Et moi donc, est-ce que je ne souffre pas? — reprit Alphonsine en pleurant à chaudes larmes.

— Oui, vous souffrez d'étranges douleurs pour votre âge. Aussi m'avez-vous injustement accusée. Mais bientôt, chère enfant, vous reconnaîtrez l'injustice de vos soupçons; les détruire sera le dernier devoir que j'aurai à accomplir.

Miss Mary fut interrompue par le retour inattendu de Gérard.

Il entra lentement et resta un moment hésitant au seuil de la porte; puis, paraissant faire sur lui-même un violent effort, il s'avança vers les deux jeunes filles l'air pensif, grave, presque solennel.

L'institutrice, frappée de l'expression de la physionomie du jeune homme, l'interrogeait du regard; il resta un moment silencieux, son visage pâli par le chagrin se colora vivement, et s'adressant à sa sœur d'une voix altérée sans oser lever les yeux sur l'institutrice :

— Alphonsine, tu voulais être seule avec miss Mary; j'ai

hésité à revenir auprès de toi; mais je l'avoue, mon courage est à bout, un secret me pèse, il fait le malheur de ma vie. Ce secret, j'aurais pu le confier à miss Mary en profitant d'un moment de tête-à-tête, j'ai préféré parler sans détour, et... devant toi; peut-être elle appréciera ma démarche; et puis, elle t'aime tendrement, j'espère que, grâce à cette tendresse, elle m'écoutera, moi, ton frère, sans se fâcher.

Alphonsine, au moment où son frère lui parla de la tendresse de miss Mary pour elle, tressaillit, sourit avec amertume, et détourna la tête pour cacher ses larmes; tandis que l'institutrice, regardant le jeune homme avec une surprise croissante, lui dit :

— Expliquez-vous, monsieur Gérard : quel est le secret que vous avez à me confier?

Le frère d'Alphonsine rougit de nouveau; ses beaux traits exprimèrent une angoisse profonde, déchirante. Il voulut parler, mais l'émotion étouffa ses paroles; ses yeux se remplirent de pleurs; puis, se jetant à genoux auprès du canapé où reposait Alphonsine, il l'embrassa, cacha sa figure dans son sein, et murmura d'une voix entrecoupée par les larmes :

— Ma sœur, ma bonne sœur... je t'en supplie, dis à miss Mary... que je l'aime!

— Toi! — s'écria la jeune fille avec un douloureux étonnement; et enlaçant son frère entre ses bras, confondant ses larmes avec les siennes, elle reprit : — Ah! mon pauvre frère.... nous sommes tous deux bien malheureux!

Et les deux enfants ainsi enlacés, le visage caché dans le sein l'un de l'autre, s'étreignant convulsivement, pleurèrent en silence, Gérard, craintif, atterré comme s'il eût commis une méchante action; Alphonsine, accablée de la révélation de l'amour de son frère, amour qui semblait présager de nouveaux malheurs.

Miss Mary, profondément touchée de la délicatesse et de la

loyauté de Gérard, qui mettait pour ainsi dire l'aveu de son candide et pur amour sous la sauvegarde de l'innocence d'Alphonsine, contemplait le frère et la sœur avec un attendrissement et un intérêt inexprimables, uniquement préoccupée du moyen de les guérir, l'un d'un fol amour, l'autre d'une folle jalousie.

Gérard, sentant couler sur ses joues brûlantes les larmes d'Alphonsine, releva la tête et lui dit :

— Tu pleures?... Tu me plains donc?

— Si je te plains, pauvre frère! — reprit la jeune fille avec une douloureuse amertume; — oh! oui, car tu ne connais pas celle que tu aimes. Elle est ici pour notre malheur à tous!

— Notre malheur à tous! — reprit Gérard avec stupeur, en prenant la main de sa sœur; — Alphonsine, que dis-tu? Elle, miss Mary, qui est pour toi un ange de bonté!

— Miss Mary, — reprit Alphonsine en sanglotant; — elle... un ange de bonté! O mon Dieu!... Mais tu ne sais donc pas que...

L'institutrice, mettant doucement sa main sur la bouche de la jeune fille, lui dit avec un accent presque suppliant :

— Mon enfant, je vous en conjure, pas un mot de plus, vous regretteriez plus tard l'injustice de vos soupçons. Écoutez-moi, de grâce, et vous aussi, monsieur Gérard. Nous sommes tous trois dans une position fausse et indigne de nous; ayons le courage d'envisager la vérité. Alors nous retrouverons cette mutuelle estime, cette mutuelle affection que rien n'aurait dû altérer, que rien n'altérera désormais lorsque nous nous serons expliqués avec franchise.

Alphonsine fit un mouvement de doute cruel qui n'échappa pas à miss Mary; mais elle continua en prenant entre les siennes la main de Gérard et celle de sa sœur malgré sa résistance.

— Parlons donc en toute sincérité, nous le pouvons. Moi, je suis presque une vieille fille, — ajouta-t-elle avec un sourire mélancolique ; — vous, monsieur Gérard, vous êtes déjà un jeune homme, et Alphonsine sera bientôt une femme, car bientôt elle se mariera.

A ce mot de mariage, et sans regarder miss Mary, la sœur de Gérard, par un tressaillement, indiqua la pénible impatience que lui causait cette allusion à ses espérances brisées. L'institutrice ne s'interrompit qu'un instant et reprit :

— Expliquons-nous sans réserve, sans réticence ; disons même ce qui pourrait nous blesser ; si l'expression est à regretter, du moins nous saurons à quoi nous en tenir sur les faits. Le voulez-vous, Alphonsine ?

— A quoi bon ! — répondit la jeune fille.

— Moi, — reprit Gérard en essuyant ses larmes et en cédant à un vague espoir, — je prends l'engagement de ne pas prononcer un mot qui trahisse ou dissimule ma pensée. — Et il attendit avec anxiété la première question que miss Mary allait lui adresser.

— Monsieur Gérard, — lui dit l'institutrice, — lorsque vous êtes arrivé chez votre père, ai-je cherché à attirer votre attention sur moi ?

— Miss Mary, — reprit Gérard étonné, — je n'ai pas dit cela.

— Aussi je ne vous accuse pas de l'avoir dit, je vous demande si je l'ai fait.

— Jamais, oh ! jamais !

— Ai-je, en flattant votre amour-propre, tâché de capter votre bienveillance ?

— Loin de là, miss Mary, je vous ai toujours vue, d'accord avec mon père, me réprimander lorsque j'agissais mal, ou m'encourager au bien. Parfois même vous vous êtes montrée très sévère à mon égard.

—Encore une question, monsieur Gérard ? Après avoir été bienveillante, affectueuse même envers vous, ai-je tout à coup, en changeant de manière d'être, cherché à provoquer votre chagrin, votre dépit?

— Non, certainement, miss Mary; souvent je suis resté à l'écart, parce que je vous voyais entourée de personnes... dont la présence, malgré moi, me chagrinait. Mais lorsque je revenais près de vous, votre accueil était toujours le même, vous sembliez ne pas vous douter des raisons qui m'éloignaient de vous ou qui me ramenaient. Hélas! je vous l'avoue, l'égalité même de votre humeur me causait souvent un vif chagrin.

— Ainsi, monsieur Gérard, vous ne m'accusez d'aucun manége de coquetterie? Vous reconnaissez que je n'ai rien fait pour éveiller en vous cet amour que vous venez d'avouer à votre sœur? Aussi vous conviendrez, n'est-ce pas, que si cet amour vous a causé des souffrances, j'en suis du moins innocente?

— Hélas! miss Mary, ce n'est pas de votre faute si je vous aime.

— Ma chère Alphonsine, — reprit miss Mary en se tournant vers la jeune fille, qui assistait immobile à cet interrogatoire, sans deviner encore où l'institutrice voulait amener Gérard, — trouvez-vous que votre frère ait répondu selon la vérité? Partagez-vous sa pensée à mon égard?

— Il me semble que oui, — répondit Alphonsine en hésitant.

— Et maintenant, monsieur Gérard, — reprit miss Mary, — parlons en toute sincérité... Ne reculons devant l'expression d'aucune vérité, si embarrassante, si pénible qu'elle puisse être, — ajouta la jeune fille en rougissant. — Vous m'aimez... Quel était votre espoir?... Avez-vous cru que je serais votre maîtresse?

— Ah! miss Mary, — répondit le jeune homme avec un accent de douloureux reproche. — Tout à l'heure, vous m'avez entendu supplier ma sœur de vous dire que je vous aimais, et vous me croyez capable d'une odieuse, d'une infâme pensée!

— Je vous crois, monsieur Gérard, — dit miss Mary en serrant cordialement la main du jeune homme. — Je n'ai voulu ni vous offenser ni m'offenser moi-même par un doute injurieux pour vous; mais, je vous l'ai dit, il est dans la vie des positions dont il faut déduire franchement, crûment même, toutes les conséquences, afin d'arriver à la réalité des choses. Ainsi, je vous crois. Oui, vous m'avez aimée comme je dois être aimée; moi qui n'aurais pas voulu être aimée, vous m'avez aimée avec toute la pureté d'une âme honnête. Vous n'avez rien attendu de moi qui fût indigne de mon caractère et du vôtre, j'en suis convaincue. Alors, dites-moi, qu'espériez-vous?

— Ce que j'espérais? — dit vivement Gérard, stupéfait de cette question, et, se tournant vers sa sœur : — Tu l'entends, Alphonsine? miss Mary me demande quel était mon espoir. — Et il ajouta d'une voix émue et tremblante en s'adressant à l'institutrice : — Mais, mon Dieu! j'espérais me marier avec vous, passer ma vie auprès de vous et de ma sœur!

— Ce désir m'honore, monsieur Gérard, car il naît d'un sentiment généreux et pur. Mais voyons : ne vous est-il pas venu à l'esprit qu'on penserait, et l'on aurait cent fois raison de le penser, que mon âge ne convient pas au vôtre? Vous avez dix-huit ans à peine, et j'en ai vingt-six! Oui, tout autant, — ajouta-t-elle avec un demi-sourire charmant. — Je vous l'ai dit, il faut de la franchise. Je suis donc une vieille fille et vous presque un enfant, non pour la raison, pour le cœur, mais par l'âge. Et puis, monsieur Gérard, songez-y donc : je serais venue dans votre famille, appelée par sa confiance à donner à votre sœur un peu de savoir, des principes, des exemples, et cette confiance, je la trahirais en vous enlevant à votre père, à votre mère! J'aurais quitté mon pays, tous ceux que j'aime, dans le seul espoir de les aider à vivre des honorables fruits de mon travail, et je reviendrais dans ma famille avec une fortune due seulement au hasard d'une folle passion!

— Mais alors, miss Mary, vous ne m'aimez pas, vous ne m'aimerez jamais, — s'écria Gérard navré. — Que voulez-vous que je devienne?

— Je veux que vous deveniez... ou plutôt que vous restiez *mon ami*, — dit l'institutrice d'une voix touchante, — et, je l'espère, vous garderez de moi un bon souvenir, car je quitte cette maison. Je pars...

— Vous... miss Mary... vous partez! — s'écrièrent à la fois Gérard et Alphonsine, le premier avec accablement, sa sœur avec une surprise et une sorte de joie involontaire; car elle voyait dans le départ de miss Mary le départ d'une rivale.

— Pauvre enfant! — dit l'institutrice en prenant la main de son élève, — combien vous avez souffert, vous qui m'aimiez tant! La seule annonce de mon départ vous calme, vous rassure. — Puis, se tournant vers Gérard dont les yeux l'interrogeaient avec anxiété : — Mon ami, — lui dit-elle avec un charme inexprimable, — vous m'aimez, n'est-ce pas, d'une généreuse affection? eh bien, je m'adresse à votre cœur si bon, si délicat! Dites, mon ami, aurez-vous le courage de regretter que je sois heureuse, lorsque le bonheur m'attend dans ma famille, auprès de laquelle je retourne?

Cet appel à la délicatesse de son affection, cette douce parole, *mon ami*, en prouvant à Gérard dans quelle estime le tenait miss Mary, furent un commencement de consolation. Mais Alphonsine, pouvant à peine croire aux paroles de son institutrice, attachait sur elle un regard pénétrant, tâchant de lire sur son visage si elle ne lui donnait pas un espoir trompeur, et répétant machinalement :

— Bien vrai, vous partez?

— D'abord, — répondit miss Mary, — votre prochain mariage met un terme naturel à la mission que vos parents m'avaient confiée.

Gérard fit un mouvement de tête dubitatif, mais Alphonsine murmura avec un doux accablement :

— Vous savez bien que ce mariage n'est plus possible.

— J'ai une espérance toute contraire, mon enfant; mais, quoi qu'il arrive, mon départ est irrévocablement arrêté.

Ces paroles détruisirent les derniers doutes d'Alphonsine; mais, assaillie d'une nouvelle crainte, elle repoussa la main de son institutrice, et, détournant son visage baigné de larmes, elle s'écria :

— Si vous partez, M. de Favrolle vous suivra, vous le savez bien; il vous suivra. Et mon frère, mon pauvre frère, mourra de chagrin.

L'institutrice reprit d'une voix tendre et pénétrée :

— Non, M. de Favrolle ne me suivra pas; non, votre frère ne mourra pas de chagrin. Je compte assez sur la droiture de son esprit et de son cœur pour être certaine qu'il renoncera noblement à un mariage impossible; oui, car en outre des raisons dont j'ai parlé tout à l'heure à votre frère, il en existe une autre, plus décisive encore.

— Que voulez-vous dire? — s'écrièrent à la fois les deux enfants; — expliquez-vous, miss Mary.

— Ma chère Alphonsine, — reprit l'institutrice, — la différence de nos âges, la gravité de mes fonctions, avaient jusqu'ici établi entre nous des relations où je ne pouvais vous parler qu'avec une affection mêlée de réserve; certaines conversations m'étaient naturellement interdites, et pourtant j'avais le cœur rempli de ce qu'il m'eût été si doux de vous confier. Aujourd'hui, pauvre enfant, le chagrin vous a donné des années; mon autorité sur vous va cesser; vous n'allez plus être mon élève, voulez-vous être mon amie?

— Moi! — dit Alphonsine, cédant malgré elle au charme de cette voix qu'elle avait tant aimé à entendre et éprouvant cependant encore un sentiment de méfiance. — Moi! votre amie!

— Oui, chers enfants, — reprit miss Mary en regardant tour à tour Gérard et Alphonsine, — car je pourrai confier à l'honneur de mon ami et à la tendresse de mon amie un secret que jusqu'ici j'ai dû taire.

— Et ce secret, — reprit Alphonsine dont les yeux brillaient d'impatience, — ce secret, quel est-il?

Miss Mary se pencha vers les deux enfants, et, les yeux baissés, dit à demi-voix en rougissant :

— Moi aussi, j'aime.

Gérard cacha son visage entre ses mains pour dissimuler sa cruelle émotion, car ce seul mot de miss Mary détruisait la dernière espérance qu'il conservait malgré lui; mais Alphonsine tressaillit et s'écria en serrant les mains de miss Mary :

— Ce n'est pas M. de Favrolle que vous aimez?

— Non, — répondit l'institutrice en attachant son loyal et beau regard sur Alphonsine, qui semblait douter encore. — Non, ce n'est pas M. de Favrolle que j'aime.

Les soupçons d'Alphonsine s'évanouirent; elle serra miss Mary dans ses bras et la couvrit de larmes et de baisers.

Gérard releva la tête, et, tâchant de contenir son profond chagrin, il dit timidement d'une voix étouffée :

— Miss Mary, un dernier mot, de grâce!... Vous aimez...— Et les pleurs entrecoupèrent ses paroles. — Et y a-t-il longtemps que... vous aimez?...

— Avant de quitter ma famille, — répondit miss Mary, — j'étais fiancée à celui que j'aime; ma mère et mon père nous ont bénis tous deux.

— Mon pauvre frère! — dit Alphonsine en embrassant Gérard qui pleurait silencieusement, — du courage... Hélas! miss Mary aimait quelqu'un avant de te connaître!...

— Oui, tu as raison, ma sœur. J'aurai du courage, — reprit le jeune homme en relevant son beau visage baigné de pleurs; et regardant l'institutrice, il ajouta : — Croyez-moi, miss Mary, je serai digne de votre amitié... je serai digne de votre confiance...

— J'y compte, mon ami, — reprit miss Mary en serrant cordialement la main de Gérard. — Et puis, faut-il vous dire toutes mes espérances? Les voyages sont utiles à votre âge. Peut-être un jour viendrez-vous en Irlande, et alors... alors vous connaîtrez l'honnête homme pour qui je vous demanderai une affection fraternelle; croyez-moi, il la mérite.

— Ah! miss Mary, — répondit Gérard en portant respectueusement à ses lèvres la main de l'institutrice, — l'homme de cœur choisi par vous sera toujours honoré par moi.

— Miss Mary, — dit vivement Alphonsine, — j'entends quelqu'un dans la pièce voisine. On vient.

— C'est sans doute M. de Favrolle. Je lui ai, je vous l'ai dit, donné rendez-vous ici.

A ce nom qui réveillait la jalousie d'Alphonsine et de Gérard, tous deux tressaillirent; le jeune homme porta ses mains à ses yeux pour tâcher d'effacer la trace de ses larmes, de crainte de les laisser voir à son rival. L'institutrice, devinant ce sentiment de confusion, dit à Alphonsine :

— Mon enfant, passez avec votre frère par l'escalier du belvédère, et courage; j'ai bon espoir pour vous de mon entretien avec M. de Favrolle. Le voici, vite! vite! sortez par là.

— Hélas! bonne miss Mary, — répondit la jeune fille en sortant appuyée sur le bras de son frère, — je ne suis heureuse et consolée qu'à demi.

— Courage, mon enfant; aujourd'hui, si j'en crois mon cœur, vous serez heureuse et consolée tout à fait.

Au moment où le frère et la sœur venaient de sortir par l'escalier du belvédère, M. de Favrolle parut à la porte de la bibliothèque.

XX

M. de Favrolle entra d'un air délibéré, résolu, et dit à miss Mary :

— Je vous remercie, mademoiselle, de m'avoir accordé un entretien auquel j'attachais tant de prix.

— Je crois comme vous, monsieur, que cet entretien a une grande importance.

— Vous en devinez donc le sujet?

— Peut-être, monsieur.

— Alors, mademoiselle, sans transition, sans préambule, j'arrive au fait: je vous aime. C'est absurde, c'est fou, je ne dis pas non; mais je vous ai aimée il y a deux ans; je me suis guéri avec peine, parce que je vous ai crue perdue pour moi; je vous ai revue, je vous ai aimée plus passionnément, plus follement que la première fois. Dites ce qu'il vous plaira, pensez ce que vous voudrez, je vous aime! Cette fois-ci, il faut bien que vous l'entendiez : je vous aime; je trouve que j'ai raison de vous aimer, et je veux vous aimer toujours.

— Monsieur de Favrolle, — répondit miss Mary avec une simplicité digne et touchante, — il y a près de deux ans (vous venez de me le rappeler tout à l'heure), craignant d'être traitée légèrement par des compagnons de voyage qui me semblaient moins bien élevés que vous, je me suis adressée à votre courtoisie, à votre loyauté; vous m'avez accordé une protection remplie de délicatesse; j'en ai gardé un souvenir plein de gratitude; je pense que vous ne l'avez pas oublié non plus, quelle que soit l'étrangeté de l'aveu que vous venez de me faire.

— Cet aveu n'a rien d'offensant pour vous, miss Mary; la femme la plus haut placée peut-elle être blessée de ce qu'on l'aime, de ce qu'on lui parle de cet amour?

— La persistance d'un aveu devient blessante, monsieur, lorsqu'une femme dit à l'homme qui la recherche : Monsieur, si flatteur que puisse être votre amour, je ne saurais y répondre.

— Et cela, vous me le dites à moi?

— Oui, monsieur.

— Ainsi, vous ne m'aimez pas?

— Non, et je vous demande en grâce de changer d'entretien.

— Sans doute, miss Mary, vous ressentiriez plus de compassion pour un amoureux languissant et pleurant; j'ai passé par là; oui, j'ai langui, j'ai pleuré, lorsque j'ai été séparé de vous à Paris; je me suis désespéré, parce qu'il n'y a rien de triste, de désespérant comme une impossibilité; mais maintenant je vous vois, je vous parle, je suis près de vous : or, franchement, user ma force, mon énergie, dans un stérile désespoir, autant l'employer, cette énergie, à vous obtenir, à briser les obstacles qui nous séparent. Une autre conduite serait de ma part faiblesse ou démence; aussi n'étant ni faible ni fou, quoique passionnément amoureux, je veux que vous m'aimiez, et vous m'aimerez.

— Je vois avec peine, monsieur de Favrolle, qu'une conversation que je regarde comme très sérieuse, en raison de mon prochain départ et de ce que j'ai à vous dire, tourne à la plaisanterie.

— Ah! vous croyez que c'est une plaisanterie?

— Franchement, monsieur, je ne saurais qualifier autrement cette comédie d'amour exalté.

— J'aime mieux ce mot : comédie. Vous êtes, miss Mary, plus près de la vérité que vous ne le croyez, car beaucoup de comédies finissent par un enlèvement.

— Un enlèvement! — dit miss Mary, qui commençait à se troubler, et que ce ton de passion extravagante mais résolue privait de tous ses avantages.

— Trouvez-moi donc un autre moyen de sortir de la situation? J'échappe à tout le monde, et vous me restez.

— Pensez-vous, monsieur, à la maison où vous êtes?

— Justement; aussi ai-je hâte d'en sortir. Je sais par cœur, je vous en préviens d'avance, miss Mary, toutes les objections que vous pourrez me faire. Vous ne me direz rien de mademoiselle de Morville que je ne me sois dit à moi-même tout haut, tout bas, le jour, la nuit; je l'ai trouvée charmante, c'est tout naturel : il y avait en elle comme un reflet de vous; aussi, d'honneur, si je ne vous avais pas revue, je l'aurais épousée avec grand plaisir, et elle eût, je crois, vécu fort heureuse avec moi, car je suis, après tout, un galant homme; mais, en ma qualité de galant homme, j'avoue franchement que, n'aimant plus du tout mademoiselle de Morville, je ne veux pas l'épouser. Son père, sa mère, son frère, tout chevaleresque qu'il est, voudraient-ils absolument le malheur de cette pauvre

13.

enfant? Et d'ailleurs, est-ce que ce mariage serait possible après l'éclat?

— Quel éclat, monsieur?

— Le scandale de votre enlèvement accompli par moi.

— Vous y revenez, à cet enlèvement?

— Je n'ai pas d'autre pensée. Aussi, toujours en ma qualité de galant homme, je regarde comme un devoir de vous prévenir que je vous enlèverai, afin que vous n'ayez pas plus peur qu'il ne convient. Mon plan est arrêté, tout est prêt. Cependant, je l'avoue, un mot dit par vous au commencement de cette conversation déconcerte un peu mes projets.

— S'agit-il, monsieur, de l'appel que j'ai fait à votre honneur? — dit miss Mary, qui commençait à s'effrayer de la détermination qu'elle lisait sur les traits de M. de Favrolle.

— Vous n'avez, chère miss Mary, aucun besoin d'en appeler à mon honneur : ne serez-vous pas ma femme? Non; ce qui déconcerte un peu mes projets, c'est votre départ prochain, m'avez-vous dit.

— Très prochain.

— Je vous suis très reconnaissant, miss Mary, de l'avis que vous me donnez, — répondit M. de Favrolle, qui, dès lors, regarda autour de lui comme s'il eût attentivement examiné la localité. — La précipitation de votre départ me force nécessairement à modifier mon plan. — Et ce disant, il courut à la porte de l'escalier du belvédère, ferma la serrure, mit la clef dans sa poche, et revint auprès de l'institutrice, qui, de plus en plus inquiète, s'écria :

— M'expliquerez-vous, monsieur, l'étrangeté de votre conduite?

— Rien de plus simple, mademoiselle. Vous comprenez que, si prochain que puisse être votre départ, vous ne sauriez quitter Morville avant ce soir. Or, le jour s'avance, et il me suffit qu'avant la nuit close mes préparatifs soient complets, ils le seront. Or, voici en deux mots mon projet : beaucoup de personnes sont venues aujourd'hui dans ce pavillon ; il est donc probable qu'il ne recevra plus de nouveaux visiteurs ; en tous cas, une fois que je vous aurai enfermée ici...

— M'enfermer ici !

— Oui, mademoiselle ; mais veuillez, de grâce, ne pas m'interrompre. Une fois enfermée ici, vous appelleriez en vain : les fenêtres de cette pièce donnent sur la rivière, où personne ne passe. Donc, vos appels seraient vains. En vous laissant dans ce pavillon, je ferme la porte du rez-de-chaussée, dont j'emporte la clef. La nuit vient vers les cinq heures, en cette saison. L'on ne dîne au château qu'à sept heures. Cela me donne un temps suffisant pour agir, car votre absence ne peut être remarquée qu'au second coup de cloche du dîner. Je me suis déjà pourvu de chevaux, d'une voiture. Elle va, dès la tombée de la nuit, m'attendre à une des petites portes du parc voisine de ce pavillon. Je reviens avec mon valet de chambre, homme sûr, discret et dévoué, pour m'aider à vaincre votre résistance, si, ce que je ne veux pas croire, miss Mary, vous me mettez dans la déplorable nécessité d'employer la violence pour vous conduire jusqu'à ma voiture. Mais, j'en suis certain d'avance, vous vous résignez, vous partez avec moi. Nous nous arrêtons à deux lieués d'ici, au milieu des bois de Saint-Léger, chez la veuve d'un garde. Elle est prévenue, et nous offre une modeste hospitalité. Une chambre est mise à votre disposition. Vous vous y enfermez, car, je vous le jure sur l'honneur, miss Mary, en aucune occasion je ne manquerai aux égards, au respect que je vous dois. Mon seul but est de vous compromettre assez par les apparences pour que vous soyez forcée de me donner votre main. Nous restons donc cinq ou six jours dans la maison du garde, après quoi, vos scrupules étant vaincus, j'en suis certain, nous reparaissons. Mon père est enchanté du tour et se charge d'apaiser son vieux camarade. Votre famille, qui connaît Gretna-Green, comprend que nous avons suppléé à une institution qui nous manque malheureusement en France; vous m'accordez votre pardon et votre main, car ma conduite pleine de respectueuse déférence vous a touchée, apaisée; nous sommes unis, et toute ma vie est consacrée à vous prouver que les moyens les plus absurdes peuvent nous conduire au bonheur.

M. de Favrolle s'exprimait avec tant d'assurance, les détails paraissaient si réels, le plan si praticable malgré son audace, que miss Mary commençait à trembler après avoir dédaigneusement souri. La nuit allait venir. A cette époque de l'année, les campagnes sont désertes, et, pour aller au bois de Saint-Léger, l'on n'avait à suivre aucune route fréquentée. Miss Mary ne pouvait donc compter sur aucun secours.

Tout lui manquait à la fois. Le matin encore, soutenue par l'espoir d'un prochain retour près des siens, par la certitude de retrouver à Dublin Henri Douglas, qui devait y être arrivé, miss Mary s'était flattée de concilier toutes les passions qu'elle avait à son insu éveillées, de ramener à elle les esprits prévenus ou égarés, espérant ainsi quitter le château de Morville en y laissant des amis. Elle avait trop compté sur son courage, sur son sang-froid, sur la droiture de ses intentions, sur la bonté de sa cause : M. de Favrolle allait briser sa vie.

Voulant tenter un dernier effort, elle tendit ses mains suppliantes vers M. de Favrolle et lui dit :

— Monsieur, il est impossible que vous persistiez dans un projet aussi odieux.

— Mille pardons, mademoiselle, — répondit M. Favrolle, — le jour baisse, les moments sont précieux, excusez-moi de vous laisser seule. — Et d'un bond il s'élança vers la porte de la bibliothèque, afin de gagner de vitesse miss Mary et de l'enfermer; mais à peine eut-il ouvert la porte, qu'il se trouva face à face d'un homme robuste et trapu, vêtu d'une redingote jaunâtre et chaussé de bottes à revers éperonnées et couvertes de boue. M. de Favrolle recula frappé de surprise, et entendit au même instant la voix de miss Mary qui s'écriait avec autant d'étonnement que de joie :

— William ! mon bon William ! Ah ! le ciel vous envoie !

M. de Favrolle reconnut alors le cocher anglais qui lui avait, deux années auparavant, si instamment recommandé la jeune voyageuse qui partait de Calais par la diligence. Miss Mary, tremblante d'émotion à la vue de William, qui sans doute lui apportait des nouvelles d'Irlande, n'avait pas la force d'aller au-devant de ce fidèle serviteur; elle s'appuyait sur le dossier d'un siége. M. de Favrolle, dissimulant son violent dépit, s'inclina respectueusement devant elle et lui dit :

— Mademoiselle, voici qui exige de profondes et nouvelles modifications au plan que vous savez; je vais m'en occuper avec une ardeur nouvelle. J'ai vu le bonheur de trop près pour me décourager.

Et, saluant de nouveau, M. de Favrolle sortit laissant miss Mary seule avec William.

XXI

Miss Mary, après le départ de M. de Favrolle, surmontant enfin l'émotion que lui causait l'arrivée imprévue de William, dit à ce brave serviteur, qui la contemplait avec ravissement :

— Vous venez de Dublin, mon bon William? Et mon père? et ma mère? et mes sœurs?

— Ils vont tous bien, miss Mary, tous vont très bien, — répondit William en essuyant ses larmes du revers de sa main.

— Vous les avez vus dernièrement encore, n'est-ce pas, William? Les nouvelles que vous me donnez sont récentes?

— Oui, miss Mary, car je voyais votre chère famille tous les jours. Grâce à la protection que m'accordait M. Lawson, ce qui donnait confiance en moi, j'ai pu acheter à crédit une voiture que je loue et que je conduis; les affaires ne sont pas mauvaises. Ma remise est dans le faubourg, tout près du logement de votre famille, et comme chaque jour je parcours presque tous les quartiers de la ville, je vais demander ses commissions à mistress Lawson; j'épargne ainsi aux jeunes miss des courses qui les fatigueraient.

— Brave William! Pauvres sœurs! Elles gagnent bien peu?

— Oh! elles sont devenues d'habiles ouvrières; elles peignent de petites guirlandes, de petits arbres, de petites rivières sur des éventails, et j'entends les marchands, à qui je les rapporte quelquefois, dire en les regardant: « Oh! joli, oh! très joli! » Alors moi je demande qu'ils payent plus cher, et deux fois j'ai obtenu de l'augmentation.

Et William, par un gros rire, témoigna de sa propre satisfaction à l'endroit de son adresse; puis il reprit:

— Oh! la maison a bien meilleur air que quand vous êtes partie, miss. Grâce à ce que vous envoyez à la famille, on a pu acheter quelques meubles confortables pour votre père et votre mère. D'ailleurs, vous savez comme mistress Lawson tient un ménage. Allez, vous serez contente quand vous allez la revoir, votre chère famille, auprès de laquelle *nous* allons vous ramener.

Ce *nous* frappa miss Mary. Le digne serviteur n'avait pas l'habitude de parler de lui à la première personne du pluriel. Une espérance qu'elle se reprocha comme insensée fit bondir le cœur de la jeune fille, et elle attacha un regard d'anxiété sur William, qui poursuivit ainsi, répondant sans le savoir à la secrète préoccupation de l'institutrice :

— Quand je dis *nous*, il faut que je m'explique, miss Mary. L'autre soir, j'avais remisé la voiture de bonne heure, et j'étais allé rendre compte à mistress Lawson des commissions que j'avais faites pour elle; M. Lawson lisait son journal, vos sœurs étaient occupées à peindre, votre mère cousait du linge, et la petite Arabelle était couchée depuis longtemps. Tout d'un coup, on frappe à la porte de la rue. Comme votre famille ne reçoit jamais personne, cette visite semblait un peu extraordinaire. Enfin, votre sœur aînée prend un flambeau et descend pour aller ouvrir. « Pourvu que ce ne soit pas l'annonce d'un malheur ! » dit votre pauvre mère à votre père, qui lui répond : « N'ayons pas ces craintes, ma chère femme, car depuis quelque temps la main de Dieu ne s'appesantit plus sur nous. » Cependant, moi, j'étais assez inquiet, parce que j'entendais votre sœur qui était allée ouvrir la porte remonter les marches très vite, sans parler, et que j'entendais aussi de temps en temps comme un bruit de fer qui frappait la muraille aux tournants de l'escalier. Enfin, votre sœur paraît à la porte et s'arrête sans pouvoir parler, tant elle était émue, et derrière elle j'aperçois un grand jeune homme en uniforme de commandant d'artillerie.

— Henri ! — s'écria miss Mary, qui, malgré ses secrets pressentiments et les précautions oratoires du bon William, fut si profondément impressionnée de cette nouvelle, qu'elle garda quelques instants le silence; puis elle reprit d'un ton plus calme :

— Ainsi, M. Henri Douglas s'est présenté dans ma famille et a été, n'est-ce pas, William, accueilli comme par le passé ?

— Oh! certainement, vos deux sœurs ont jeté un cri de joie et ont couru vers lui; votre mère, qui avait voulu aussi se lever, est retombée sur sa chaise, tant elle était émue, et M. Lawson, très ému aussi, a tendu la main à M. Henri, qui l'a pressée dans les siennes en disant à votre cher père: « Pardonnez-moi, mon oncle, de venir vous voir si tard; le bâtiment où j'étais embarqué n'est arrivé que dans la journée; ma première visite a été pour mon père, qui est à la campagne; je suis venu ensuite accomplir ici un autre devoir non moins cher à mon cœur. » Telles ont été ses paroles, miss Mary, — ajouta William; — j'écoutais de toutes mes oreilles, et je ne me trompe pas d'un mot.

— Continuez, bon William, — répondit la jeune fille, qui écoutait le naïf récit avec un bonheur ineffable, et qui, par la pensée, s'efforçait d'assister à cette scène touchante, — continuez; n'oubliez rien, aucun détail; si vous saviez avec quel bonheur je vous écoute!

— Oh! miss Mary, je n'oublierai rien : je vois et j'entends tout cela comme si j'y étais encore. « Cher Henri, a repris M. Lawson, vous avez, je l'espère, trouvé mon beau-frère en bonne santé? — Oui, monsieur, a répondu M. Henri, — mais mon père m'a renvoyé en me disant : — Dépêchez-vous, Henri : vous arriverez encore assez à temps au faubourg pour voir ma sœur et son mari. S'ils savaient que vous êtes arrivé à Dublin et que vous avez tardé à aller les voir, ils pourraient avoir un doute sur notre conduite, et ce doute serait une honte pour nous. »

Votre père a regardé M. Henri d'un air surpris, comme pour lui demander l'explication de ces paroles, miss Mary; mais votre cousin n'a pas été longtemps à les expliquer, et s'adressant à vos parents, il a répondu : « Monsieur et mistress Lawson, autorisé par le bon vouloir de mon père, sir John Douglas, je viens demander la main de miss Mary, votre fille bien-aimée, et la permission d'aller la chercher en France pour la ramener près de vous. »

L'institutrice ne put retenir ses larmes, mais elle fit signé à William de continuer son récit.

— Alors, miss Mary, votre père répondit : « Cher Henri, je vous accorde la main de notre pieuse fille, et je vous bénis tous deux dans mon cœur. » Votre mère ne parla pas, miss Mary : elle fit mieux, elle attira M. Henri près d'elle et lui donna un long baiser sur le front. Puis, ce fut le tour de vos sœurs, qui l'embrassèrent à qui mieux mieux, et moi j'étais content de penser que vous alliez revenir près des vôtres ; mais je ne savais pas encore toute la joie que j'aurais ce soir-là. Quand le premier moment fut passé : « Mon cher oncle, a repris M. Henri, si vous le permettez, je partirai dès demain pour aller en France, au château de Morville. — Je vous autorise à cela très volontiers, cher Henri, a répondu votre père, et je vous donnerai une lettre où je remercierai M. et madame de Morville de toutes les bontés qu'ils ont eues pour notre chère enfant. »

— Comment ! il va donc venir ? — interrompit miss Mary, qui avait écarté son mouchoir de son visage pour lire plus vite dans les yeux de William la réponse qu'elle attendait.

— Un moment, donc ! miss Mary. Vous m'avez demandé des détails, veuillez les écouter aussi pour ce qui me concerne. Quand M. Henri eut obtenu la permission de venir vous chercher ici, il ajouta : « Vous trouverez sans doute mieux, mon cher oncle, que je ne me présente pas à l'improviste devant miss Mary, qui ne m'attend pas encore, et devant M. et madame de Morville, qui ne me connaissent pas. Il serait convenable que je fusse précédé de quelqu'un dont la présence familiariserait miss Mary avec la pensée de son retour ici et de mon arrivée prochaine, et si William, que j'ai reconnu là-bas dans son coin, veut m'accompagner, il me servira de courrier. » Ai-je besoin de vous dire, miss Mary, que j'ai accepté de bon cœur? Le lendemain, j'avais confié ma voiture à un camarade, et je suivais M. Henri, certain d'avoir, comme courrier, quelques heures de bonheur d'avance, puisque je vous reverrais avant lui.

— Mais où est-il? où l'avez-vous laissé? est-ce qu'il va venir tout de suite? — demanda miss Mary, dont la joie commençait à se mêler d'inquiétude en songeant aux circonstances si pénibles, si difficiles, où elle se trouvait à l'égard de la famille de Morville et de M. de Favrolle.

— J'ai quitté M. Henri à Tours; il ne doit en partir qu'à trois heures, et vu les mauvais chevaux de poste qu'on vous donne dans ce pays-ci, il n'arrivera que dans la soirée.

— Il serait trop tard, — dit miss Mary, se parlant à elle-même. — William, — ajouta-t-elle, — quelque étrange que ma résolution vous paraisse, il ne faut pas laisser arriver M. Henri jusqu'ici; il faut que nous allions au-devant de lui.

— Miss Mary, vous n'avez qu'à commander; moi, je n'ai qu'à obéir les yeux fermés.

— M. Henri Douglas ne vous a-t-il rien remis pour moi?

— Excusez-moi, miss, la joie trouble un peu la régularité des commissions. Voici d'abord une lettre pour vous, et voici celle que M. Lawson écrit à M. et madame de Morville pour leur annoncer qu'il vous rappelle près de lui.

— Vous a-t-on vu au château? — demanda miss Mary en décachetant le billet où Henri Douglas lui annonçait qu'ayant obtenu le grade avec lequel il devait revenir en Europe, il avait trouvé moyen de hâter son passage et de devancer l'époque qu'il lui avait indiquée dans ses dernières lettres. Ce billet ne le précédait que de quelques heures.

Lorsque William vit que miss Mary commençait à lire la

lettre d'Henri Douglas pour la troisième fois, il crut pouvoir répondre à la question de la jeune fille.

— En arrivant au château, — reprit-il, — j'ai demandé miss Mary Lawson à un domestique qui m'a regardé avec beaucoup d'attention. Il est allé dire quelques mots à une grosse femme qui se trouvait dans la cour, et qui a montré ce côté en m'examinant très attentivement à son tour. Le domestique est revenu vers moi, m'a dit de le suivre, et m'a conduit à ce pavillon.

— Vous êtes venu à cheval?

— Oui, miss, en vrai courrier, et le postillon a remmené aussitôt les deux chevaux. M. Henri Douglas arrivera avec la voiture qu'il a louée à Calais.

— A Saint-Hilaire, le dernier relais, avez-vous remarqué s'il y a quelque voiture dont on puisse disposer?

— Oui, miss, j'ai vu dans la cour une calèche de voyage.

L'entretien de William et de miss Mary fut interrompu par l'entrée de M. de Morville. Il paraissait plus soucieux, plus chagrin que de coutume. Il parut surpris de la présence de William, et dit à l'institutrice :

— Alphonsine est rentrée avec son frère... La nuit venait, miss Mary; sachant que vous étiez restée dans ce pavillon, et ne vous voyant pas de retour, j'ai été un peu inquiet.

— Je vous remercie, monsieur, de cette marque d'intérêt, — répondit l'institutrice, qui, après quelques moments de réflexion, venait de prendre une résolution. — J'aurais une grâce à vous demander.

— Je suis à vos ordres, mademoiselle.

Miss Mary, montrant à M. de Morville du papier et des plumes qui se trouvaient sur la table, lui dit :

— Auriez-vous la bonté de vouloir bien commander à votre cocher de mettre à la disposition de cet ancien serviteur de ma famille (et elle montrait William) une voiture et un cheval?

M. de Morville, stupéfait de la demande de miss Mary, allait lui adresser une question ; mais réfléchissant que sans doute l'institutrice désirait ne pas expliquer devant un étranger ce qu'il y avait de singulier dans la demande qu'elle venait de faire à M. de Morville, celui-ci s'assit à la table sans rien dire, écrivit l'ordre, et le remit à miss Mary. La jeune fille alla aussitôt vers William, qui était resté près de la porte, et lui donna le papier en disant en anglais :

— Mon bon William, allez tout de suite au château ; remettez cet ordre au cocher; aussitôt que la voiture sera prête, amenez-la au bout de l'avenue, ici, à droite du pavillon. Si les gens de la maison vous interrogent, répondez que vous exécutez les ordres de M. de Morville... Ah ! — ajouta-t-elle en traçant encore quelques lignes sur un papier, — vous demanderez la femme de chambre de mademoiselle Alphonsine, et vous la prierez de porter dans la voiture les objets marqués sur cette note.

William reçut les deux papiers, qu'il contempla d'abord avec un certain embarras, car, nouveau venu au château de Morville, les différentes commissions dont il était chargé lui semblaient assez difficiles à exécuter ; mais, confiant dans son zèle et son intelligence, il sortit afin d'exécuter les ordres de miss Mary. A quelques pas du pavillon, il rencontra madame Pivolet. Celle-ci, fort surprise de l'arrivée de William au château, et du séjour prolongé de l'institutrice dans le chalet du Rocher, s'y rendait, lorsque, de loin, voyant se diriger aussi vers cet endroit écarté M. de Morville, elle se cacha dans un taillis, laissa passer son maître, puis le suivit en disant :

— Plus de doute, un rendez-vous ! J'irais sur l'heure en instruire madame, si je ne tenais à savoir si l'homme à la redingote blanche et aux bottes à revers est encore avec l'insulaire.

Madame Pivolet fut bientôt édifiée à ce sujet. A la vue de William sortant du pavillon, elle s'avança vers lui, et du ton le plus patelin lui offrit ses services, que le digne serviteur accepta d'autant plus volontiers qu'il se trouvait assez embarrassé pour exécuter les ordres de miss Mary. Il suivit donc au château la femme de charge, qui se disait avec une joie triomphante :

— Tout va bien ! Prévenons d'abord madame que son mari est en tête-à-tête avec l'insulaire, et puis dépêchons vite le petit Robin au père Chênot. Ah ! tu ne m'échapperas pas cette fois-ci, la belle Anglaise !

Pendant que la femme de charge s'occupe de ses complots, nous retournerons au pavillon du Rocher, où M. de Morville est resté seul avec miss Mary.

XXII

La nuit s'approchait de plus en plus.

M. de Morville et miss Mary se trouvaient seuls dans le pavillon du Rocher.

A peine William fut-il sorti que M. de Morville dit à l'institutrice :

— Miss Mary, les simples convenances m'empêchaient de vous demander devant un étranger quel serait l'emploi de la voiture que je suis heureux de mettre à vos ordres. Puis-je maintenant, sans être indiscret, vous adresser une question à ce sujet?

— Je serais allée au-devant de votre désir, monsieur, si vous ne m'eussiez prévenue : je me servirai de cette voiture pour me rendre à Tours, et de là je partirai pour l'Angleterre.

M. de Morville tressaillit; puis, regardant l'institutrice avec stupeur, car il ne pouvait croire à ce qu'il entendait, il s'écria :

— Quoi! miss Mary, vous dites...

— Je dis, monsieur, que je retourne en Angleterre, où je suis rappelée par ma famille...

— Partir! mais c'est impossible! Un départ si brusque, si peu attendu!

— Ne voyez pas, de grâce, monsieur, dans ce départ imprévu, un manque d'égards envers vous. Non, car avant l'arrivée du digne serviteur qui est venu m'instruire des intentions de ma famille, j'étais décidée à partir, et croyez-moi, il a fallu des raisons graves, très graves, pour me forcer à une pareille résolution.

— Partir! — s'écria douloureusement M. de Morville sans arrêter son attention sur les dernières paroles de miss Mary; — partir! Quoi! ce serait la dernière fois que je vous verrais, que je vous parlerais! Mais c'est impossible! on ne tue pas ainsi un homme d'un seul coup! car vous savez bien que vous me tuez! vous savez bien que je ne puis pas vivre sans vous, vous savez bien que je vous aime!

— Ah! monsieur, monsieur, — s'écria miss Mary devenant pourpre de confusion, — pas un mot de plus! Je ne veux pas avoir entendu ces paroles outrageantes!

— Oh! ne dites pas que vous ignoriez mon malheureux amour. Vous savez quel charme irrésistible m'a attiré vers vous, quel bonheur j'avais à vous dire ma vie, mes secrètes pensées, mes torts même! Une réserve craintive suivit ce premier entraînement; mais c'était la lutte du respect, de l'honneur contre une passion fatale. Ah! les traces de cette lutte n'ont dû être que trop évidentes à vos yeux! Quoi! vous n'avez pas deviné la cause de ce sombre découragement qui me faisait rechercher la solitude où je m'isolais de tout intérêt, de toute affection? Et ces nuits sans sommeil passées à dévorer mes larmes, à m'exagérer encore les conséquences de ce funeste amour, afin de le dompter! Quoi! vous n'avez rien deviné, rien lu sur mes traits, dans mes yeux rougis par les pleurs et par les veilles? Mon Dieu! mon Dieu! avoir tant souffert... tant souffert! et n'avoir pas même cette consolation de me dire : On sait que j'ai souffert, et peut-être on me plaint!

En parlant, M. de Morville se laissa tomber sur un siége. Miss Mary, effrayée de la violence des paroles qu'elle venait d'entendre, n'osa pendant un moment répondre, de peur d'irriter davantage cette douleur éclatant pour la première fois avec une si effrayante impétuosité.

— Vous m'accusez, monsieur, — reprit enfin l'institutrice d'un ton de reproche sévère et digne; — vous m'accusez, lorsque mon seul tort est d'avoir eu foi dans votre honneur, dans votre loyauté!

M. de Morville releva la tête à ce mot; miss Mary continua :

— Oui, car jamais, oh jamais! monsieur, je ne vous aurais cru capable d'oublier vos devoirs envers moi. Et ces devoirs étaient aussi impérieux, aussi sacrés que les miens envers votre famille. Vous saviez mes malheurs, vous me deviez de la compassion; vous saviez mon honnêteté, vous me deviez du respect; vous saviez qu'un projet d'union, fondé sur une affection d'enfance, était brisé par l'infortune des miens, vous me deviez de la pitié. A tous ces devoirs sacrés pour un homme de cœur, vous venez, monsieur, de manquer cruellement!

— Hélas! suis-je donc si coupable? — reprit M. de Morville avec un accablement douloureux, — est-ce ma faute si dans la monotonie de mon existence est tout à coup apparue une personne dont les talents, l'éducation, le caractère, ont été appréciés par tous et par moi? est-ce ma faute si le hasard, en vous livrant un secret de ma vie, a redoublé ma confiance envers vous? est-ce ma faute si cette confiance s'est changée en affection? et cette affection, vous l'ai-je fait connaître par des moyens que l'honneur réprouve? Ai-je tenté de pervertir votre esprit, de séduire votre cœur? Non, non, j'ai souffert, souffert en silence, souffert seul, souffert toujours; et mon crime, quel est-il?... c'est de vous faire l'aveu de cette souffrance, le jour où vous allez me laisser pour jamais en proie à un désespoir incurable!

Les paroles et l'attitude de M. de Morville révélaient une douleur si vraie, si profonde, que miss Mary, au lieu de lui répondre avec l'amertume de la dignité offensée, ne vit en lui qu'une âme faible et malade qu'il ne fallait pas irriter, mais réconforter et guérir. Elle répondit donc à M. de Morville :

— Soyez satisfait, monsieur, je vous plains; je ressens pour vous, non cette compassion sympathique, généreuse, qu'inspire un malheur touchant et immérité, mais cette triste pitié qu'inspire l'abaissement, la défaillance d'un esprit qui, ayant conscience du mal, est impuissant pour le bien... Vous, homme de courage physique, vous n'avez aucun courage moral : une passion coupable, insensée, envahit votre cœur, et, au lieu de la combattre, de la vaincre, vous ne savez que la subir et la déplorer en secret dans le sombre désœuvrement d'une vie stérile... vous, vous à qui Dieu a donné une famille à aimer, à guider dans la vie!

— Non, non, miss Mary, je n'ai pas été faible contre cette passion. J'ai lutté, je me suis épuisé dans cette lutte, et vous l'eussiez toujours ignorée, si aujourd'hui vous ne m'aviez pas dit : « Je pars ! »

— Et pendant qu'épuisant vos forces dans cette lutte, concentré en vous-même, indifférent à ce qui se passait autour de vous, oublieux de tous vos devoirs, vous ignoriez que le désordre et le malheur menaçaient votre maison, je les voyais, moi, ces malheurs. J'ai tenté de les conjurer. Aussi, monsieur, lors même que je n'aurais pas eu à me rendre aux désirs de mes parents qui me rappellent près d'eux, mon départ eût été indispensable.

— L'ai-je bien entendu ? — s'écria M. de Morville. — C'est moi, dites-vous, qui suis cause de votre départ ?

— En quittant cette maison, monsieur, je fuis les conséquences de votre aveuglement déplorable.

M. de Morville regarda miss Mary avec étonnement. Elle continua :

— N'était-ce pas à vous, monsieur, mûri par l'expérience, de prévoir que votre fils pouvait céder à un sentiment involontaire ? Était-il prudent, était-il convenable de le rapprocher sans cesse de moi, en l'associant à une partie des études de sa sœur ? Non, non, et ne fût-ce que par égard pour ma position, vous ne deviez pas exposer votre fils à un danger que ma dignité même m'empêchait de vous signaler.

— Que dites-vous ! — s'écria M. de Morville en frissonnant. — Gérard vous aime ?

— S'il en était ainsi, monsieur, de vous ou de moi, qui votre fils devrait-il accuser ? Est-ce moi, qui ai mis dans mes rapports avec lui la plus extrême réserve, ou bien vous, dont la coupable imprévoyance abandonnait ce malheureux enfant aux entraînements de son âge ? Ainsi, dans votre coupable aveuglement, vous ne soupçonniez pas même que votre fils souffrait, lui aussi, d'une passion insensée qui le faisait votre rival.

— Lui! mon fils! mon rival! — s'écria M. de Morville, écrasé de honte et de remords, et il cacha son visage dans ses mains en murmurant : — Ah! c'est trop!

Miss Mary poursuivit :

— Et votre fille? a-t-elle été plus que son frère l'objet de votre sollicitude? La langueur, le dépérissement de cette pauvre enfant, ont-ils éveillé vos soupçons, vos alarmes, sur la cause réelle de sa maladie?

M. de Morville regarda miss Mary avec une surprise remplie d'anxiété, puis il dit :

— Ne savez-vous pas que le médecin attribue l'état maladif d'Alphonsine à des accidents nerveux?

— La vigilante tendresse d'un père, monsieur, eût bientôt deviné l'erreur du médecin.

— Que voulez-vous dire?

— Ainsi, monsieur, vous n'avez conçu aucun soupçon, aucun ombrage, en voyant M. de Favrolle ajourner, reculer sans cesse l'époque de son mariage avec votre fille?

— L'état de santé d'Alphonsine n'explique que trop les retards apportés à son mariage.

— Mais la cause, la vraie cause des souffrances de votre fille, monsieur, c'est la jalousie.

— Alphonsine jalouse! et de qui, mon Dieu?

— De moi, monsieur; mais, grâce à Dieu! je l'ai détrompée.

— Alphonsine jalouse de vous, miss Mary! — reprit M. de Morville avec une stupeur croissante. — Et de cette jalousie, quelle est la cause?

— M. de Favrolle.

— Il vous aime?

— Il croit m'aimer; il n'en est rien. Ce goût passager, un moment irrité par mon indifférence, s'éteindra bientôt chez

M. de Favrolle : il reviendra au véritable vœu de son cœur, et Alphonsine trouvera dans un prochain mariage l'oubli de ses chagrins, la réalisation de ses plus chères espérances. Et maintenant, monsieur, songez à la terrible responsabilité qui pèserait sur vous, si, ce qu'à Dieu ne plaise! le bonheur, l'avenir de vos enfants, étaient à jamais compromis!

M. de Morville avait écouté miss Mary avec une douleur croissante et un redoublement de honte et de remords. Bientôt la salutaire influence des paroles de l'institutrice réagit sur lui; il releva son front jusqu'alors courbé sous la confusion, et l'expression inerte et souffreteuse de ses traits fit place à une résolution calme et digne. Il tendit la main à la jeune fille, et comme elle hésitait à la prendre, il lui dit d'une voix ferme et pénétrée :

— Miss Mary, ne refusez pas cette main; c'est celle d'un homme qui, après avoir été assez faible, assez lâche pour oublier ses devoirs les plus sacrés, à votre voix se réveille d'un songe pénible. L'illusion cesse, la réalité paraît; vos révélations m'ouvrent les yeux, je reconnais enfin combien j'ai été coupable; je reconnais la funeste responsabilité que j'ai encourue envers mon fils, envers ma fille, qui pourraient, hélas! me demander compte de leur avenir si tôt flétri, eux qui réunissaient toutes les chances de bonheur désirables. La leçon est cruelle, mais elle ne sera pas stérile. Toute mon énergie, toute ma raison, toute la tendresse que je ressens, que j'ai toujours ressentie pour mes enfants, seront employées à réparer mes torts. Je vous le jure, — ajouta M. de Morville en serrant de nouveau et cordialement dans la sienne la main de l'institutrice; — je vous le jure, miss Mary.

— Et je vous crois, — répondit l'institutrice avec une expression de bonheur indicible; — oui, je crois à ce serment sacré!

— Serment indigne! infâme comme la bouche qui ose le prononcer! — s'écria la voix courroucée de madame de Morville, qui, instruite par madame Pivolet du *rendez-vous* de miss Mary et de M. de Morville, était accourue au pavillon et était entrée dans la bibliothèque au moment où, M. de Morville tenant la main de l'institutrice, celle-ci lui disait d'une voix émue et pénétrée : « Je crois à ce serment sacré. »

Ces paroles, madame de Morville les interprétait comme un serment d'amour. Erreur concevable, si l'on songe aux délations de madame Pivolet, et à ce hasard qui voulait que l'entretien de M. de Morville et de miss Mary eût lieu dans ce pavillon solitaire à la tombée de la nuit.

XXIII

M. de Morville, malgré la demi-obscurité que l'approche de la nuit répandait dans le pavillon, remarqua la pâleur des traits de sa femme et leur expression empreinte d'une exaltation douloureuse.

Miss Mary, encore plus surprise que blessée des paroles insultantes arrachées par la colère à madame de Morville, resta calme et digne.

— Ainsi, l'on ne m'avait pas trompée ! — reprit impétueusement la mère d'Alphonsine en regardant tour à tour son mari et l'institutrice, — un rendez-vous le soir ! dans ce pavillon isolé... avec l'institutrice de votre fille ! Ah ! monsieur... monsieur, si vous avez perdu toute honte, songez du moins à vos enfants.

— Louise! — s'écria M. de Morville, — je vous en supplie, revenez à vous, la colère vous égare! Quoi! sur le rapport d'une misérable folle, vous osez croire...

— Je crois, monsieur, ce que je vois, et je vois ici dans ce pavillon mon mari en tête-à-tête avec sa maîtresse.

— Madame, — reprit M. de Morville en tâchant de se contenir, — je sais la part qu'il faut faire à l'aveugle violence de votre caractère, mais je ne souffrirai pas que devant moi vous osiez ainsi calomnier, outrager mademoiselle Lawson.

— Monsieur, — dit vivement miss Mary, — si vous avez pour moi le respect que je mérite, je vous en conjure, ne me défendez pas; il me serait pénible d'être cause d'une discussion irritante entre vous et madame de Morville.

— C'est charmant! — s'écria la mère d'Alphonsine en poussant un éclat de rire sardonique. — Grâce au bon accord du ménage, mademoiselle désirerait continuer en parfaite tranquillité le rôle indigne qu'elle joue chez moi!

— Louise, — reprit M. de Morville, malgré un geste suppliant de miss Mary, — mais vous perdez la raison! mais vous outragez ce qu'il y a de plus pur au monde!

— Madame, — dit miss Mary en interrompant M. de Morville et s'adressant à sa femme, — il est des soupçons si odieux, si insensés, qu'ils ne peuvent blesser une âme honnête; vous n'êtes pas en ce moment maîtresse de vous-même. Je ne répondrai rien à des paroles que vous regretterez bientôt. Deux années de séjour ici m'ont appris à vous connaître, madame, et si quelquefois j'ai, sans me plaindre, souffert de la vivacité de vos premiers mouvements, j'ai pu souvent aussi apprécier la bonté de votre cœur.

— Assez, mademoiselle, assez! Croyez-vous me rendre dupe de vos hypocrites et basses flatteries? croyez-vous m'imposer silence par cette feinte résignation?

— Je n'ai d'autre désir que de vous convaincre de votre

erreur. Parlez donc, madame, je vous écoute et vous promets de ne pas vous interrompre.

Cette promesse et le sang-froid de miss Mary déconcertèrent d'abord madame de Morville; ainsi qu'il arrive à toutes les personnes d'un caractère violent, sa colère puisait de nouveaux aliments dans la résistance et dans la contradiction, mais souvent elle s'éteignait devant le silence et le calme. Cependant, ses jalousies, ses rancunes puériles de toutes sortes, et surtout sa conviction des tendres relations de son mari et de l'institutrice, suffirent à l'explosion de la colère de madame de Morville, et elle s'écria :

— Soit, mademoiselle, vous serez satisfaite, et puisque vous daignez, ainsi que M. de Morville, me permettre de parler, vous saurez tout ce que j'ai sur le cœur. Et d'abord, je vous dirai que vous ressemblez à toutes vos pareilles : une fois introduites dans nos familles, mesdemoiselles, vous y prenez des goûts, des habitudes de bien-être auxquels il vous coûte tant de renoncer, que pour l'éterniser, s'il est possible, vous cherchez à vous créer, par tous les moyens, honnêtes ou non, une position qui survive à vos fonctions; la jeune fille que l'on vous confie est l'objet de vos premières captations; son éducation vous sert de prétexte pour l'isoler de ses parents, pour l'accaparer afin d'en faire un esclave docile, vous réservant d'être plus tard sa conseillère indispensable, ou au pis-aller sa complaisante peu scrupuleuse. Pour arriver à ce noble but, il faut surtout éloigner la mère, qui ne sait qu'aimer son enfant, et, à l'aide de talents acquis sans doute à cette louable intention, écraser sous une comparaison humiliante l'épouse dont on redoute l'influence auprès du mari. Rien de plus facile; on est jeune, belle, séduisante; le mari est exposé à une séduction de tous les instants; il est faible, l'on est rusé, hypocrite, tenace, et bientôt le chef de famille, dominé par une étrangère, soumettra sa femme, ses enfants, à la tyrannie d'une créature qui devient ainsi la seule maîtresse de la maison. Malheureusement, voyez-vous, mademoiselle, parfois il se rencontre des femmes qui, hors d'état sans doute de lutter de charmes, de grâce, de talents, avec l'institutrice qu'elles payent, finissent par se révolter de l'impudeur et de l'impudence de certaines prétentions, et y mettent un terme par le moyen fort simple que voici : un beau matin, ou plutôt un beau soir, elles disent à l'institutrice dont les odieux projets sont dévoilés : Mademoiselle Lawson, je suis chez moi ! — et la main de madame de Morville, arrivée au paroxysme de la colère, indiqua d'un geste outrageant la porte à miss Mary ; — mademoiselle Lawson, je suis chez moi, et je vous...

— Arrêtez, madame ! — s'écria la jeune fille d'un ton à la fois si imposant, si fier, que madame de Morville n'acheva pas ; — pas un mot de plus, dans votre intérêt, non dans le mien, car il est des outrages qui ne peuvent m'atteindre.

— Dans mon intérêt ! — reprit madame de Morville ; — que voulez-vous dire, mademoiselle ? est-ce une menace ?

— C'est une prière, madame ; je veux sortir de chez vous en emportant l'affection de votre famille, et votre estime, madame ; oui, votre estime ! Voilà pourquoi je vous prie de ne pas céder à un entraînement que vous regretteriez amèrement ; voilà pourquoi je vous prie de vouloir bien m'entendre.

— Emporter mon estime, à moi ? Ah çà ! vous me croyez donc bien sotte ou bien lâche, mademoiselle Lawson ? Mon estime ! à vous qui avez amené le malheur, la désolation dans ma famille, depuis le premier jour de votre arrivée, où mes enfants ont été déshérités par leur oncle, jusqu'à aujourd'hui, où vous m'enlevez l'affection de mon mari !

— Vous m'accusez, madame, de vouloir vous enlever l'affection de M. de Morville et d'aspirer à dominer chez vous ? voici ma réponse : Avant un quart d'heure vous verrez arriver près de ce pavillon la voiture que tantôt M. de Morville a bien voulu mettre à ma disposition pour aller à Tours, où de là je me rendrai en Angleterre...

— Vous partez! — s'écria madame de Morville frappée de stupeur; puis elle reprit : — Non, non, c'est un mensonge ou un piége!

— Louise, — dit M. de Morville, — il y a une heure, à la demande de miss Mary, j'ai envoyé d'ici au cocher l'ordre d'atteler et d'amener la voiture. Elle sera dans un moment à la porte du parc.

Madame de Morville, dont la colère ne savait plus pour ainsi dire où se prendre, fut complétement déroutée par l'annonce du départ de miss Mary.

— Maintenant, madame, je l'avoue, — reprit l'institutrice, — ma présence dans votre famille a amené des malheurs que je regrette profondément, car j'en suis la cause involontaire.

— Involontairement ou non, — s'écria madame de Morville, — vous êtes un *porte-malheur*, ainsi qu'il y a deux ans, lors de votre arrivée ici, je le disais à M. de Morville, qui, par prévision sans doute, prenait déjà votre parti contre moi.

— Madame, en agissant ainsi, M. de Morville cédait à un sentiment naturel d'équité; était-il juste de me rendre responsable de malheurs dont je suis, je le répète, la cause involontaire?

— Et sur qui donc alors, mademoiselle, retombera cette responsabilité?

— Je n'ai pas provoqué cette question, madame; il est de ma dignité, de mon devoir, d'y répondre avec une extrême sincérité. D'abord, permettez-moi de ne pas croire aux *porte-malheur*, à cette fatalité fâcheuse qui s'attacherait à ma présence ou à ma personne.

— Enfin, les faits sont là, mademoiselle; ils existent, malheureusement pour nous!

— Oui, madame, les faits existent. Seulement, je crois que ma présence dans une autre famille n'aurait pas produit les mêmes faits. Veuillez, de grâce, me laisser achever, — ajouta miss Mary en répondant à un mouvement d'impatience de madame de Morville. — Croyez-vous que si, malgré cette prétendue fatalité inséparable de ma personne, je m'étais trouvée au milieu d'une famille où les graves devoirs de chacun eussent été rigoureusement observés, où certaines différences de caractères, de goûts, chez les maîtres de la maison, au lieu de se développer de plus en plus sans contrainte, eussent été dominés, contenus, par ces pensées, — l'exemple à donner aux enfants, — la vigilante sollicitude à exercer sur eux, — alors, franchement, madame, les malheurs que l'on me reproche seraient-ils arrivés?

— Ainsi, mademoiselle nous reproche, à moi, d'avoir méconnu mes devoirs de mère, à vous, monsieur, d'avoir oublié vos devoirs de père.

— Et mademoiselle Lawson a raison, Louise, — reprit M. de Morville d'une voix grave. — J'ai eu tort de me laisser aller à des habitudes d'isolement, et au lieu de refuser vos offres si souvent réitérées de partager mes goûts solitaires, j'aurais dû accepter; grâce à quelques concessions mutuelles, j'aurais un peu plus sacrifié au monde et vous y auriez sacrifié un peu moins; au lieu de rester des mois entiers éloignés l'un de l'autre, nous livrant chacun à l'existence que nous préférions, et ne prêtant, il faut le dire, qu'une attention secondaire à l'éducation de nos enfants, nous aurions dû les entourer constamment de nos soins, et aujourd'hui, hélas! nous n'aurions peut-être pas à nous reprocher...

— Pardonnez-moi de vous interrompre, monsieur, — dit vivement miss Mary; — loin de moi toute idée de récrimination stérile ; je tenais seulement à convaincre madame de Morville qu'avec son bon sens et son bon cœur, elle ne pouvait croire à la fatalité de ma présence en cette maison.

— Tout ce que je sais, mademoiselle, c'est que nous étions tous heureux et tranquilles avant votre arrivée ici, — reprit madame de Morville avec amertume, — et aujourd'hui vous partez nous laissant dans le chagrin.

— Ah ! madame, le jour le plus malheureux de ma vie serait celui où je quitterais votre famille avec la douloureuse conviction que mon nom y serait maudit.

— Eh ! mademoiselle, ce sont là des phrases, rien de plus. Je veux bien croire, si vos projets de départ étaient réels et connus d'avance, que l'on vous a calomniée quant à ce qui regarde M. de Morville, mais enfin, il n'en est pas moins vrai que mes enfants sont déshérités par leur oncle, que ma fille se meurt d'une maladie de langueur, et que mon fils est méconnaissable.

— Un mot encore, madame. Vous m'avez appelée chez vous pour achever l'éducation de votre fille ; je m'adresse à votre loyauté : ai-je honorablement rempli ma mission ?

— Mon Dieu, mademoiselle, je dis le bien comme le mal : Oui, vous avez complété l'éducation d'Alphonsine au delà de nos espérances ; mais il ne s'agit pas de cela.

— Pourtant, madame, je ne suis venue chez vous que pour achever l'éducation de votre fille ; aussi pourrais-je me borner à vous répondre qu'ayant accompli mes devoirs à votre satisfaction, je suis au-dessus de tout reproche ; mais cela ne me suffit pas, non, et je vous le répète, madame, je ne veux pas laisser ici le chagrin, le malheur ; je n'oublie pas avec quelle bienveillance j'ai été accueillie dans votre famille.

— Mais, encore une fois, mademoiselle, ce sont là des phrases, et les belles phrases n'empêcheront pas mes enfants d'être déshérités par leur oncle !

— M. de la Botardière reviendra, madame, sur cette fâcheuse résolution ; j'ose presque vous le promettre, madame.

— Vous, mademoiselle ?

— Oui, madame.

Madame de Morville sourit d'un air sardonique en haussant les épaules, puis ajouta :

— Et sans doute vous rendrez aussi comme par enchantement la santé à ma fille ?

— Je l'espère, madame, car j'ai déjà commencé sa guérison. Aussi, croyez-moi, lorsque tout à l'heure, vous suppliant de retenir sur vos lèvres des paroles outrageantes, je vous disais vouloir m'éloigner d'ici en emportant votre estime, votre affection, je disais vrai ; et j'en suis certaine, vous m'accorderez cette estime, cette affection, du moment où la paix et le bonheur régneront dans votre famille.

— Oh ! certes, — reprit madame de Morville avec un accent de doute et d'amertume ; — mais en attendant, je ne puis m'empêcher de maudire le hasard qui vous a amenée ici, mademoiselle.

La brusque entrée de madame Pivolet, précédant William de quelques pas, interrompit l'entretien. La femme de charge, s'adressant à miss Mary, lui dit d'un air affairé :

— Mademoiselle, tout est prêt. La voiture est au bout de l'avenue ; j'ai porté dedans tout ce que Thérèse m'a remis, votre malle, votre chapeau, votre châle, votre manteau, car il fait froid, très froid ; la nuit va être tout à fait noire, et il faut bien vous couvrir, ma chère demoiselle.

— Miss Mary, — dit M. de Morville d'un ton contenu et pénétré, — vous voulez partir, nous respectons votre désir ; mais laissez-nous du moins espérer que nous vous reverrons.

— Je ne sais, monsieur ; mais j'espère, avant de quitter la

France, accomplir la promesse que j'ai eu l'honneur de faire tout à l'heure à madame de Morville.

En disant ces mots, l'institutrice s'inclina devant madame de Morville. Celle-ci, cédant à un retour de bon naturel, fut sur le point de prier miss Mary de suspendre son départ, mais en proie à l'orgueil et à la rancune, elle répondit sèchement par un demi-salut aux adieux de l'institutrice, que M. de Morville, le cœur brisé, vit sortir toujours calme et digne, suivie de madame Pivolet et de William.

Pendant que miss Mary parcourait l'allée qui conduisait à la porte du parc auprès de laquelle attendait la voiture dont les deux lanternes étaient allumées, madame Pivolet se disait triomphante :

— Enfin, la belle Anglaise, te voilà chassée, mais tu ne sais pas ce qui t'attend au bord de la mare de la *Femme fouettée*. Le père Chênot et son monde sont prévenus, la lumière des lanternes les avertira de l'approche de la voiture, le cocher les laissera faire, et quant à ton insulaire d'Anglais, il sera seul contre six.

Au moment de monter en voiture, miss Mary dit au cocher :

— Joseph, combien y a-t-il de distance d'ici à la petite ville de Saint-Hilaire?

— Deux heures, mademoiselle.

— Et de Saint-Hilaire au château de la Botardière?

— Une petite lieue, mademoiselle.

— Pourrais-je, demain matin, trouver à l'auberge de Saint-Hilaire, où je passerai la nuit, une voiture pour me rendre au château de la Botardière?

— Oui, mademoiselle.

— Alors, Joseph, au lieu de me conduire à Tours, conduisez-moi à Saint-Hilaire.

— Oui, mademoiselle, — dit le cocher, auprès de qui monta William.

— Comment! elle prend la route de Saint-Hilaire! — s'écria d'une voix désespérée madame Pivolet, ayant entendu donner cet ordre et voyant la voiture s'éloigner rapidement; — ils ne passeront pas par la route où le père Chênot attend la belle Anglaise! Ah! double scélérate; mais tu me le payeras!

XXIV

Le château de la Botardière, avec ses murailles noirâtres, ses persiennes grises, ses fossés remplis d'eau dormante, sa cour silencieuse et sa grille de fer rouillé presque toujours fermée, avait, ainsi que son propriétaire, une apparence parfaitement inhospitalière.

Le lendemain matin du jour où miss Mary avait quitté le château de Morville, M. de la Botardière, assis au coin de son feu, achevait la lecture de son journal; un paravent déplié en hémicycle au milieu d'un grand salon à boiseries grises, tristes et nues, protégeait le quinteux vieillard contre les courants d'air qui s'échappaient des fissures de quatre grandes croisées à petits carreaux, ornées de rideaux de cotonnade jaune. Vêtu d'une veste et d'un pantalon de molleton jadis blanc, coiffé d'un foulard en désordre, d'où s'échappaient quelques mèches de cheveux gris, M. de la Botardière jouissait d'autant plus complaisamment de la chaleur de son foyer, que ses jambes étaient préservées de la trop vive ardeur du feu par des jambards de carton simulant la partie antérieure d'une botte à revers. Ainsi plongé dans son fauteuil de tapisserie, les pieds sur les chenets, M. de la Botardière savourait les délices moroses de la solitude.

— Il est vrai, — disait-il, — il est vrai que je ne m'amuse point énormément. Mes journées sont longues, mes soirées n'en finissent pas; mais quel bonheur de penser qu'on est seul, que personne ne viendra vous mettre de mauvaise humeur, qu'on ne sera pas accablé de visiteurs qui viennent vous gruger ou vous assommer de leur désœuvrement; enfin, que l'on vit comme on veut, à sa guise, rentrant chez soi ou en sortant à son gré, ne faisant de frais pour personne! Quand mon neveu venait avec sa famille, ou que j'allais à Morville, c'était autre chose, je le sais bien : il y avait parfois d'assez bonnes journées. J'avais mon franc parler, je disais son fait à chaque personne de la famille, personne n'osait me répliquer. Avantage que l'on trouve seulement chez des parents qui savent respecter vos cheveux blancs, car hors de là il faut voir comme on est reçu lorsque l'on dit aux gens leurs vérités! Quelles bourrades on reçoit! c'est à dégoûter de la sincérité! Tandis qu'à Morville, je pouvais grogner, bougonner, rabâcher sans conteste. Mais bon! je suis bien sot de regretter ces gens-là, ce sont des ingrats, des gens cupides. Avec quel bonheur je me dis : Ils sont vexés, furieux d'être déshérités! Il ne se passe pas de jour qu'ils ne regrettent ma fortune. Et puis, après tout, si j'allais chez eux, ils venaient chez moi me faire des visites de surprise, comme ils disaient, et rien ne m'était plus odieux, plus insupportable que des visites qui me tombaient des nues au moment où je ne m'y attendais pas. Mais, Dieu merci! maintenant je suis délivré de ces affreux ennuis, de ce cauchemar qui empoisonnait ma vie.

A cette espèce de défi jeté au monde par M. de la Botardière, répondit le bruit aigu du sifflet du portier (l'on annonçait encore ainsi, selon la vieille coutume, les rares visiteurs du château de la Botardière).

A ce bruit, M. de la Botardière bondit sur son fauteuil, fronça le sourcil d'un air menaçant, et s'écria :

— Qui ose venir chez moi quand je n'attends personne?

Ambroise, vieux serviteur aussi hargneux que son maître, et de plus fort sourd, entra d'un pas traînant dans le salon, et, avançant sa tête au-dessus du paravent, il dit à son maître :

— Monsieur, c'est une visite.

— Je ne reçois personne, — grommela M. de la Botardière en se cantonnant au fond de son fauteuil.

— Monsieur, c'est une demoiselle, — reprit Ambroise, qui n'avait pas entendu un mot de la réponse de son maître, — c'est une demoiselle anglaise.

— Une Anglaise!

— Elle vient du château de Morville.

— Une Anglaise... et elle vient du château de Morville! — répéta M. de la Botardière avec une stupeur courroucée. — C'est impossible... tant d'audace!

— Et cette demoiselle anglaise, — reprit Ambroise, — s'appelle miss Mary.

— La drôlesse! l'aventurière de cet infernal voyage de Calais! — s'écria M. de la Botardière en se levant. — Comment! elle ose venir me relancer jusqu'ici!

— Oui, monsieur, je vais la faire entrer ici, — reprit Ambroise croyant avoir compris l'intention de son maître, et il se dirigea vers la porte.

— Ambroise! — s'écria le vieillard, — maudit sourd, écoute-moi donc; je ne veux pas que...

— J'entends bien, monsieur! — répondit le serviteur en

ouvrant la porte, et il dit d'un ton bourru : — Entrez, entrez, mademoiselle.

Au bout d'un instant, Ambroise ayant écarté une des feuilles du paravent, M. de la Botardière se trouva face à face avec miss Mary, qui, entrant dans l'hémicycle formé par le paravent, dit au vieillard :

— J'ose espérer, monsieur, que vous excuserez ma visite en faveur du motif qui m'amène ici.

— Il n'y a aucun motif, mademoiselle, à une visite que je pourrais, que je dois qualifier en la taxant d'extraordinaire, d'exorbitante, d'audacieusement hostile, d'inconcevablement provocatrice.

— Provocatrice... est le mot, monsieur, — reprit miss Mary avec un doux et gracieux sourire : — je viens provoquer la générosité de votre cœur, et j'ai la certitude que vous répondrez à ma provocation.

— Vous vous trompez, mademoiselle, — reprit aigrement le vieillard, — je ne suis point généreux du tout ; je voudrais, corbleu ! bien savoir où vous avez vu des preuves de ma générosité ?

— C'est comme si vous me disiez, monsieur, que vous n'existez pas, parce que vous vivez retiré dans cette solitude, invisible à ceux qui vous aiment et vous vénèrent. Je veux donc croire, je crois à la bonté de votre cœur. Est-ce un grand crime ?

Miss Mary accentua ces dernières paroles avec tant de finesse et de grâce ; elle était si belle et si charmante, que malgré sa morosité quinteuse, M. de la Botardière ne put s'empêcher de remarquer que la présence de cette jeune et délicieuse créature semblait *éclairer*, pour ainsi dire, sa sombre et chagrine solitude. Cependant, se rebellant contre cette pensée avec une vague appréhension, il répondit d'un air maussade :

— Mademoiselle, j'ai peu de goût pour la conversation; vous vous êtes introduite chez moi, que voulez-vous?

— Oh! mon Dieu, monsieur, la chose la plus simple du monde : je désire que vous rendiez votre affection, votre tendresse à votre famille.

— Vraiment! — s'écria M. de la Botardière, abasourdi, pouvant à peine croire ce qu'il entendait; puis il reprit bientôt, avec un courroux croissant : — Eh bien, à la bonne heure! C'est net, c'est carré; d'autres auraient pris des précautions oratoires pour annoncer de loin cette énormité, mais vous...

— Oh! moi, — reprit en souriant miss Mary, — en ma qualité d'avocat novice, comptant sur la bonté de ma cause et sur l'équité de mon juge, sachant d'ailleurs qu'il est de ces ermes esprits que de vaines paroles n'abusent pas, je vais droit au fait.

— De mieux en mieux! Ainsi, vous venez tout bonnement, mademoiselle, me demander de rendre mon amitié à mon neveu et à sa famille?

— Oui, monsieur.

— Et aussi (puisque vous êtes en si beau chemin), et aussi de laisser à mon neveu ma fortune après moi?

— Naturellement.

— Naturellement!... Ah! vous trouvez cela naturel, mademoiselle. — Puis, poussant un éclat de rire sardonique, il dit : — Soit! J'aime parfois, tout comme un autre, ce qui est bizarre, et c'est une chose fort bizarre que d'entendre plaider une cause détestable par un avocat...

— Que l'on n'aime pas, — dit miss Mary avec son doux sourire, en interrompant le vieillard. — Mais du moins, monsieur, l'équité veut que cet avocat qu'on n'aime pas... on l'écoute.

— Oh! parlez, parlez. Vous l'avez dit : Je suis de ces

fermes esprits que l'on n'abuse point avec de vaines paroles.

Malgré cette assertion triomphante, le vieillard s'apercevait que son oreille, depuis longtemps habituée aux accents peu agréables de la voix d'Ambroise et de ses autres domestiques, éprouvait une sorte de plaisir à entendre l'organe frais et doux de la jeune fille; mais très décidé à se montrer intraitable, M. de la Botardière ne vit aucun inconvénient à jouir de l'harmonie de cette voix charmante, et il dit à miss Mary :

— Je vous écoute, mademoiselle; je suis curieux de savoir par où vous commencerez. Vous allez sans doute, pour me bien disposer en votre faveur, me parler d'abord de cet abominable voyage de Calais.

— Si je vous en parlais, monsieur, ce serait pour vous exprimer un regret, celui de n'avoir pas songé à me mettre sous votre protection pendant ce voyage.

— La belle idée que vous auriez eue là!

— Si je m'étais adressée à votre courtoisie, moi, étrangère et sans appui, m'auriez-vous refusé?

— Je n'en sais, ma foi, rien.

— Vous ne dites pas non, et vous avez raison, car, malgré vos brusqueries, vos boutades, souvent injustes, votre cœur est bon.

— Ta, ta, ta, vous voulez m'enjôler.

— Parce que je vous parle de la bonté de votre cœur?

— Certainement.

— N'avez-vous pas aimé, tendrement aimé votre sœur?

— Ah! celle-là, oui, — reprit le vieillard en cédant à un attendrissement involontaire. — Oh! oui, je l'ai aimée, bien aimée.

— Je le crois, monsieur, votre émotion le dit assez.

— Vous vous trompez, mademoiselle, — se hâta de répondre M. de la Botardière, craignant de laisser prendre à miss Mary quelque avantage sur lui, — je ne suis point ému du tout.

— Pourquoi le nier?

— Je vous vois venir, vous concluriez de là que puisque j'ai tendrement aimé ma sœur, je dois également aimer mon neveu, sa femme et leurs enfants. Mais, corbleu! c'est autre chose; — reprit le vieillard avec une irritation croissante, — des ingrats, des avides, qui ne songent qu'à mon héritage!

— Ce sont là, monsieur, des paroles mauvaises, injustes et déraisonnables.

— Mademoiselle! — s'écria M. de la Botardière, — voici la première fois que l'on ose me dire en face...

— La vérité, n'est-ce pas, monsieur? C'est mon habitude; je ne peux la changer; mais veuillez, je vous prie, me répondre : quelle a été la cause de votre rupture avec M. et madame de Morville? Mon arrivée chez eux.

— Certainement.

— S'ils avaient consenti à ne pas me prendre pour institutrice, vous n'auriez pas rompu avec M. et madame de Morville?

— Non.

— En un mot, ma seule présence au château vous empêchait d'y revenir?

— Oui, mademoiselle, oui!

— Alors, monsieur, rien ne s'oppose plus à ce que vous vous rendiez aux vœux les plus chers de votre famille : j'ai quitté le château de Morville, je n'y retournerai plus.

— Comment! vous n'êtes plus institutrice chez mon neveu?

— Non, monsieur; mais un mot encore. Vous reprochez à M. de Morville la cupidité qui lui fait, dites-vous, désirer votre héritage? S'il en était ainsi, si M. de Morville et sa femme avaient été des âmes vénales, auraient-ils un moment hésité à me sacrifier lorsque vous leur avez dit : « Je vous déshérite si vous gardez chez vous mademoiselle Lawson? »

— Qu'est-ce que cela prouve? qu'ils ont mieux aimé en faire à leur tête que d'hériter de moi!

— Nous voici déjà, monsieur, bien près de nous entendre : votre neveu et sa femme ne sont plus des gens avides, intéressés, mais des gens qui en voulaient faire, ainsi que vous le dites, à leur tête; qui ne voulaient pas, en un mot, chasser de chez eux, sans lui permettre de se justifier, une pauvre jeune fille étrangère qui, en échange de l'éducation qu'elle venait donner à leur enfant, leur demandait le pain d'un père, d'une mère et de trois sœurs qu'elle avait quittés dans le pieux espoir de rendre leur infortune moins pénible. Dites, monsieur, dites, — ajouta miss Mary d'une voix pénétrante qui émut profondément et malgré lui M. de la Botardière, — M. et madame de Morville, pour s'être montrés équitables envers moi, ont-ils démérité de vous?

— Mademoiselle, si les choses se sont ainsi passées, j'avoue que... — Mais se reprenant et luttant contre le charme de miss Mary, dont il subissait l'influence, le vieillard reprit brusquement : — Et d'ailleurs, pourquoi mon neveu et sa femme ne m'ont-ils pas écrit tout ce que vous me dites là ?

— Ils ont envoyé près de vous leurs enfants, monsieur; vous avez refusé de les voir; après un pareil accueil, que pouvaient faire M. de Morville et sa femme? Vous les soupçonniez de cupidité, leur dignité s'opposait à d'autres tentatives de rapprochement : vous auriez pu y voir quelque arrière-pensée vénale.

— Je ne dis pas non, mais...

— Un mot encore, monsieur. Vous reconnaissez qu'en refusant de céder à votre désir, vos parents obéissaient à un sentiment honorable; malheureusement, ma présence, ma personne vous était odieuse.

— Odieuse! odieuse! Mademoiselle, le mot est trop fort.

— Déplaisante, si vous le préférez.

— Déplaisante! encore moins, mademoiselle!

— Désagréable, importune, soit!

— Mais non, mademoiselle! pas du tout.

— Enfin, j'ai quitté le château de Morville; pourquoi lutteriez-vous plus longtemps contre le sentiment généreux qui vous attire vers une famille qui vous a toujours entouré de tendresse et de vénération?

— Quoi! vous me croyez assez faible pour désirer de revoir ces ingrats?

— Je crois, monsieur, qu'il ne se passe pas de jour où vous ne vous disiez: « Ah! le bon temps que celui où j'allais au château de Morville! J'étais parfois bourru, grondeur, mais ces gronderies, qui ne m'empêchaient pas d'être le meilleur homme du monde, n'éloignaient personne de moi; on m'accueillait toujours avec autant de cordialité que de déférence. » Et l'on avait raison, monsieur, car ce grondeur était pour M. de Morville le frère d'une mère adorée, et à la seule condition de vous laisser aimer, vénérer, vous aviez le droit de gronder tout à votre aise.

— Mademoiselle, permettez...

— Non! non! à cette douce vie de famille vous ne pouvez préférer un isolement qui vous pèse! Oh! ne le niez pas, vous regrettez ces relations d'autrefois que la tendre déférence de M. de Morville, de sa femme, de leurs enfants, vous rendait chères! Enfin, monsieur, soyez sincère. Qu'est-ce que l'existence que vous menez ici? Une vie froide, décolorée, monotone, sans attrait pour l'âme, sans charme pour l'esprit; mécontent de vous et des autres, vos meilleurs jours sont ceux où rien ne vous distrait de votre morne ennui. Laissez ces habitudes moroses et solitaires à ceux-là qu'un triste sort a privés des douceurs ineffables de la famille; jouissez-en donc, et ne soyez pas ingrat envers Dieu!

15.

Le vieillard avait écouté miss Mary avec une émotion croissante; la grâce, la franchise, la raison, la touchante beauté de la jeune fille, faisaient sur lui une impression aussi profonde qu'inattendue.

— Mademoiselle, — s'écria-t-il soudain, après quelques moments de réflexion, — voulez-vous répondre sincèrement à mes questions?

— Je ne saurais vous répondre autrement, monsieur.

— Je ne suis point un sot, je connais mon neveu, et quels que soient mes griefs contre lui, j'avoue que c'est un homme d'excellent jugement. J'avais contre vous de très fâcheuses préventions; si mon neveu vous a gardée deux ans pour institutrice, c'est que mes préventions étaient fausses; j'ai su d'ailleurs par des étrangers que vous avez fait de ma nièce une personne accomplie.

— Bientôt, monsieur, je l'espère, vous serez à même de juger Alphonsine.

— Ce n'est pas de cela qu'il s'agit. Pourquoi quittez-vous le château? Miss Mary, vous êtes sincère : je vous adjure de me parler sans déguisement.

— Je quitte le château de Morville, monsieur, pour deux raisons : la première, c'est que l'éducation d'Alphonsine est à peu près terminée; la seconde...

— Vous hésitez... La seconde, c'est que vous n'avez pas été traitée chez mon neveu comme vous méritiez de l'être!

— Monsieur...

— Ils vous ont rendue malheureuse, je m'en doutais.

— Monsieur, veuillez m'écouter.

— Veuillez m'écouter vous-même, mademoiselle! — s'écria le vieillard avec une amertume croissante. — Ah! ils vous ont rendue malheureuse? cela ne m'étonne pas; mais soyez tranquille, si vous le voulez, vous serez vengée, et moi aussi.

— Monsieur, je ne vous comprends pas.

— Miss Mary, vous êtes une honnête et loyale personne.

— Je crois pouvoir l'affirmer.

— Vous êtes sans fortune?

— Oui, monsieur.

— Vous adorez votre intéressante famille?

— Oh! de toutes les forces de mon âme!

— Vous seriez ravie de voir père, mère, sœurs, aussi heureux que possible?

— C'est mon vœu le plus cher.

— Eh bien, chère miss Mary, vous avez un moyen d'assurer le bonheur de votre famille, le vôtre, et par-dessus le marché, vous aurez le plaisir de vous venger de mon scélérat de neveu, qui a manqué d'égards envers vous.

— En vérité, monsieur, je...

— Miss Mary, — s'écria M. de la Botardière en jetant un coup d'œil confus sur son costume de molleton, — je ne puis me faire comprendre fagotté comme je le suis; donnez-moi le temps de me raser, de m'habiller convenablement, et alors... — Puis courant vers la porte, qu'il entre-bâilla, il cria : — Ambroise! Ambroise! va m'attendre dans ma chambre à coucher... — Se retournant alors vers l'institutrice, qui le regardait avec une surprise croissante : — Excusez-moi, miss Mary, de vous laisser seule, je reviens dans un quart d'heure, et alors, — ajouta M. de la Botardière d'un air triomphant, — et alors je m'expliquerai catégoriquement. — Et après avoir accentué cet adverbe d'une façon qu'il crut très significative, M. de la Botardière quitta précipitamment le salon en s'écriant : — Ambroise! Ambroise! Il ne m'a pas entendu! Maudit sourd!

Et il laissa miss Mary stupéfaite de cette brusque sortie.

— Je ne comprends rien aux paroles de M. de la Botardière,

— se disait la jeune fille; — où est-il allé? pourquoi me laisser seule? Je regrette de n'avoir pas eu le temps de l'avertir que j'ai prié Henri de venir me prendre ici, afin de partir ensuite pour l'Angleterre; malgré moi, je redoute quelque nouvelle étourderie de M. de Favrolle, et je n'ai pas commis, je crois, une grande indiscrétion envers M. de la Botardière, en donnant rendez-vous chez lui à mon protecteur naturel.

A ce moment, miss Mary entendit au dehors le pas d'un cheval résonnant dans la cour.

— C'est lui! c'est Henri! — s'écria-t-elle; — il aura devancé la voiture afin de se rendre plus tôt près de moi.

Et ne doutant pas de la venue de son fiancé, dont elle était séparée depuis trois ans, son cœur palpita si violemment, elle se sentit si profondément émue, qu'elle n'eut pas la force de faire un mouvement, quoiqu'elle entendît dans la pièce voisine des pas qui ne pouvaient être que ceux de Henri Douglas.

Mais quelle fut la stupeur de miss Mary, lorsqu'au lieu de son fiancé si impatiemment attendu, elle vit entrer dans le salon M. de Favrolle, pâle, défait, et dont les vêtements souillés de boue annonçaient qu'il venait de faire une longue course à cheval.

XXV

Miss Mary, aussi cruellement déçue dans son attente qu'effrayée par l'arrivée imprévue de M. de Favrolle, devint d'une pâleur mortelle et ne put retenir un cri d'effroi. M. de Favrolle, sardonique et résolu, s'avança vers elle en s'écriant :

— Enfin, mademoiselle, je vous rejoins après une nuit passée à votre recherche. Franchement, je ne suis pas fâché de prendre ce matin ma revanche d'hier soir; rassurez-vous, d'ailleurs : malgré une irritation dont vous comprenez les motifs, je ne manquerai à aucun des égards qui vous sont dus, mais autant vous me trouverez respectueux et rempli de convenance, autant vous me trouverez aussi déterminé à l'endroit des projets que je vous ai annoncés, et dont aucune puissance humaine ne me fera départir.

Miss Mary, anéantie par ce coup imprévu, se laissa tomber sur un siége, perdit tout courage, et murmura d'une voix entrecoupée par les larmes :

— Ah! monsieur, si vous saviez ce que je souffre, vous auriez pitié de moi!

— Mon Dieu, mademoiselle, je ne suis ni un tyran ni un misérable! Dans la maison où nous étions hier, je ne sais quel point d'honneur pouvait vous faire une loi de ne point m'écouter; mais ici vous êtes libre, je viens donc pour connaître mon sort, et je ne vous quitterai pas qu'il ne soit irrévocablement décidé par vous, non pas légèrement, mais avec mûre réflexion...

Miss Mary frémit : elle venait d'entendre dans la cour le bruit d'une voiture de poste. Plus de doute, cette fois, c'était Henri Douglas qui venait la chercher. La jeune fille eut un moment de vertige en songeant aux malheurs dont elle était menacée; lorsque la pensée lui revint, elle vit apparaître à la porte du salon la mâle et calme figure de Henri Douglas, introduit, non par Ambroise, mais par un autre serviteur fort étonné de cette concurrence de visiteurs ordinairement si rares au château de la Botardière.

Miss Mary, à la vue de son fiancé, ne put retenir un cri étouffé; ses yeux humides s'arrêtèrent remplis de tendresse et d'angoisse sur le grave et beau visage de son cousin qu'elle n'avait pas vu depuis si longtemps. Le commandant Henri Douglas, s'avançant vers la jeune fille de toute la distance qui les séparait, car elle n'avait pas la force de faire un pas, lui tendit ses deux mains, dans lesquelles miss Mary laissa tomber les siennes sans dire un mot, tandis que ses larmes silencieuses inondaient son visage.

M. de Favrolle restait frappé de surprise à cette scène inattendue. Il fit un mouvement. Henri Douglas tourna la tête, l'aperçut pour la première fois, et, regrettant d'avoir donné son émotion en spectacle à un tiers, il fit un pas en arrière, et salua M. de Favrolle avec une bonne grâce qui était presque l'excuse d'un manque d'égards involontaire; puis, indiquant du geste miss Mary, il dit simplement, noblement, en s'adressant à M. de Favrolle :

— Monsieur, depuis trois ans je n'avais pas vu ma chère cousine, mademoiselle Lawson. J'espère que vous me pardonnerez de n'avoir pas remarqué votre présence, — ajouta-t-il en s'inclinant.

M. de Favrolle, presque certain qu'il se trouvait en face d'un rival, cédant cependant à certaines habitudes du monde dont on ne peut s'affranchir sans grossièreté, rendit au commandant Douglas son salut et balbutia quelques-unes de ces paroles insignifiantes qu'on n'achève pas quand on veut être poli sans savoir que dire.

Miss Mary avait suivi avec anxiété les regards des deux jeunes gens; elle crut pouvoir, par la hardiesse de sa franchise, conjurer un péril dont elle sentait la gravité menaçante. Prenant donc un parti désespéré, elle s'avança vers M. de Favrolle, et dit, en lui désignant Henri du regard :

— Monsieur, j'ai l'honneur de vous présenter mon cousin le commandant Douglas. Il m'avait été fiancé dans des temps plus heureux; mais il a continué de m'aimer malgré les malheurs qui ont frappé ma famille : il vient me chercher en France pour aller nous unir en Angleterre et y recevoir la bénédiction de mon père.

— Qui ai-je l'honneur de saluer? — dit le capitaine Douglas en interrogeant l'institutrice du regard.

— M. de Favrolle, — répondit miss Mary, — fils d'un ami de M. de Morville, dont il va bientôt épouser la fille, ma chère et digne élève.

— Mademoiselle, — reprit avec amertume M. de Favrolle, pâle de dépit et de colère, — puisque vous avez si nettement établi votre situation envers monsieur, je crois devoir établir la mienne non moins nettement. — Puis il ajouta en se tournant vers Henri : — Un moment, monsieur, il est vrai, j'ai été agréé comme prétendant à la main de mademoiselle de Morville, mais dans sa famille j'ai retrouvé miss Mary, avec qui j'avais eu l'honneur de voyager, il y a deux ans, depuis Calais jusqu'à Paris, et...

— Quoi, monsieur, c'est vous? — dit vivement Henri Douglas en interrompant M. de Favrolle avec une expression de cordiale reconnaissance. — C'est vous qui avez veillé sur mademoiselle Lawson avec la sollicitude d'un frère pendant ce long voyage? Ah! monsieur, combien je suis heureux de pouvoir vous exprimer toute la gratitude de la famille de miss Mary pour votre délicate et noble conduite. Permettez-moi de vous serrer la main...

En disant ces mots, le capitaine tendit sa main à M. de Favrolle. Mais un bruit sourd et éloigné, semblable à celui que fait un homme enfermé en frappant à une porte afin qu'on la lui ouvre, attira l'attention des trois personnages, qui involontairement tournèrent la tête du côté d'où partait ce bruit, qui paraissait venir d'un corridor assez voisin du salon. Mais un pareil incident ne pouvait longtemps les distraire des sentiments graves ou passionnés dont ils étaient émus. Miss Mary avait remarqué avec effroi qu'au moment où son fiancé avait si cordialement offert sa main à M. de Favrolle, celui-ci, loin de répondre à cette avance amicale, avait dédaigneusement souri en toisant le commandant Douglas. Celui-ci, du reste, ne s'était pas aperçu de l'attitude hautaine et agressive de son rival, s'étant en ce moment même retourné dans la direction du bruit lointain. Soutenue cependant par une dernière lueur d'espérance, miss Mary, lorsque M. de Favrolle et Henri Douglas eurent oublié leur distraction momentanée, se hâta de dire à son fiancé :

— Oui, M. de Favrolle s'est montré pour moi, pendant ce trajet de Calais à Paris, rempli d'une sollicitude fraternelle, et mon premier soin a été d'écrire à ma mère avec quelle courtoisie M. de Favrolle m'avait accordé sa protection pendant ce long voyage.

— Permettez-moi donc, monsieur, de vous serrer la main, — reprit cordialement le commandant en offrant de nouveau la main à M. de Favrolle, — et de vous exprimer la reconnaissance de la famille de miss Mary et la mienne.

— Monsieur, — dit M. de Favrolle avec hauteur en se reculant d'un pas au lieu de répondre à l'avance amicale du fiancé de miss Mary, — avant de vous serrer la main, je dois vous instruire de certaines circonstances qui ont suivi ma rencontre avec mademoiselle Lawson lors de notre voyage de Calais à Paris. Quand vous m'aurez entendu, monsieur, vous reconnaîtrez, comme moi, que l'expression de votre reconnaissance est au moins prématurée.

Miss Mary se soutenait à peine, elle voyait grossir le danger qu'elle eût voulu à tout prix conjurer. Le commandant Douglas, fort surpris de la réponse de M. de Favrolle, qu'il n'interprétait pas encore comme une offense, interrogeait miss Mary du regard afin de deviner la cause de l'étrange accueil de M. de Favrolle, auquel il répondit d'ailleurs avec une dignité polie :

— Il me sera difficile, pénible même, monsieur, de croire

que je m'abusais en vous rendant grâce de votre courtoisie envers mademoiselle Lawson.

— Monsieur,—repritM. de Favrolle,—mademoiselle Lawson vous a dit vrai : des projets de mariage ont été arrêtés entre moi et mademoiselle de Morville; mais ce que mademoiselle Lawson ne vous a pas dit, c'est que la retrouvant au château de Morville, l'ardent et respectueux amour qu'elle m'avait inspiré pendant notre voyage de Calais à Paris s'est réveillé plus passionné que jamais. Aussi, je suis décidé à tout... entendez-vous, monsieur? je suis décidé à tout pour épouser mademoiselle Lawson.

— Eh bien, monsieur, — répondit le commandant Douglas avec un calme parfait, après avoir attentivement écouté son rival, — je ne vois dans vos paroles que la preuve d'un sentiment fort honorable pour vous et pour miss Mary. Vous l'aimez? cela ne m'étonne en rien. Je sais tout ce qu'elle vaut. Vous désirez l'épouser? cela me surprend d'autant moins que j'ai le même désir que vous; la seule question est de savoir si ma cousine vous préfère.

— Monsieur! — s'écria M. de Favrolle de plus en plus irrité par le sang-froid de son rival, — j'aime miss Mary autant et aussi honorablement que vous l'aimez; mon nom vaut le vôtre, ma position dans le monde est égale à la vôtre, et je ne vois pas pourquoi vous me seriez préféré.

— Quant à cela, vous avez, monsieur, parfaitement raison, — reprit le commandant Douglas avec son flegme britannique. — Votre courtoisie envers mademoiselle Lawson pendant votre voyage avec elle prouve que vous êtes un galant homme, et que vous ne sauriez que très honorablement aimer une personne aussi digne de respect que miss Mary. Quant à votre nom et à votre position dans le monde, ils doivent être des plus convenables, puisque M. et madame de Morville consentaient à vous accorder la main de leur fille. Nous avons donc, monsieur, des titres égaux à l'affection de miss Mary; mais, libre de son choix, elle m'accorde la préférence. Cette préférence n'a rien de blessant pour vous; aussi, je ne vois véritablement pas pourquoi vous avez refusé la main que je vous offrais, fort cordialement je vous assure.

— Monsieur, — s'écria M. de Favrolle, mis hors de lui-même par le calme bon sens de Henri Douglas, — en France l'on ne serre la main d'un rival qu'après avoir loyalement croisé le fer avec lui.

— Ah! monsieur, — s'écria miss Mary en se tournant vers M. de Favrolle et ne pouvant contenir un sanglot déchirant, — que vous ai-je donc fait?

Le commandant Douglas tâcha de calmer du geste et du regard la douleur de miss Mary, et reprit, s'adressant à M. de Favrolle avec une dignité froide :

— En France, comme en Angleterre, monsieur, des hommes bien élevés, comme nous le sommes tous deux, ne prononcent jamais légèrement de graves paroles, surtout lorsque ces paroles peuvent à grand tort inquiéter une personne digne du plus profond respect. — Et un coup d'œil d'Henri Douglas sembla dire à M. de Favrolle : Je serai à vos ordres quand il vous plaira, mais n'alarmez pas ainsi miss Mary. Puis, certain d'avoir été compris par son rival, il poursuivit : — Je crois comme vous, monsieur, que des rivaux qui ont de sérieuses raisons d'inimitié peuvent et doivent en appeler aux armes; mais, j'en suis certain, monsieur, désirant comme moi dissiper les alarmes de mademoiselle Lawson, qui s'est méprise sur le sens de vos paroles, vous direz comme moi que rien dans notre position ne peut motiver la résolution qu'elle semble redouter.

— Je dis comme vous, monsieur, car, non moins que vous, je tiens à dissiper les alarmes de mademoiselle Lawson, — répondit M. de Favrolle en accentuant cette phrase à double entente de façon à faire comprendre à son rival qu'il devinait sa pensée.

Miss Mary, délivrée d'un doute affreux, essuya ses larmes, et dans l'élan de sa joie, dit à M. de Favrolle d'une voix tremblante d'émotion :

— Excusez-moi d'avoir douté un instant de votre cœur.

M. de Favrolle s'inclinait, souriant d'un air contraint, dissimulant à peine sa colère, lorsque le même bruit qui avait attiré déjà l'attention des trois personnes réunies dans le salon reprit de nouveau.

— Il faut qu'il y ait quelqu'un enfermé dans l'une des pièces voisines, — dit M. de Favrolle ; mais à peine avait-il prononcé ces mots, et pendant que le bruit continuait de se faire entendre, Alphonsine et Gérard entrèrent vivement dans le salon, et la jeune fille s'élança dans les bras de son institutrice, en disant :

— La voilà ! la voilà ! cette chère et bonne miss ! Du moins nous pourrons lui faire nos adieux !

XXVI

M. de Favrolle, à l'aspect de mademoiselle de Morville, et dans la position où il se trouvait envers miss Mary et Henri Douglas, sentit sa situation si fausse, si pénible, qu'involontairement il recula derrière le paravent, et ainsi échappa momentanément aux regards d'Alphonsine et de Gérard.

Sans remarquer la présence de Henri Douglas, la jeune fille s'était dès son entrée jetée dans les bras de son institutrice, qu'elle embrassait tendrement en lui disant :

— Oh! la méchante miss, qui part ainsi sans nous laisser du moins la consolation de lui faire nos adieux!

— Ce n'est que ce matin, en interrogeant le cocher de mon père, — ajouta Gérard, — que nous avons appris que vous avez passé la nuit à l'auberge de Saint-Hilaire. Alphonsine et moi nous y sommes descendus, et là nous avons appris que vous vous étiez fait conduire ici.

— Et au risque d'affronter la colère de notre oncle, — reprit Alphonsine, — nous sommes venus vous retrouver chez lui. Mais, — ajouta la jeune fille en se retournant, — où est-il donc ce terrible et cher oncle? Je me sens décidée à tout pour...

La jeune fille n'acheva pas, car elle venait d'apercevoir le commandant Douglas. Elle le contempla en silence pendant quelques secondes, puis, regardant miss Mary d'un œil pénétrant, elle lui dit avec un sourire charmant :

— Je devine, c'est lui, n'est-ce pas?

Puis, s'avançant vers le fiancé de son institutrice avec cette aisance qui accompagne presque toujours une grande simplicité, elle lui dit :

— Monsieur, vous ne me connaissez pas, mais moi, je vous connais et je vous aime depuis hier matin, — ajouta-t-elle en jetant un regard d'intelligence à son institutrice, — car depuis hier matin je sais que notre miss Mary vous devra tout le bonheur qu'elle mérite.

Et en parlant ainsi, Alphonsine tendit gracieusement sa main à Douglas, qui la retint un instant dans les siennes, en répondant avec un accent de gravité douce :

— Et moi aussi, je vous connais, mademoiselle; je sais que vous êtes le cher et doux orgueil de ma cousine; toute sa famille vous connaît, vous aime, et il y a cinq jours, son vieux et honorable père, sa mère, ses sœurs, m'ont répété au moment où je partais pour la France : « Dites à l'aimable élève de Mary que nous l'embrassons comme une fille, comme une sœur, et que jamais nous n'oublierons combien, grâce à la bonté de son cœur, à la délicatesse de son âme, elle a rendu facile et charmante la tâche de la pauvre exilée qui revient près de nous. »

En achevant ces affectueuses paroles, Henri Douglas s'inclina et baisa respectueusement la main de la jeune fille. Alphonsine rougit, deux larmes brillèrent dans ses yeux, et elle dit à miss Mary :

— Vous lui aviez donc parlé de moi dans vos lettres?

— Comment ne pas confier à ceux qu'on aime tous les bonheurs qui nous arrivent? — répondit tendrement l'institutrice à Alphonsine.

M. de Favrolle, toujours caché aux yeux des nouveaux arrivants, et absorbé dans sa douloureuse agitation, avait été flatté, presque malgré lui, de cet hommage rendu par Henri Douglas à cette Alphonsine, jeune fille qu'il avait dû épouser.

Miss Mary, prenant alors Gérard par la main, et le présentant au commandant, lui dit :

— M. Gérard de Morville, le frère de ma chère Alphonsine.

— Nous sommes aussi d'anciennes connaissances, quoique nous ne nous soyons jamais vus, monsieur, — reprit cordialement Henri; — mademoiselle Lawson m'a souvent écrit tout le bien qu'elle pensait du frère de son élève; aussi je m'estimerai heureux, monsieur Gérard, si vous m'accordez votre amitié avec autant de plaisir que je vous offre la mienne.

Gérard, aussi surpris que touché en apprenant que miss Mary, dans ses lettres, avait parlé de lui avec assez d'éloges pour qu'un homme de l'âge du commandant Douglas lui demandût son amitié, trouva dans cette preuve d'affectueuse estime une douce consolation aux amers chagrins que lui avait causés son fol amour pour miss Mary. Jetant sur elle et sur Alphonsine un regard que toutes deux comprirent, il répondit à Douglas :

— Monsieur, souvent miss Mary nous disait, à ma sœur et à moi, que toujours l'estime des gens de cœur nous récompensait de nos bons sentiments ou de notre courageuse résignation dans les moments difficiles de notre vie... je ne m'attendais pas à voir sitôt réalisées les bonnes paroles de miss Mary.

— Ni moi non plus, monsieur Henri, et vous rendez le frère et la sœur bien fiers, bien heureux, — reprit Alphonsine d'un air placide et presque gai qui surprit profondément miss Mary, car en ce moment elle songeait à l'amour de la jeune fille pour M. de Favrolle.

L'étonnement de l'institutrice n'échappa pas à Alphonsine, qui lui dit avec un doux sourire, en lui faisant un signe d'intelligence :

— Je devine la cause de votre surprise, chère miss Mary : c'est que, voyez-vous, depuis hier, il s'est passé bien des choses!

— Est-ce un mystère, chère enfant?

— Oh! non. Ainsi, hier soir, croyant que je ne vous reverrais plus, j'ai beaucoup pleuré, mais après avoir beaucoup pleuré, j'ai beaucoup réfléchi; j'ai songé que ma vie allait changer, puisque jusqu'ici j'avais toujours eu en vous, chère miss Mary, un guide aussi écouté qu'aimé; alors, savez-vous à quoi j'ai passé la première nuit de notre séparation? j'ai rappelé à ma mémoire et retrouvé dans mon cœur vos leçons, vos conseils; vous me les aviez donnés avec une si gracieuse tendresse, qu'en ce temps-là ils ne me semblaient être que de charmantes conversations. Jugez de mon bonheur, de ma surprise, lorsque j'ai senti, à mes bonnes résolutions, à mon courage, que ces germes excellents, semés par vous depuis deux ans, s'étaient développés en moi, avaient grandi et porté leurs fruits. Alors, pour la première fois peut-être, chère miss Mary, j'ai compris et béni l'éducation que je vous dois. Et voulez-vous une preuve toute récente, monsieur Henri, de la salutaire influence des exemples, des enseignements de miss Mary? Figurez-vous qu'il est venu un jour fatal où, le croiriez-vous... j'ai été jalouse, oui, jalouse d'elle...

Au moment où Alphonsine prononçait ces mots, l'institutrice jeta un regard rempli d'anxiété vers le paravent derrière lequel se tenait toujours caché M. de Favrolle, tandis que, se souvenant alors que ce dernier avait dû épouser mademoiselle de Morville, le commandant Douglas partageait l'inquiétude de l'institutrice.

— Si je fais l'aveu de cette jalousie, monsieur Henri, — reprit Alphonsine avec une touchante naïveté, — c'est autant pour me punir d'avoir cédé à cet odieux sentiment que pour rendre hommage à la loyauté de miss Mary et au courage que j'ai puisé dans ses enseignements; oh! sans eux j'aurais longtemps souffert de cet horrible mal de la jalousie! mais miss Mary n'a eu qu'un mot à me dire, et je l'ai cru. Comment ne pas la croire? Et ce n'est pas tout, monsieur Henri, vous allez reconnaître combien m'a été profitable l'influence de cette chère miss.

— Mon enfant, — dit l'institutrice de plus en plus inquiète, ainsi que le commandant Douglas, en songeant à M. de Favrolle et voyant le tour que prenait l'entretien ; — à quoi bon parler du passé?

— A quoi bon, chère miss Mary? — reprit Alphonsine, — mais à dire très haut devant celui qui vous aime si dignement tout ce que je vous dois, afin qu'il vous chérisse davantage encore. Ainsi, monsieur Henri, en apprenant que l'on m'avait préféré miss Mary, j'ai d'abord éprouvé autant de douleur que d'humiliation. Mais bientôt ma raison, mon cœur, mon courage, ont vaincu ces mauvais ressentiments. Je me suis demandé comment j'avais pu me révolter, m'étonner même de la préférence que l'on accordait à miss Mary. Ne m'était-elle pas supérieure en toutes choses, savoir, talents, charmes, esprit, beauté? Aussi j'ai bientôt compris qu'ayant à choisir entre la lumière et son reflet, M. de Favrolle avait dû préférer miss Mary.

A ces mots, Henri Douglas chercha machinalement des yeux son rival. Mais celui-ci, subissant de plus en plus le charme de cette jeune fille qu'il avait un moment dédaignée, l'écoutait avec un intérêt croissant.

Alphonsine, s'étant méprise au mouvement du commandant, reprit naïvement :

— Je ferai cesser votre étonnement en deux mots, monsieur Henri. Un mariage avait été convenu entre moi et le fils d'un ancien ami de mon père. De ce mariage, j'étais heureuse, oh! bien heureuse. Mais M. de Favrolle, ayant retrouvé miss Mary près de moi, m'a oubliée pour elle. Quoi de plus simple? Ce n'est pas vous surtout, monsieur Henri, que cette préférence surprendra.

— Chère Alphonsine, — dit l'institutrice touchée de ces paroles, — quel noble cœur que le vôtre !

— Ne m'avez-vous pas enseigné à être modeste, chère miss Mary? Ne m'avez-vous pas aussi enseigné que souvent, dans la vie, il y a mieux à faire qu'à se résigner passivement? Alors, qu'ai-je fait? Après avoir reconnu que M. de Favrolle, sans être coupable, avait pu vous aimer mieux que moi, j'ai senti qu'il était de mon devoir, de ma dignité, de rendre à M. de Favrolle l'engagement d'honneur pris par lui envers ma famille.

— Quoi ! — s'écria Gérard, — tu veux...

— Comment! — reprit Alphonsine avec un accent d'amical reproche en interrompant son frère, — tu t'étonnes de ce que je sois la première à rompre un engagement contracté en d'autres temps, dans d'autres circonstances? Que veux-tu, pauvre frère, tout est changé; ce projet, jadis plein de promesses de bonheur pour moi, n'est plus aujourd'hui qu'un sujet de contrainte, d'embarras, pour M. de Favrolle.

— Parce que M. de Favrolle a manqué à sa parole, — dit amèrement Gérard; — c'est sa faute!

— Pauvre frère! — répondit Alphonsine d'une voix attendrie, en faisant ainsi allusion à l'amour qu'il avait lui-même éprouvé pour miss Mary, — je ne puis m'empêcher de plaindre sincèrement ceux-là qui aiment ou ont aimé sans espoir... Le départ de miss Mary portera un coup cruel à M. de Favrolle, et au milieu de son chagrin, je lui épargnerai du moins une démarche délicate et pénible envers nos parents en lui rendant sa parole. Puisse-t-il trouver une compagne qui l'aime autant que je l'aurais aimé! Et pourquoi ne dirais-je pas que je l'aime? — reprit Alphonsine d'une voix émue, répondant à un mouvement de son institutrice qui songeait à M. de Favrolle, témoin invisible de cette scène.

Celui-ci, touché jusqu'aux larmes de cet amour si naïf, si digne, si résigné, commençait à regretter cruellement le caprice insensé auquel il avait sacrifié peut-être le bonheur de sa vie, et il écoutait cette charmante enfant avec une émotion inexplicable, retrouvant en elle toutes les rares qualités d'esprit et de cœur qu'il adorait dans miss Mary.

Alphonsine continua, s'adressant à son institutrice et à Gérard :

— Oui, pourquoi n'avouerais-je pas que j'aime M. de Favrolle? Il y a quatre mois, mon père, ma mère, et toi-même, mon frère, ne me disiez-vous pas tous de l'aimer? A-t-il donc perdu depuis lors les qualités que l'on vantait en lui? doit-il être moins estimé, moins honoré parce qu'il a aimé miss Mary? Non, non, une pareille préférence le relève au contraire à mes yeux, et si je désire délier M. de Favrolle de sa promesse...

— Il vous supplie, mademoiselle, de lui permettre de ne pas manquer à l'engagement qu'il a été trop heureux de prendre envers votre famille! — s'écria M. de Favrolle en sortant de l'endroit où il s'était caché jusqu'alors, et s'avançant vers Alphonsine.

La jeune fille ne put retenir un cri de surprise, et cacha sa rougeur et sa confusion dans le sein de miss Mary en se jetant dans ses bras.

— Toi ici! — s'écria Gérard; — toi ici, Théodore! Tu étais là?

— Oui... oui, j'ai tout entendu, — ajouta M. de Favrolle en essuyant ses larmes; — oui, j'ai tout entendu, *mon frère*. Ah! la noble et courageuse enfant! Et j'ai pu la méconnaître! Gérard, crois-tu qu'elle me pardonne? Ah! ma vie serait consacrée à lui faire oublier les chagrins que je lui ai causés!

— Je vais lui demander ta grâce, mon cher Théodore, et j'ai bon espoir, — dit Gérard en se rapprochant de sa sœur, qui, enlacée dans les bras de miss Mary, cachait son visage sur son épaule. M. de Favrolle, s'avançant alors vers le commandant Douglas, lui dit :

— Monsieur, entre gens de cœur l'on ne rougit pas d'avouer ses torts : j'avoue les miens et je vous prie de les oublier.

— Ils le sont déjà, monsieur; je ne me souviens que de votre courtoisie envers mademoiselle Lawson, lors de son arrivée en France. Je vous avais, dans ma gratitude, tendu la main, permettez-moi de vous la tendre encore.

M. de Favrolle serrait cordialement la main du commandant Douglas, lorsque Alphonsine, à qui Gérard avait parlé tout bas, et n'osant pas encore relever la tête, qu'elle appuyait sur l'épaule de son institutrice, murmura d'une voix émue ces paroles que M. de Favrolle entendit :

— Chère miss Mary, est-ce que je vous ressemble, pour qu'il puisse m'aimer? Dites-le-moi, je vous croirai.

L'institutrice allait répondre, lorsque M. et madame de Morville entrèrent dans le salon. M. de Favrolle courut vers eux et s'écria :

— Monsieur, je vous en conjure au nom du bonheur de votre fille, et j'ose dire maintenant au nom du bonheur de ma vie, daignez oublier un moment d'égarement, de folie, et consentez à mon mariage avec mademoiselle Alphonsine.

Ce touchant entretien fut interrompu par les éclats de voix de M. de la Botardière, que l'on entendait dans la pièce voisine, dont M. et madame de Morville avaient laissé la porte ouverte.

XXVII

M. et madame de Morville, leurs enfants, miss Mary, Douglas et M. de Favrolle, réunis dans le salon, s'entre-regardaient assez inquiets de l'entrée de M. de la Botardière, qui semblait furieux, à en juger par les paroles suivantes de l'irascible vieillard, qui continuait de quereller son serviteur dans la pièce voisine :

— Misérable Ambroise! infernal sourd! me laisser enfermé pendant une heure!

— Monsieur, — reprenait Ambroise, — le vent avait poussé la porte de l'antichambre, et ainsi fermé la porte en dehors, de sorte que vous ne pouviez sortir. Est-ce ma faute, à moi?

— Mais je cognais, je frappais à me briser les poings, maudit sourd!

— Il est impossible, monsieur, que vous ayez frappé aussi fort, car je n'ai rien entendu, sinon un tout petit bruit. J'ai cru que c'était une persienne qui battait. Si vous aviez cogné suffisamment, je serais allé vous ouvrir.

— A-t-on idée d'une brute pareille! il me fait des reproches. Réponds : Cette demoiselle est-elle restée dans le salon?

— Plaît-il, monsieur?

— Je te demande si miss Mary est dans le salon, — cria M. de la Botardière de sa voix la plus retentissante; — m'entends-tu cette fois?

— Vous criez, monsieur, assez fort pour cela : on vous entendrait d'une lieue. Oui, oui, cette demoiselle est dans le salon avec tous les autres.

— Comment, tous les autres? — reprit M. de la Botardière stupéfait. — Quels autres?

— Plaît-il, monsieur?

Mais le vieillard, sans répondre à Ambroise, entra précipitamment dans le salon, où il se crut seul avec mis Mary, car, profitant de l'entretien d'Ambroise et de son maître, elle avait prié les autres de se tenir cachés derrière l'hémicycle formé par le paravent. Aussi M. de la Botardière grommela-t-il entre ses dents :

— Que diable me chante ce sourdeau d'Ambroise avec ses autres? — Mais, prenant bientôt son plus gracieux sourire et saluant de son air le plus galant, il dit :

— Chère miss Mary, je puis maintenant vous expliquer mes paroles... Je vous aurais laissée moins longtemps seule, sans la sottise de ce misérable sourdeau d'Ambroise, qui m'a tenu enfermé pendant une heure !

L'institutrice, remarquant que M. de la Botardière avait quitté son molleton du matin pour un habit noir et une cravate d'une blancheur aussi éblouissante que celle de son gilet, et se souvenant des dernières paroles du vieillard, en devina le sens ; elle n'avait plus qu'à triompher des rancunes de M. de la Botardière à l'endroit de M. et de madame de Morville, pour accomplir la promesse faite par elle aux parents d'Alphonsine. L'espoir du succès redoubla le courage de miss Mary, et elle dit au vieillard, qui, le sourire aux lèvres, s'apprêtait à lui expliquer la cause de la transformation de son molleton en habit noir :

— Monsieur, vous est-il indifférent de continuer notre conversation dans la pièce voisine ?

— Sans doute, mademoiselle, mais...

— En ce cas, monsieur, soyez assez bon pour m'y accompagner, — répondit miss Mary en passant devant M. de la Botardière, craignant que son amour-propre ne fût incurablement blessé en apprenant bientôt que son entrevue avec l'institutrice avait eu des témoins cachés.

— Chère demoiselle, — dit M. de la Botardière lorsqu'il fut seul avec miss Mary dans la pièce voisine du salon, — un galant homme doit se conformer aux volontés, je dirai même aux caprices des dames, puisqu'au lieu de continuer notre entretien dans le salon, vous préférez le continuer ici ; or, en deux mots, voilà ce que j'ai à vous dire : J'ai soixante ans, et autant de mille livres de revenu en terres que j'ai d'années. Ma solitude me paraîtrait maintenant doublement insupportable si je ne la partageais pas avec vous... J'accueillerai votre famille avec les égards et l'affection qu'elle mérite, si elle veut se fixer auprès de nous ; en un mot, chère miss Mary, voulez-vous devenir madame la baronne de la Botardière ?

16.

— Monsieur, avant de répondre à une offre si honorable pour moi...

— Mademoiselle, tout l'honneur est de mon côté.

— Je désirerais savoir si véritablement votre solitude vous pèse autant que vous l'affirmez.

— Chère miss Mary, je vous en donne ma parole d'honneur, je finissais par m'ennuyer comme un mort, oui, car dans notre premier entretien vous aviez lu dans mon cœur un faux amour-propre m'empêchant de vous avouer la triste vérité.

— De grâce, réfléchissez, monsieur, à vos paroles; je serais aux regrets qu'elles ne fussent pas sincères.

— Aussi vrai que j'ai été baptisé du nom de Joséphin, la vie n'était plus tenable pour moi. Si vous saviez ce que c'est à mon âge d'être à la merci de serviteurs stupides comme ce sourdeau d'Ambroise, qui tout à l'heure encore m'a laissé enfermé, au risque de me faire étrangler de colère !

— Ce n'est là, monsieur, qu'un accident, et je crains toujours que votre résolution ne soit pas suffisamment réfléchie.

— Chère miss Mary, je vous jure...

— Permettez; vous me parlez de votre désir de voir ma famille se fixer près de vous et du bonheur que vous trouveriez dans l'intimité de ces douces relations?

— Certainement, c'est maintenant mon rêve, mon unique désir !

— Pourtant, vous avez une famille, et vous êtes resté deux ans éloigné d'elle... Comment voulez-vous que je croie à...

— Chère miss Mary ! — s'écria M. de la Botardière en interrompant l'institutrice, — je vais, d'un mot, vous prouver que je suis plus sensible que vous ne le pensez à la douceur du sentiment familial.

— Voyons cette preuve, monsieur.

— Vous savez quels justes griefs j'ai contre ma famille?...

— Je n'admets pas du tout, monsieur, la justesse de ces griefs.

— Enfin, n'importe. Eh bien, malgré ces griefs qu'à tort ou à raison j'avais contre mon neveu, cent fois j'ai été sur le point de lui pardonner, oui, et d'aller lui dire : « Vivons amis comme par le passé. » Une fausse honte m'a seule retenu,

— Je me rends, monsieur, à l'accent de sincérité de vos paroles; soit, je vous crois. Donc, le comble de vos désirs serait de passer désormais votre vie au milieu d'une famille remplie de tendresse et de vénération pour vous?

— Oui, avec une jeune et charmante personne comme vous, chère miss Mary, qui, comme vous, soit remplie de grâces, de sagesse et de talent.

— En admettant que le portrait ne soit pas étrangement flatté, monsieur, je crois votre désir parfaitement réalisable.

— Ah! chère miss...

— Cependant, un mot encore, monsieur; le sujet est fort délicat, et vous savez ma franchise...

— Je la connais, je l'admire, je l'adore, chère miss

— Vous m'avez dit votre âge?

— Soixante ans.

— J'en ai vingt-quatre.

— Sans doute, la différence est grande.

— Très grande; aussi je vous tromperais indignement, et d'ailleurs, vous ne me croiriez pas, si je vous disais qu'une femme de mon âge peut éprouver de l'amour...

— Pour un vieillard? Quoi, chère miss Mary, vous me croyez assez fou, assez ridicule, pour avoir une pareille prétention? Non! non! en retour de l'affection toute paternelle que je vous offre, je n'attendrai de votre part qu'une affection toute filiale.

— A merveille, monsieur; ainsi, pour nous résumer, si je vous comprends bien, votre seul désir est de goûter les douces joies de la famille auprès d'une jeune et charmante personne, remplie de grâces, de talents, de sagesse, et qui aurait pour vous la tendresse, les soins d'une fille pour son père?

— Oui, oui, chère miss Mary! Voilà mon seul désir, voilà mon rêve! — s'écria M. de la Botardière avec ravissement, en s'apprêtant à se jeter aux genoux de l'institutrice; mais celle-ci, prévenant à temps cette galante génuflexion, prit M. de la Botardière par la main, et le reconduisant au salon, où il la suivit machinalement, quoique un peu surpris, elle lui dit d'une voix pénétrée :

— Monsieur, personne ne saura... mais je n'oublierai jamais l'offre si honorable que vous venez de m'adresser; je ne puis malheureusement l'accepter, car depuis trois ans je suis fiancée à un homme que j'aime tendrement et que je vais épouser. Mais vous allez trouver réunie chez vous une famille trop heureuse de vous entourer de sa tendresse, de son respect, et une jeune fille remplie de grâces, de talents, de sagesse, qui ne demande qu'à vous chérir comme un père.

En disant ces mots qui stupéfièrent et abasourdirent M. de la Botardière, miss Mary l'avait conduit à la porte du salon, qu'elle ouvrit en disant :

— Alphonsine! Gérard! venez embrasser votre cher oncle.

A peine miss Mary avait-elle prononcé ces mots que la jeune fille, accourant avec son frère, sautait au cou du vieillard, qui fut bientôt entouré de M. et de madame de Morville.

La vue de sa famille, qu'il s'attendait si peu à rencontrer chez lui, porta un dernier coup à M. de la Botardière. Le refus de miss Mary lui avait causé une peine profonde, et avant qu'il eût surmonté cette douleur, il avait été dix fois serré entre les bras d'Alphonsine, de son frère et de M. de Morville, qui, profondément émus, lui disaient :

— Cher et bon oncle, enfin vous nous êtes rendu!

Si bourru, si grondeur, si rancuneux que fût le vieillard, ces témoignages de sincère affection le touchèrent d'autant plus, qu'il était disposé à l'attendrissement par son chagrin du refus de miss Mary. A ce chagrin, il trouvait à l'instant même une consolation dans l'affectueux empressement de sa famille; aussi, malgré lui, ses yeux se remplirent de larmes, et serrant entre ses bras Alphonsine et Gérard, il dit à l'institutrice d'un ton de triste reproche :

— Ah! miss Mary... miss Mary!

— N'ai-je pas tenu ma promesse? — lui répondit la jeune fille avec son doux sourire. — N'êtes-vous pas au milieu d'une famille qui vous aime? ne pressez-vous pas contre votre cœur une charmante jeune fille qui vous chérit comme un père?

— Allons, — reprit le vieillard en tendant la main à son neveu, — tout est oublié. Ainsi, vous m'aimerez un peu, vous autres, malgré mes gronderies?

— Nous vous aimerons, cher oncle, — reprit madame de Morville, — à condition que vous nous gronderez beaucoup.

— Alors, soyez tranquilles, je saurai conserver votre affection, — reprit le vieillard. Puis, voyant s'avancer vers lui M. de Favrolle, que M. de Morville voulait lui présenter, il s'écria : — Mon cauchemar du voyage de Calais!

— Monsieur Théodore de Favrolle, le mari de ma fille, mon cher oncle, — dit M. de Morville.

— Je suis maintenant de la famille, monsieur, — reprit le futur époux d'Alphonsine, en s'inclinant devant M. de la Botardière. — J'ai aussi droit à vos gronderies; je ne demande qu'à expier le malencontreux voyage de Calais! pendant lequel j'ai eu, monsieur, bien malgré moi, le malheur de vous déplaire.

— Bon, bon, monsieur le sournois! — répondit le vieillard, — je vous pardonne à une condition, c'est qu'aux noces de ma nièce, on servira des *poulets à la Botardière,* comme disaient ces mauvais garnements, vos complices! Hein! vous les rappelez-vous, miss Mary, ces insolents drôles? — ajouta le vieillard en se retournant vers l'institutrice, qu'il cherchait du regard et qu'il vit s'avancer vers lui, tenant le commandant Douglas par la main.

— Encore un! — s'écria M. de la Botardière. — Ah çà, aujourd'hui tout le monde s'est donc donné rendez-vous chez moi?

— Oui, monsieur, et ce rendez-vous a eu pour résultat le bonheur de tout le monde, — répondit miss Mary. — Permettez-moi de vous présenter M. Henri Douglas, mon fiancé, qui, par ordre de mon père, est venu me chercher en France.

Le commandant Douglas s'inclina devant le vieillard, dont les traits s'attristèrent de nouveau, et il dit en soupirant au fiancé de miss Mary :

— Ah! monsieur, vous êtes heureux, vous épousez une digne personne!

Miss Mary fit à Alphonsine un signe qu'elle comprit. Aussi, prenant les mains du vieillard, elle lui dit :

— Mon bon oncle! nous parlerons souvent de miss Mary.

— Je l'espère bien, — répondit le vieillard en embrassant sa nièce; — car, après tout, miss Mary a été, je crois, un peu notre institutrice à tous!

— Ah! mon cher oncle, vos paroles sont plus vraies que vous ne le croyez peut-être! — reprit madame de Morville d'une voix émue en adressant à miss Mary un regard qui semblait à la fois lui demander pardon et lui exprimer sa reconnaissance. — Le souvenir de miss Mary nous sera cher à tous!

. . . .

Quelques instants après de touchants adieux, M. et madame de Morville, leurs enfants, M. de Favrolle et M. de la Botardière, étaient réunis sur le perron du château; tous, le cœur gonflé, suivaient d'un regard attristé une voiture de poste sur le siége de laquelle était monté le digne William. Au tournant de l'avenue qui se prolongeait devant l'entrée principale, miss Mary, se penchant à la portière de la voiture, agita une dernière fois son mouchoir en signe d'adieu...

Puis, les hôtes inattendus de M. de la Botardière rentrèrent avec lui au château.

Un mois plus tard, à Dublin, au moment où, après la bénédiction nuptiale prononcée dans le temple, la famille et les amis d'Henri Douglas et de miss Mary Lawson se pressaient pour signer l'acte de mariage, deux femmes se présentèrent à leur tour.

La plus âgée écrivit sur le registre :

Louise de Morville.

La plus jeune :

Alphonsine de Favrolle.

Le commandant Douglas, debout près du pasteur, montra du doigt ces deux mots à sa jeune femme, assiégée de félicitations. Miss Mary poussa un cri de joie, reçut dans ses bras sa charmante élève, et vit près d'elle madame de Morville.

— Est-ce que vous ne nous attendiez pas ? — lui dit à mi-voix Alphonsine ; — de tous ceux qui vous aiment, n'est-ce pas moi qui vous aime le mieux ? Vous qui m'avez appris à être heureuse, mon seul charme n'est-il pas de vous ressembler ?

FIN DE MISS MARY

Paris. — Typ. de M. St Dondey-Dupré, rue Saint-Louis, 46.

L'Administration du PANTHÉON DE LA LIBRAIRIE, depuis le 1er décembre 18..
publie régulièrement deux volumes par mois ; elle a fait paraître

PLIK ET PLOK, — ATAR-GULL, 2 romans en	1 vol.	1 fr.
LA SALAMANDRE	1 vol.	1 fr.
LA COUCARATCHA	1 vol.	1 fr.
LES SEPT PÉCHÉS CAPITAUX, L'ENVIE	1 vol.	1 fr.
— — LA COLÈRE, LA LUXURE, 2 romans en	1 vol.	1 fr.
— — LA PARESSE, L'AVARICE, LA GOURMANDISE, 3 romans en	1 vol.	1 fr.
— — L'ORGUEIL, LA MARQUISE D'ALFY	2 vol.	2 fr.
LES MYSTÈRES DE PARIS	4 vol.	4 fr.
PAULA MONTI	1 vol.	1 fr.
LATRÉAUMONT	1 vol.	1 fr.
LE COMMANDEUR DE MALTE	1 vol.	1 fr.
THÉRÈSE DUNOYER	1 vol.	1 fr.
LE JUIF ERRANT	4 vol.	4 fr.
MISS MARY OU L'INSTITUTRICE	1 vol.	1 fr.

SOUS PRESSE :

MATHILDE. — ARTHUR. — LES ENFANTS DE L'AMOUR.

ON TROUVE A LA MÊME LIBRAIRIE

DICTIONNAIRE FRANÇAIS
ILLUSTRÉ
PAR
MAURICE LA CHATRE

1,800 PAGES DE TEXTE, 2,000 GRAVURES SUR BOIS
10 CENTIMES (DEUX SOUS) LA LIVRAISON DE 16 PAGES DE TEXTE
Illustrée de Gravures sur bois
Ouvrage complet en 110 Livraisons, ou 11 séries de 10 Livraisons.
Prix de la Série de 10 Livraisons : 1 franc
DEUX VOLUMES BROCHÉS, PRIX : 6 FR. CHACUN ; L'OUVRAGE COMPLET : 12 FR.

(MM. les Libraires voudront bien s'adresser à leurs commissionnaires ordinaires. — Les personnes habitant des localités sans libraires peuvent envoyer au Directeur du PANTHÉON, 26, rue de la Reynie, leur demande, en l'accompagnant d'un mandat sur la poste. Les volumes in-18 seront immédiatement expédiés au prix de 1 fr. 20 c.; les séries du DICTIONNAIRE FRANÇAIS ILLUSTRÉ, au prix de 1 fr. 10 c. — Le DICTIONNAIRE FRANÇAIS ILLUSTRÉ sera adressé franc de port contre un mandat de 14 francs).

PARIS. — TYP. H. S. DONDEY-DUPRÉ, RUE SAINT-LOUIS, 46.

www.ingramcontent.com/pod-product-compliance
Lightning Source LLC
Chambersburg PA
CBHW071534160426
43196CB00010B/1771